The Invincible Company

インビンシブル・カンパニー

How to Constantly Reinvent Your Organization
with Inspiration From the World's Best Business Models

「無敵の会社」を作った39パターンのビジネスモデル

Written by **Alex Osterwalder, Yves Pigneur, Fred Etiemble, Alan Smith**
著＝**アレックス・オスターワルダー、イヴ・ピニュール、フレッド・エティアンブル、アラン・スミス**　訳＝**今津美樹**

SE
SHOEISHA

ii

本書内容に関するお問い合わせについて

このたびは翔泳社の書籍をお買い上げいただき、誠にありがとうございます。弊社では、読者の皆様からのお問い合わせに適切に対応させていただくため、以下のガイドラインへのご協力をお願い致しております。下記項目をお読みいただき、手順に従ってお問い合わせください。

●ご質問される前に

弊社Webサイトの「正誤表」をご参照ください。これまでに判明した正誤や追加情報を掲載しています。

正誤表　https://www.shoeisha.co.jp/book/errata/

●ご質問方法

弊社Webサイトの「刊行物Q&A」をご利用ください。

刊行物Q&A　https://www.shoeisha.co.jp/book/qa/

インターネットをご利用でない場合は、FAXまたは郵便にて、下記"翔泳社 愛読者サービスセンター"までお問い合わせください。
電話でのご質問は、お受けしておりません。

●回答について

回答は、ご質問いただいた手段によってご返事申し上げます。ご質問の内容によっては、回答に数日ないしはそれ以上の期間を要する場合があります。

●ご質問に際してのご注意

本書の対象を越えるもの、記述個所を特定されないもの、また読者固有の環境に起因するご質問等にはお答えできませんので、予めご了承ください。

●郵便物送付先およびFAX番号

送付先住所　〒160-0006　東京都新宿区舟町5
FAX番号　　 03-5362-3818
宛先　　　　（株）翔泳社 愛読者サービスセンター

インビンシブル・カンパニー

時代に取り残される前に、常に自己変革を続ける組織。

インビンシブル・カンパニー（無敵の会社）は、将来への有効な道筋を見出す一方で、現状を最適化することにも長けています。このような会社は、イノベーションと実行の調和がとれたカルチャー（企業文化）を育むことができます。優れたビジネスモデルで勝負し、従来の業界の壁を越えていきます。

「インビンシブル・カンパニー」を
目指すには……

常に自己変革を行う

他社より優位性を保ち、ディスラプション（既存ビジネスの崩壊、破壊）に打ち勝つには、常に自己変革を行う必要があります。ビジネスモデルの賞味期限はかつてないほど短く、ビジネスの衰退に伴い時代に取り残されるわけにはいきません。競争相手も既知のライバル企業だけでなく、既成概念にとらわれないスタートアップのように思いがけないところから登場するようになりました。

　「インビンシブル・カンパニー」は、時代をリードしつづけるために自己変革するとともに、常に最新の分野と方法で競争する努力を惜しみません。

ビジネスモデル・ポートフォリオを活用することで、今手にしているものを適切に管理し、改善する方法を見つけると共に、将来を探ります。

イノベーション・カルチャーを創出し、実践し、管理することで、イノベーション・ファネル（イノベーションの目標到達プロセス）を常に強化し時代に取り残されないようにします。

優れたビジネスモデルで勝負する

新しい製品、サービス、価格、テクノロジーのみに頼る競争は、ますます熾烈になっています。競合他社より優位に立ち、市場機会を最大化するためには、新たな顧客のニーズや新興のテクノロジーを優れたビジネスモデルに組み込むことが必要です。優れたビジネスモデルをデザイン、検証、構築することで他社を追い込み、自社をより堅牢なものにしていきます。

優れたビジネスモデルをデザイン、検証、管理する方法を発見します。

ビジネスモデル・パターンを適用することで、市場機会、新たなテクノロジー、製品やサービスのイノベーションを最大限に活用します。

業界の壁を越える

最も成功している組織とは、業界の垣根や圧力に制約を受けません。むしろ業界の垣根を壊して他社を圧倒させることも多いものです。

　こうした会社のビジネスモデルやビジネスのポートフォリオは、業界特有の必然的な結果として生じたものではありません。市場機会を活かして価値を創出する新たな方法を模索しつづけた組織によって生み出されたものです。

コアビジネスを改善しつつ、従来の業界の壁を越えたまったく新しい市場機会を見出すことができる「両利き」の組織を創造し管理する方法を発見します。

中国平安保険が、従来型の金融・保険の複合企業から、5つの異なる分野で競争するテクノロジーグループへと進化し、世界最大級の企業グループにまでなった事例から学びます。

そしてさらなる価値を創出するには……

社会に

常に自己変革している中小企業は、社会に非常によい影響を与えています。経済成長や時代を変えるようなイノベーションをもたらします。そのなかでも優れた企業は、環境や社会への影響を事業運営の中心に据え、世界をよりよい方向へ変えようと努めます。一方で、企業の衰退は、経済の悪化に苦しむ都市や地域全体にとって壊滅的な打撃となる可能性があります。

顧客に

常に新しいビジネスモデルのイノベーションと探索を行い、常に新しく優れたバリュー・プロポジション（価値提案）をより魅力的な価格で提供します。イノベーションのなかにはありふれた内容でただ消費を増やすだけのものもあります。それでも多くのイノベーションは、利便性、エンターテイメント性、健康と安心、充実感という形で顧客にとって大きな価値を創出します。

チームに

インビンシブル・カンパニーは数世紀にわたって繁栄し、長期的な雇用を確保しますが、自己変革に失敗した会社は数千人にもおよぶ従業員を解雇しなければならなくなります。インビンシブル・カンパニーは、実行力とイノベーション能力のある人材が安心して働ける場を提供し、21世紀の課題に対応できる世界レベルの組織構造とプロセスを備えています。

オーナーに

インビンシブル・カンパニーのオーナーは、長期的成長、創造的破壊により打撃を受けるリスクの軽減、世界レベルの実行力とイノベーション能力を持つ人材など多くの恩恵を享受することができます。インビンシブル・カンパニーは長期にわたり繁栄しますが、これは現在の経営管理による果実を収穫しながら、明日のビジネスのための種まきをしているからです。「活用」と「探索」を同時に行える企業は、崩壊や衰退のリスクを大幅に下げ、優秀な人材を惹きつけます。

ビジネスモデル・ジェネレーションからインビンシブル・カンパニーへ

『インビンシブル・カンパニー』はイノベーション支援企業のストラテジャイザーが送るシリーズの第4弾です。これまでの3冊を補完し、イノベーション・チーム、起業家、そして組織全体を管理する上級管理職向けのjobs-to-be-done（ジョブ、達成すべきこと）を多数紹介しています。

　本書は、世界の一流企業から得た教訓や、世界でも数少ない「インビンシブル・カンパニー（無敵の会社）」の研究から得た知見に基づいています。

strategyzer.com/books

	ジョブ	主な問い	主なツールやプロセス	参考書籍
イノベーションとデザイン 発見と改善	ビジネス、アイデア、または イノベーションをマッピン グする	組織にとって持続可能な利益と価値 をどのように創出するか？	ビジネスモデル・キャンバス（BMC） またはミッションモデル・キャンバ ス（MMC）	『ビジネスモデル・ジェネレーション』 （2012）
	製品やサービスをマッピン グする	顧客に対してどのように価値を創出 するか？	バリュー・プロポジション・キャン バス（VPC）	『バリュー・プロポジション・デザイン』 （2015）
	機会を最大化してビジネス モデルで勝負する	優れたビジネスモデルのデザインで 機会を最大限に活用し、ビジネスを 改善するにはどうすればよいか？	ビジネスモデルのパターン（発明パ ターンとシフトパターン）	『インビンシブル・カンパニー』（2021）、『ビ ジネスモデル・ジェネレーション』（2012）
検証とリスク軽減	アイデアを検証しリスクを 軽減する	成果のあがらないビジネスアイデア を追求するリスクを軽減するにはど うすればよいか？	顧客開発（スティーブン・ブランク） とアジャイル・エンジニアリング／ リーン・スタートアップ（エリック・ リース）、テストカード、学習カード	『スタートアップ・マニュアル』（スティーブ ン・ブランク、2012）、『リーン・スタート アップ』（エリック・リース、2012）、『バ リュー・プロポジション・デザイン』（2015）
	アイデアを検証する適切な 実験を選ぶ	アイデアを検証してリスクを軽減す るために最適な実験は何か？	実験ライブラリー	『ビジネスアイデア・テスト』（2020）
	リスクと不確実性の軽減を 測定する	アイデアから現実的なビジネスモデ ルへ進展しているか？	ストラテジャイザー・イノベーショ ン・メトリクス	『インビンシブル・カンパニー』（2021）
イノベーション・カルチャーの デザインとポートフォリオの 管理	競争を勝ち抜き無敵になる	創造的破壊からの打撃を防止し、常 に自己変革を行うにはどうすればよ いか？	ポートフォリオ・マップ、ポート フォリオ・アクション	『インビンシブル・カンパニー』（2021）
	イノベーション・カルチャー を創出する	イノベーション・カルチャーをデザ イン、検証、管理する方法は？	カルチャー・マップ（CM）、イノ ベーション・カルチャー・アセスメ ント	『インビンシブル・カンパニー』（2021）
	最良のアイデアに投資する	どのアイデアやチームに投資すべき か？	ストラテジャイザー成長ファネル （SGF）、イノベーション・プロジェ クト・スコアカード（IPS）	『インビンシブル・カンパニー』（2021）
	イノベーション・チームの方 向性を一致させる	実行のプロセスを率いつつ、チーム の方向性が一致した状態を保つに は？	チーム・アライメント・マップ （TAM）	『チーム・アライメント・マップ』（未邦訳）

いずれも邦訳の刊行年。

本書の使い方

上級管理職

**イノベーションリーダーや
チーム**

起業家

ビジネスリーダーとして、組織が円滑に機能し、成長しつづけるような状態を確立します。ビジネスのどの部分に成長の余地があるか、どの部分に刷新が必要か、どの部分に崩壊が生じる重大なリスクがあるかを把握するには透明性が必要です。明日のビジネスを決定づける可能性を秘めた取り組みはどれかを理解する必要があります。目的は将来のために健全な投資をしながら、意識的にリスク管理をすることです。

ポートフォリオ・マップ（p. 10）を使って、ビジネスポートフォリオのデザイン、検証、**マネジメント（p. 49）**をします。チームを正しい方向に導くためのガイダンスを作り、透明性によって誰もが既存のビジネスを管理し、将来に投資できるようにします。

イノベーション・カルチャー（p. 306）を確立するための成功する条件を設定します。既存事業を実行するためのコアなカルチャーを世界レベルのイノベーション・カルチャーで補完します。

適切な**リーダー向けの評価用の質問（p. 212）**を活用し、チームが新しい機会を探索し、優れたビジネスモデルで勝負するのを支援します。

イノベーションリーダーやチームは、組織が成長し改善を続けるためのアイデアのリスクを軽減できるよう支援します。イノベーションの管理に役立つツール、プロセス、そしてメトリクス（指標）を導入します。特定の分野全体に創造的破壊を起こすため、または自社の低迷しているビジネスモデルを刷新するために、イノベーションの機会を健全なビジネスモデルに組み込むことで活かす方法を見つけます。

パターンライブラリー（p. 130）を使用して市場機会、新しいテクノロジーやその他のイノベーションを活かします。ビジネスモデル・パターンを適用して優れたビジネスモデルをデザインします。

ポートフォリオ・マップ（p. 42）を使って、上級管理職が健全な投資決定をするために必要な透明性を創出します。どこに機会があるかを示します。ビジネスポートフォリオを**マネジメント（p. 49）**する方法を学びます。

上級管理職が**イノベーション・カルチャー（p. 296）**を実践できるよう支援します。イノベーションの育成を促進する主なイネーブラーとイノベーションを阻害するブロッカーを把握します。

xiii

起業家として唯一の目標はアイデアのリスクを軽減し、ビジネスとして実現することです。起業において難しいのは、現実世界から得た情報を基にアイデアを常に検証し適応させなければならない点です。優れたビジネスモデル（技術または製品のイノベーションのみではなく）は、業界全体に創造的破壊を起こし、より持続可能なビジネスを構築することができます。

探索マップ（p. 18）を使用して、アイデアのうち最も可能性が高くリスクが最も低いものを可視化します。**検証とイノベーションの指標（p. 88）**を使用して、アイデアを事業化するプロセスの進捗状況を測定します。

パターンライブラリー（p. 130）を使用して市場機会、新しいテクノロジーやその他のイノベーションを活かします。ビジネスモデル・パターンを適用して優れたビジネスモデルをデザインします。

成果をあげられるような**起業家的リーダーシップとチーム（p. 338）**を確立します。好成績を収めるチームの主な特徴を理解します。

目次

1

ツール

2

マネジメント

3

発明

4

改善

5

カルチャー

ビジネスモデル・ポートフォリオ

創造的破壊から身を守り、長期的に
存続するために、会社が活用する既
存のビジネスモデルと、新たに探索
するビジネスモデルの組み合わせ。

無敵さを
追いかけて

無敵（インビンシブル）な会社などありません。その状態に最も近づいているのは、創造的破壊の波にさらされた時に常に自己改革する会社です。こうした会社には、既存のビジネスモデルのポートフォリオがあり、それを活用しながら絶えず改善しています。同時に、新たな可能性を探索して新しいビジネスモデルのポートフォリオも持ち、今後の成長エンジンを計画的に生み出します。

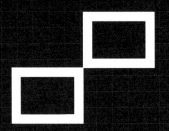

ポートフォリオ・マップ

改善して成長させている既存のビジネスモデルと、調査して検証している将来のビジネスモデルの可視化、分析、管理を同時に行うための戦略的管理ツール。

ポートフォリオ二分法

優れたビジネスモデル・ポートフォリオは、「活用」ポートフォリオと「探索」ポートフォリオというまったく異なるロジックを持つ2つのポートフォリオで構成されていると考えられます。「活用」ポートフォリオには、現在運営して成長させている既存のビジネス、価値提案、製品、サービスが含まれます。「探索」ポートフォリオには、現在検証中のすべてのイノベーション・プロジェクト、新しいビジネスモデル、新しい価値提案、新しい製品やサービスが含まれます。

ポートフォリオ・マネジメント

強力なビジネスモデル・ポートフォリオのデザインと維持には、可視化、分析、管理という3つの主な活動が必要です。

可視化

ビジネスモデル・ポートフォリオに関する議論、ミーティング、またはワークショップをうまく軌道に乗せるには、まず可視化のための共通言語を有することから始めます。どんなビジネスモデルがあり、どんなビジネスモデルを探索中なのか共通の理解が必要です。

分析

ビジネスモデル・ポートフォリオの理解の共有により、創造的破壊にさらされるリスクがあるのか、その対策を十分に行っているかを特定することができます。これには、ビジネスモデルのうち最も収益性の高いもの、最もリスクがあるもの、将来の成長を確保するために探索しているものはどれかを分析することも含まれます。

管理

優れたポートフォリオ・マネジメントには、創造的破壊から身を守るためにバランスのとれたポートフォリオをデザインして維持するための対策をとることが含まれます。これには、既存のビジネスモデルを絶えず成長させて改善するために、賞味期限切れのビジネスモデルから新しいビジネスモデルへ転換し、確立されたビジネスモデルを保護することが含まれます。さらに、まったく新しいビジネスモデルを探索することも含まれます。これらの大半は失敗しますが、なかには桁違いのリターンを生み出して将来を保証してくれるものも現れます。

探索

活用

探索と活用の連続体

無敵の会社は探索より活用を優先しません。新しいビジネスの探索から既存ビジネスの活用までを1つの連続体として同時に管理することにかけては天下一品です。スタートアップのように初心忘るべからずの精神を保ったまま、数千人、数万人の従業員と数十億ドルのビジネスを運営しています。探索と活用を両立するこの能力は、大企業だけに必要とされるものではなくなりつつあります。どの業界でもビジネスモデルの耐用期間が短くなっているため、中小企業やスタートアップにとっても生き残りをかけた問題です。

探索		活用
調査とブレークスルー	**焦点を当てること**	効率と成長
高	**不確実性**	低
ベンチャーキャピタル的なリスクテイクで、少数の並外れた勝者を期待する	**財務上の哲学**	安定したリターンと配当をもたらす安全資産
実験を繰り返し、スピード、失敗、学習、迅速な適応を奨励する	**文化とプロセス**	しっかりと段階を踏んで実行し、計画、予測可能性、最小限の失敗を奨励する
不確実性をものともせず、パターン認識に優れ、大局観と細部のバランスをとれる探索者が求められる	**人材とスキル**	組織力と計画力に強く、効率的なプロセスをデザインして予定と予算通りに成果をあげるマネージャーが求められる

成長

新しいビジネスを拡大し、
既存のビジネスを改善
または再構築する

探索

高い不確実性

活用

低い不確実性

調査

ビジネスアイデアを顧客にとって
意味のある価値提案に変換し、
拡張可能で収益性のある
ビジネスモデルに組み込む

ポートフォリオ・マップ

改善して成長させている既存のビジネスモデルと、調査して検証している将来のビジネスモデルの可視化、分析、管理を同時に行うための戦略的管理ツール。

探索ポートフォリオ

このポートフォリオにはイノベーション・プロジェクト、新しいビジネスモデル、新しい価値提案、新しい製品やサービスが含まれ、すべてが**期待されるリターンとイノベーション・リスク**の観点でマッピングされます。

活用ポートフォリオ

このポートフォリオには既存のビジネス、価値提案、製品やサービスが含まれ、すべて**リターン**および**撤退や崩壊リスク**の観点でマッピングされます。

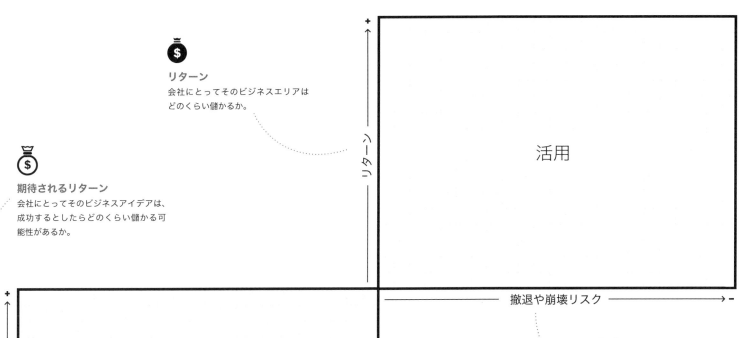

リターン
会社にとってそのビジネスエリアは
どのくらい儲かるか。

期待されるリターン
会社にとってそのビジネスアイデアは、
成功するとしたらどのくらい儲かる可
能性があるか。

活用

撤退や崩壊リスク

リターン

期待されるリターン

探索

イノベーション・リスク

イノベーション・リスク
（説得力のある）ビジネスアイデアが
失敗するリスク。アイデアの成功率を
裏付ける客観的根拠（エビデンス）が
スライドやスプレッドシート以外に
ほとんどない場合、リスクは高くなり
ます。ビジネスアイデアの魅力性、実
現性、存続可能性、適応性を裏付ける
エビデンスの量が多いほどリスクは
低くなります。

撤退や崩壊リスク
ビジネスの撤退、あるいは創造的破壊
による崩壊に追い込まれるリスク。リ
スクは、ビジネスが新興で脆弱な場
合、またはテクノロジー、競争、規制
の変更、その他のトレンドによる破壊
の脅威にさらされている場合に高く
なります。リスクは、ビジネスを保護
するモート（防護用の堀、投資用語で
いうところのワイドモート）によって
下がります。

ポートフォリオ・マネジメント

探索：調査

探索ポートフォリオとは、会社の将来を確かなものにするため、新しいアイデア、価値提案、ビジネスモデルを調査することです。この調査には期待されるリターンの最大化とイノベーション・リスクの最小化が含まれます。期待されるリターンを向上させるには、ビジネスモデルのデザインを磨き上げます。検証と適応によって、失敗の恐れがあるアイデアに時間をかけるリスクを低くすることができます。

活用：成長

活用ポートフォリオとは、既存のビジネスモデルを成長軌道に乗せておくことです。これには、新興ビジネスモデルの拡張、凋落しつつあるビジネスモデルの刷新、成功しているビジネスモデルの保護が含まれます。成長を確保するには、リターンを向上させ、崩壊リスクを最小限にします。そのための最善の方法は、ビジネスモデルをあらゆる面で賞味期限切れのものからより強いものに転換することです。

活用ポートフォリオ

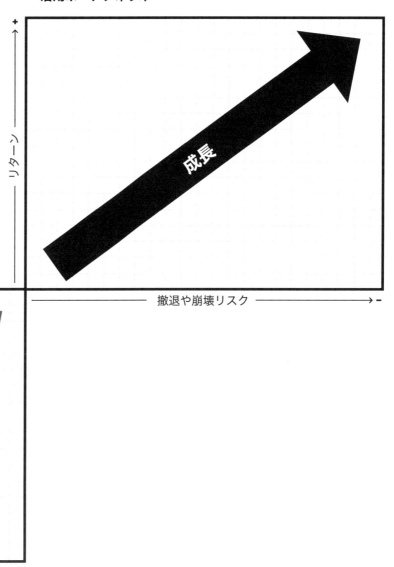

探索ポートフォリオ

成長

リターン

撤退や崩壊リスク

調査

期待されるリターン

イノベーション・リスク

イノベーション・ジャーニー

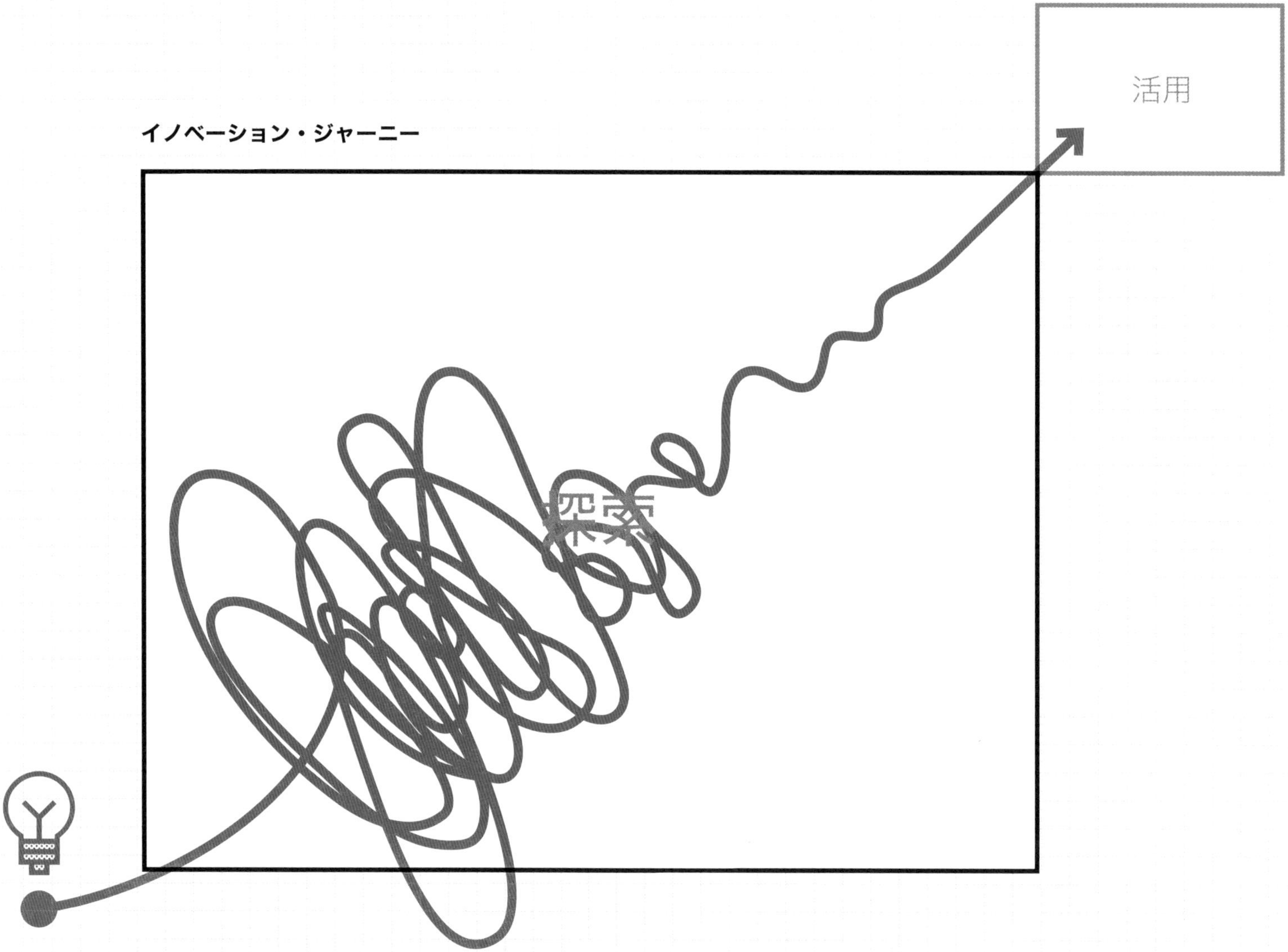

活用

探索

イノベーション・ジャーニーに関する5つの迷信

新しいビジネスアイデアを探索する道のりは真っすぐなものではなく、既存ビジネスの運営とは根本的に異なります。イノベーションや起業のジャーニーにおいて、アイデアを実際のビジネスにする上で妨げになりうる5つの迷信を取り上げます。

迷信その1：イノベーションや起業のジャーニーにおける最も重要な部分は、完璧なアイデアを見つけて実行することだ。

現実：イノベーションや起業のジャーニーとは、アイデアを顧客が求める価値提案と拡張可能なビジネスモデルに変えていくことです。

アイデアは簡単に生まれますが、単なる出発点にすぎません。難しいのは、何度も検証して変化させ、実際に機能するという十分なエビデンスを得ることです。探索ジャーニーは、アイデアを繰り返し適応させて、顧客が真に求める価値提案と、収益性が高く拡張可能なビジネスモデルを見つけ出すことです。

迷信その2：体系的にアイデアを検証すると、エビデンスによって進むべき道が明確になる。アイデアの検証と適応を何度も繰り返せば、ソリューションはあたかも魔法のように現れる。

現実：イノベーションや起業とは、不完全で矛盾することもありうるエビデンスを基に決定を下していくことです。時としてアイデアを捨てることが健全な選択になることもあります。

最も厳格な検証プロセスを用いる時でも、アイデアを現実のビジネスに転換するにはセンスが必要です。エビデンスが明確な道筋を見せてくれることはまずありません。エビデンスによって可能になるのは、主観による賭けではなく、パターンに基づいた判断でよりリスクの低い意思決定をすることです。また、検証やエビデンス分析にこだわりすぎないように注意しましょう。手元にあるエビデンスを基に、アイデアを維持するか、ピボット（方向転換）するか、断念するかを決めます。

迷信その3：少数の大きな賭けが大きなリターンにつながる。

現実：探索に必要なのは、多数の小さな賭けをして、時間の経過とともにエビデンスに基づいてその数を徐々に減らすことです。

イノベーションの初期段階では、どのアイデアが成果をあげ、どれが失敗するのかを見極めることは不可能です。限られた資金と時間を多くのアイデアとプロジェクトに投資することから始めます。現実的なエビデンスが得られるアイデアやプロジェクトには追加投資をします。これを数回に分けて計画的に行うことで、最も有望なリターンを生む最善のアイデアとチームが浮かび上がります。

迷信その4：新しいビジネスを探索するために必要なスキルと、既存のビジネスを運営するスキルはほぼ同じである。ビジネスであることに変わりはないのだから。

現実：探索と活用とは、異なるスキルと異なる経験を必要とする根本的にまったく別の活動です。

成果があがるまでビジネスアイデアを検証して適応するには、事業運営とはまったく異なるスキルセットが必要です。イノベーションや起業には高い不確実性がつきものです。検証から収集したデータからパターンを見つけ、それを収益性が高く拡張可能なものに変換する必要があります。探索は経験を積むほど上手になります。それは月日の経過によって事業運営に長けることと同様です。

迷信その5：イノベーション・チームは古いビジネスを破壊する反逆者や海賊のようなものだ。会社内で生き残るには秘密裡に行動しなければならない。

現実：イノベーターは、会社の将来に不可欠なパートナーとして認識してもらう必要があります。そうでないと、どんなに意義のあるイノベーションでも大規模に実現することはできません。

反逆者扱いをされるイノベーション・チームは、クライアント、ブランド、プロトタイプなどの会社のリソースにアクセスするにも苦労します。成果をあげるためには、イノベーターが会社の将来を創出することを任されたパートナーとして認識されなければなりません。

探索ジャーニーの想定ステップ

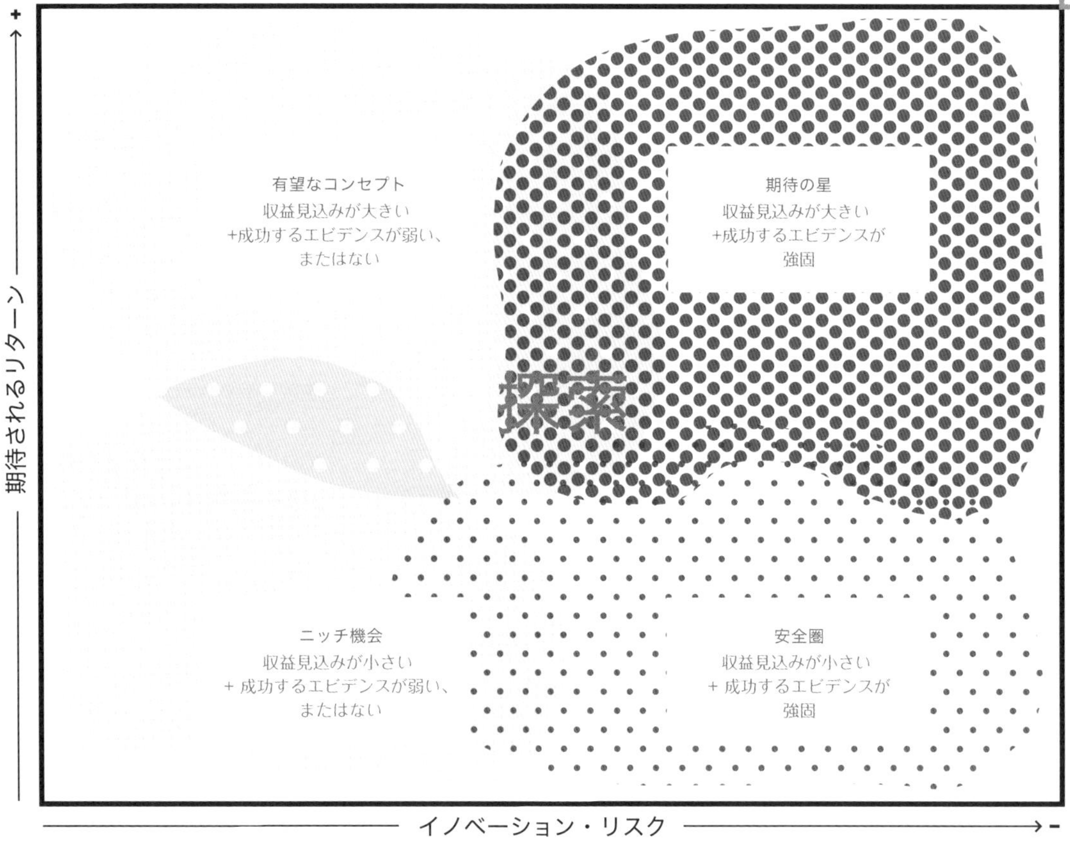

期待されるリターン　＋

有望なコンセプト
収益見込みが大きい
＋成功するエビデンスが弱い、
またはない

期待の星
収益見込みが大きい
＋成功するエビデンスが
強固

探索

ニッチ機会
収益見込みが小さい
＋ 成功するエビデンスが弱い、
またはない

安全圏
収益見込みが小さい
＋ 成功するエビデンスが
強固

イノベーション・リスク　-

期待されるリターンと イノベーション・リスク

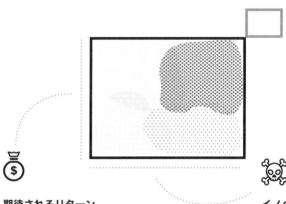

魅力性リスク
顧客が興味を持たない。

ビジネスの対象市場が小さすぎる、価値提案を求める顧客が少なすぎる、あるいは対象顧客の接触、獲得、保持ができないリスク。

存続可能性リスク
十分な儲けが出ない。

成功と呼べるほど収入の流れを生み出せない、顧客が（十分な金額を）払いたがらない、持続可能な収益をあげるにはコストが高すぎるというリスク。

期待されるリターン
ビジネスアイデアが成功した場合に見込める利益の大きさ（または財務的影響）。期待されるリターンは、自分の優先順位に応じて定義すればいいでしょう。その優先順位とは、採算性、収益の見込み、成長の見込み、マージンなどの指標があり、これによって、見込める利益の大きさを評価できます。あるいは、財務的リターンではなく社会的または環境的リターンを重視する場合もあります。

イノベーション・リスク
ビジネスアイデアを廃案にさせるイノベーション・リスクには4つのタイプがあります。魅力性リスク、存続可能性リスク、実現性リスク、適応性リスクです。

実現性リスク
製品やサービスを作って届けることができない。

主なリソース（テクノロジー、知的財産、ブランドなど）、主な活動、またはキーパートナーの管理、拡大、アクセスができないリスク。

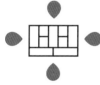

適応性リスク
外部要因が不利。

競争の激しい環境、テクノロジー、規制、社会または市場のトレンドに適応できない、あるいはマクロ環境が不利（インフラの欠如、景気後退など）というリスク。

このアイコンはビジネスモデル・キャンバスです。
概要は78ページを参照してください。

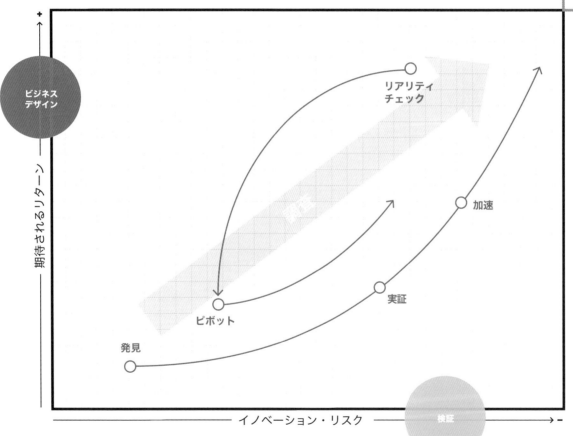

探索ジャーニー

活用

ビジネス
デザイン

期待されるリターン

探索

リアリティ
チェック

加速

実証

ピボット

発見

検証

イノベーション・リスク

20

ツール

調査とピボット

探索ポートフォリオのジャーニーは、新しいビジネスアイデアで成果をあげられるというエビデンスが十分に集まるまで調査とピボットを行うことです。成果のあがるアイデア、価値提案、ビジネスモデルの調査は、2つの主な活動で構成され、一方の活動の成果がもう一方にも波及します。

ビジネスデザイン

デザインとは、漠然としたアイデア、市場インサイト、検証から得たエビデンスを具体的な価値提案や確固としたビジネスモデルとして形にすることです。優れたデザインは強力なビジネスモデル・パターンを使用してリターンを最大にし、製品、価格、テクノロジー以外の部分でも競争できるようにします。

検証

検証とは、理論上は優れて見えるが現実には成果の出ないアイデアを追求するリスクを軽減するための活動です。アイデアを検証するには、重要な仮説を定義し、迅速に実験を行い、エビデンスから学習します。エビデンスは、探索している価値提案やビジネスモデルを裏付ける場合もあれば否定する場合もあります。

調査の軌道

発見
顧客の理解、コンテキスト、支払いの意思

検証を通じてリスクを軽減するにはここから始めます。初期のエビデンスにより、これから提示しようとするものに顧客が関心を持っているかが分かります（魅力性）。さらなるエビデンスによってたいてい、顧客が対価を支払う意思があるかが分かります（存続可能性）。この段階で作る発見プロトタイプに技術的スキルは必要ありません。たとえば、ストーリーボード、動画、模擬チラシなどです。

実証
関心度の証明と収益性の見込み

この段階で、製品やサービスに対する関心度を示すより確かなエビデンスを調査します（魅力性）。模擬販売や疑似的な購入同意書によって、顧客が支払うであろう金額が見えてきます（存続可能性）。必要とされるコスト構造に関するエビデンスにより、収益性の見込みが分かります（存続可能性）。技術プロトタイプによって、必要とされる活動やリソースに対処できるかどうかが判明します（実現性）。

加速
限られた規模でのモデルの証明

この段階で、ある程度使えるプロトタイプまたは第一案の製品やサービスで、価値提案を限定的な市場で検証することを目指します。限定された規模で収益を生む顧客価値を創出して提供できることを示すエビデンスを見つけます。顧客を獲得し維持する活動の拡大に向けてより大きな投資を正当化するためのエビデンスを見つけ、ある程度の規模で収益性を検証します。

ピボットの軌道

リアリティチェック
初期軌道の失敗

初期の有望なエビデンスにもかかわらず、検証していたアイデアが機能しない可能性が高いことが新しいエビデンスによって示された場合は、リアリティチェックが必要です。これにより、ビジネスモデル全体または特定の部分に疑問が生じます。初期のアイデアやビジネスモデルのうち、どの部分を残し、どの部分を捨てるのかを再考する必要があります。

ピボット
新しい方向の検証

この段階で、初期軌道から新しい軌道にピボットします。ビジネスモデルの1つまたは複数の要素に重大な変更を加えます。これは、新しい方向の基盤となっている仮説を再考する必要があることを意味します。どのエビデンスが引き続き該当し、どのエビデンスが当てはまらなくなったかを分析する必要があります。ピボットは通常、すでに検証したビジネスモデルの要素を再検証する必要が生じます。

デザインと検証のループについて、詳細は2章「マネジメント」の76ページを参照してください。

強力なビジネスモデルのデザインについて、詳細は138ページの「発明パターン」を参照してください。

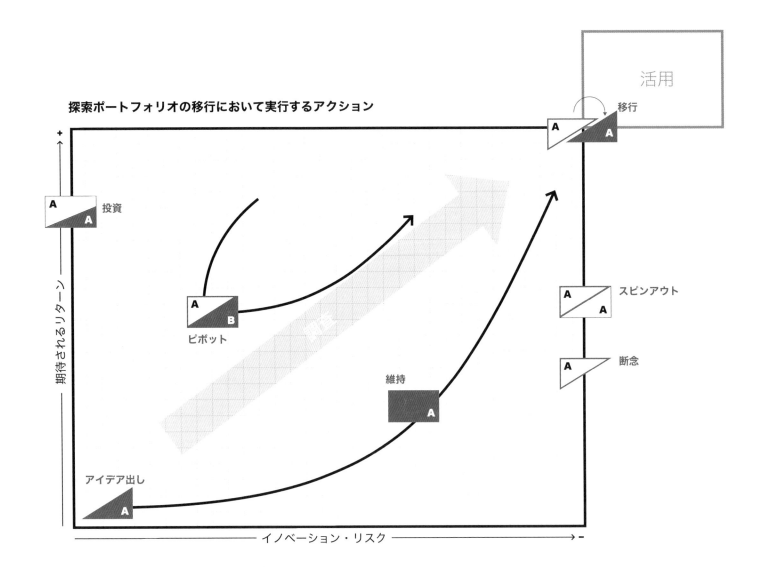

探索ポートフォリオの移行において実行するアクション

活用

移行

投資

スピンアウト

ピボット

断念

維持

アイデア出し

期待されるリターン

イノベーション・リスク

探索アクション

探索ポートフォリオで実行するアクションは7つあります。どれも新しいビジネスアイデアの形成と検証に関連するもので、アイデアのリターンを向上させてイノベーション・リスクを軽減することを目指します。新しいアイデアの探索は、革新的なビジネスモデルから、活用ポートフォリオで既存のビジネスモデルの段階的改善を検証することまですべてが含まれます。

三角形でアクションを視覚化するアイデアは、ルイス・フェリペ・シスネロスとのディスカッションで生まれたものです。探索ポートフォリオのアクションについて、詳細は2章「マネジメント」の100ページを参照してください。

投資

A はポートフォリオの枠外に存在
↓
A はポートフォリオに一部属する
内部プロジェクトのポートフォリオを強化するため、外部のスタートアップまたは探索プロジェクトに全額または一部投資するという決定。

断念

A はポートフォリオに属する
↓
A を捨てる
エビデンスに基づき、または戦略的に適合しないため、調査プロジェクトを捨てる決定。エビデンスが、アイデアが現実では機能しないこと、または十分な収益をあげられないことを示している場合があります。

維持

A はポートフォリオに属する
↓
A は変化なし、ポートフォリオ内
エビデンスに基づきアイデアの検証を継続する決定。これは通常、エビデンスの分析から確信の持てるインサイトを得た後に行います。強度を上げた実験で同じ仮説をさらに検証するか、次の重要な仮説へ移行することで粘り強く続けます。

スピンアウト

A はポートフォリオに属する
↓
A は依然として存在しているがポートフォリオの枠外
有望なアイデアを捨てるよりスピンアウトするという決定。別の会社、投資家、またはアイデアを探索したチームに、そのアイデアを売却することになります。会社はスピンアウトに投資することも、後にリスクの低い段階で買い戻すこともあります。

アイデア出し

A はまだ存在していない
↓
A はポートフォリオに属する
市場機会、テクノロジー、製品、またはサービスを第一案のビジネスモデルや価値提案プロトタイプに転換する作業。通常はワークショップで行います。この段階では、イノベーション・リスクを大幅に軽減する確実なエビデンスはなく、検証しようとしている仮説だけがあります。結果はスライドやスプレッドシートでとらえます。

ピボット

A はポートフォリオに属する
↓
A がポートフォリオ内で **B** に変化する
ビジネスモデルの1つまたは複数の要素に重大な変更を加えるという決定。これは通常、検証しているアイデアが大きな修正なしでは現実には機能しないことを知った後で行います。ピボットをすると、これまでのエビデンスのうち新しい軌道では該当しなくなるものもあります。通常は、すでに検証したビジネスモデルの要素を再検証する必要が生じます。

移行

A は探索ポートフォリオに属する
↓
A は活用ポートフォリオに移行される

強力なエビデンスに基づき、ビジネスモデルのアイデアを探索から活用に移すという決定。これは通常、魅力性、実現性、存続可能性、適応性の強力なエビデンスを見つけた時に行います。移行するには、活用ポートフォリオに適切な場所を見つける必要があります。これは既存のビジネスの一部であることも、新しい単独ビジネスであることもあります。

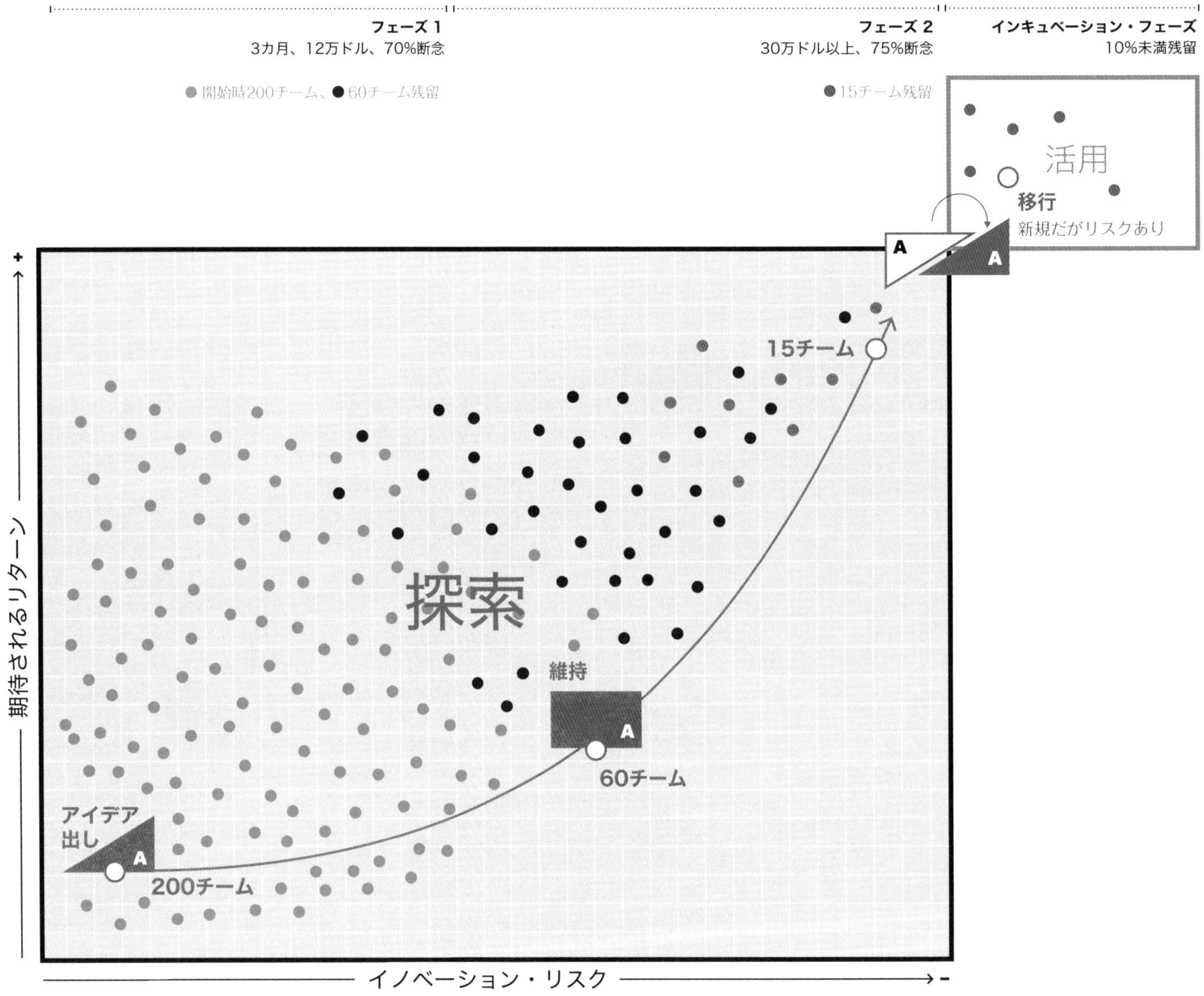

フェーズ 1
3カ月、12万ドル、70%断念

フェーズ 2
30万ドル以上、75%断念

インキュベーション・フェーズ
10%未満残留

● 開始時200チーム、● 60チーム残留

● 15チーム残留

活用

移行
新規だがリスクあり

A

A

15チーム

探索

維持

A

60チーム

アイデア
出し

A

200チーム

期待されるリターン ──

＋

イノベーション・リスク ──────────→ －

ボッシュ

探索ポートフォリオの実例としてボッシュを取り上げます。1886年創業のエンジニアリングとテクノロジーを主力とするドイツの多国籍企業です。前ページの図は、2017年から2019年のボッシュ・アクセラレータ・プログラムの匿名化されたデータに基づいたものです。

ボッシュ・グループは世界で41万人の従業員を擁し、年間売上高は785億ユーロ（2018年）に達します[1]。

ボッシュには、4つのコアビジネス部門があります。モビリティソリューションズ（ハードウェアとソフトウェア）、消費財（日用品と電動工具）、産業機器テクノロジー（電気駆動・制御）など、エネルギー・ビルディングテクノロジー、の4つです。

製品とテクノロジーからビジネスモデルへ

創業時からボッシュは技術革新の先駆者でした。同社の研究開発により、ディーゼル噴射ポンプやアンチロック・ブレーキシステム（ABS）などの成功例が生まれています。

2014年、ボッシュのCEOであるフォルクマル・デナー氏はビジネスモデル・イノベーションに拍車をかける文書を発表しました。ボッシュはテクノロジーと製品を重視する姿勢を維持する一方で、同時に新しいタイプのビジネスモデルにより多くの注意を向ける必要がありました。

2015年、ボッシュは自社のイノベーションにビジネスモデル開発の考え方を取り入れるために、ビジネスモデル・イノベーション部門を設立しました。ボッシュでは、単なる製品のイノベーションに留まらず、成長をもたらすイノベーションを探求し、育て、促進するエコシステムが必要だと認識していました。

ボッシュのアクセラレータ・プログラム

ボッシュのビジネスモデル・イノベーション部門は活動の一環として、アクセラレータ・プログラムを作りました。

プログラムに携わるチームは、新しいアイデアを探索するか、既存のビジネスから派生したコンセプトを探索するかを選びます。ビジネスモデルを深く掘り下げ、2つのフェーズで体系的にアイデアを洗練、検証、および調整します。

プログラムの運営陣は第一陣として、世界中から20〜25チームを選出し、2〜10カ月間共同作業をさせます。チームは初期費用として12万ユーロを受け取り、ビジネスモデルのアイデアを大きな規模で展開できるかを検証するために2カ月が与えられます。結果によって、チームはプログラムのフェーズ2の間にさらに30万ユーロ以上を獲得します。この追加の資金により、チームは顧客に対して実用最小限の製品（MVP）を検証し、ビジネスモデルのアイデアが収益をあげつつ規模を拡大して展開できるかを示します。

ボッシュのアクセラレータ・プログラムを無事終了すると、最も説得力のあるエビデンスを得たチームだけがインキュベーション・フェーズへと進みます。

2017年以降、ボッシュは200を超えるチームに投資してきました。そのうちの70％は初回の投資後にプロジェクトを離脱断念し、残りのチームの75％が2回目の投資後に活動停止しました。このプロセスを経て、15チームがプロジェクトを追加資金によってインキュベーション・フェーズへと移行することに成功しました。

ボッシュのアクセラレータ・プログラムは同社で新しいビジネスアイデアを実証するグローバル・スタンダードとなり、欧州、アジア、北米、南米でそれぞれ実施されています。

「ボッシュのアクセラレータ・プログラムにより、ビジネスモデルの実証を迅速かつ大規模に、そして資金効率が高く体系立った形で行うことができ、ボッシュ全体のイノベーション・ポートフォリオの確立につながりました」

ウーヴェ・キルシュナー
ボッシュ・マネジメント・コンサルティング、ビジネスモデル・イノベーション担当バイスプレジデント

リターンと
撤退や
崩壊リスク

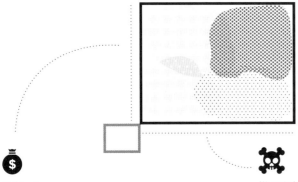

リターン

既存ビジネスの財務的リター
ン（または財務的影響）。財務
的リターンは、自社の優先順位
に応じて定義すればいいでしょ
う。その優先順位には、採算
性、収益、収益成長、マージン
などの指標があり、これによっ
てビジネスの財務的リターン
を評価できます。あるいは、財
務的リターンではなく社会的
または環境的リターンを重視
する場合もあります。

撤退や崩壊リスク

ビジネスを窮地に追い込む撤
退や崩壊リスクには2つのタ
イプがあります。

ビジネスモデル内部の
デザイン・リスク
弱点

ビジネスモデルはそのデザインに
よって、多かれ少なかれ創造的破壊に
対する脆弱性があります。たとえば、
主に製品、サービス、または価格で勝
負している会社は、強固なビジネスモ
デルのモート（堀）で守られている会
社よりも破壊の脅威にさらされてい
ます。本書の「発明」と「改善」の章
では、より優れたビジネスモデルで勝
負する方法を紹介します。

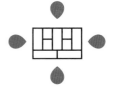

ビジネスモデルの外部からの
破壊リスク
脅威

最も強力なビジネスモデルでさえ外
部の力によって破壊されることがあ
ります。破壊の原因は、4つに分類す
ることができます。市場の変化、破壊
的なトレンド（技術、社会、環境、規
制）、サプライチェーンや競争の変化、
そしてマクロな経済情勢の変化です。

活用ポートフォリオで起こりうるリスクの4つの分野

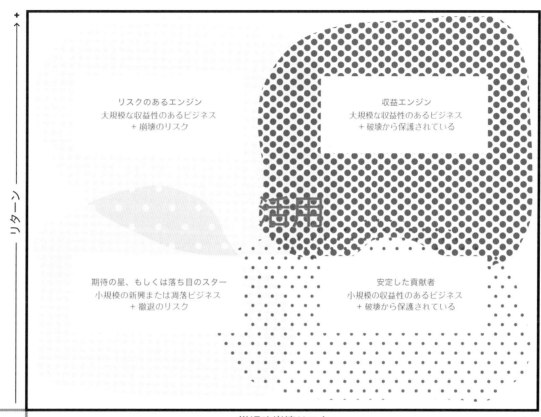

リスクのあるエンジン
大規模な収益性のあるビジネス
+ 崩壊のリスク

収益エンジン
大規模な収益性のあるビジネス
+ 破壊から保護されている

活用

期待の星、もしくは落ち目のスター
小規模の新興または凋落ビジネス
+ 撤退のリスク

安定した貢献者
小規模の収益性のあるビジネス
+ 破壊から保護されている

リターン

撤退や崩壊リスク

探索

成長と衰退の軌道

活用ポートフォリオのジャーニーは、ビジネスの成長と衰退のプロセスだと言うことができます。その目的は既存のビジネスモデルを保護、改善、再構築することで衰退を防ぎつづけることです。

ビジネスモデル転換の検証について、詳細は2章「マネジメント」の124ページを参照してください。古いビジネスモデルを新しいものに転換することについて、詳細は4章「改善」の228～229ページを参照してください。

成長の軌道

拡張
ビジネスの
スタート

最初の成長フェーズです。証明された有望な機会を実際のビジネスに転換します。主な活動は、顧客獲得、維持、製品／サービスの提供をより大きな規模で行うことです。チーム全体がインフラや人材を含む全方面の拡張に注力します。

起爆
確立されたビジネスの
パフォーマンスを強化

このフェーズでは、イノベーションを続けることで証明済みビジネスモデルの成長に発破をかけ、維持します。ビジネスモデルの強化は、新製品のイノベーション、新チャネル、隣接市場の開拓によって行います。

保護
ビジネスの効率性を上げ、
破壊から保護

このフェーズでは、競争から保護し、効率を高めることでビジネスの優位性を維持します。このフェーズでよく行われるのは、効率性に関するイノベーションです。この段階では、ビジネスは大規模で収益をあげるものになっていますが、成長は停滞しがちです。

衰退の軌道

脅威の出現
ビジネスを脅かす
外部圧力の登場

このフェーズでは外部環境の変化がビジネスを脆弱にし、脅かします。市場の変化、技術・社会・環境・規制のトレンド、サプライチェーンの変化、競争、新規参入者、またはマクロ経済環境の変化などが脅威となります。この段階では、ビジネスはまだ大規模で収益をあげていますが、リスクにさらされています。

危機
外部圧力がビジネスを破壊し、
衰退の引き金に

ビジネスは外部圧力によって破壊され、急激に衰退しています。この段階ではまだ古いビジネスモデルに深く関与していますが、賞味期限切れのビジネスモデルの陳腐化を避けるには大々的な変更が必要です。

転換と再浮上
抜本的なビジネスモデルの転換と
再出発による成長

賞味期限切れの破壊されたビジネスモデルから生まれ変わったビジネスモデルへの転換に成功しました。新しいビジネスモデルによって新しい成長の時代が始まります。

活用ポートフォリオのジャーニー

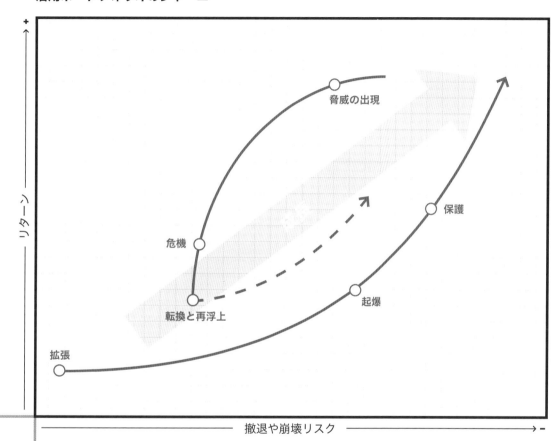

リターン

撤退や崩壊リスク

脅威の出現

危機

保護

転換と再浮上

起爆

拡張

探索

活用アクション

活用ポートフォリオで実行可能なアクションは7つあります。すべて、既存のビジネスモデルを管理してコーポレートアイデンティティと一致させることに関連しています。これには、新しいビジネスの追加から、合わなくなったビジネスの放棄まで、あらゆるものが含まれます。また、既存のビジネスモデルの段階的あるいは根本的な改善も含まれますが、これは崩壊リスクを軽減するために活用ポートフォリオで検証します。ただし、イノベーション・リスクを軽減するため、改善のプロセスについては探索ポートフォリオで検証します。

活用ポートフォリオのアクションについて、詳細は2章「マネジメント」の114ページを参照してください。

買収

A はポートフォリオの枠外に存在
↓
A はポートフォリオに属する
新しい単独ビジネスを創出するため、または自社の既存のビジネスと合併するために、外部ビジネスを買収する活動。

提携

A はポートフォリオに属する
B はポートフォリオの枠外に存在
↓
A は依然としてポートフォリオに属し、**B** により強化
B はポートフォリオの枠外に存在
1つまたは複数の自社のビジネスモデルを強化するため、外部ビジネスと提携する活動。

投資

A はポートフォリオの枠外に存在
↓
A はポートフォリオに一部属する
ポートフォリオを強化するため外部ビジネスに全額または一部投資するという決定。

改善

A はポートフォリオに属する
↓
A が **B** に転換し、ポートフォリオ内に賞味期限切れのビジネスモデルを刷新して競争力の高い新しいビジネスモデルに転換する活動。

合併

A はポートフォリオの枠外に存在
B はポートフォリオ内に存在
↓
A を買収し **B** と合併、ポートフォリオ内に取得した外部ビジネスまたは所有する内部ビジネスを1つまたは複数の所有ビジネスと合併する活動。

売却

A はポートフォリオに属する
↓
A は依然として存在しているがポートフォリオの枠外
ビジネスモデルの1つから撤退する活動。そのビジネスモデルを別の会社または投資家に売却する、あるいは現在の経営陣に売却する（マネジメント・バイアウト）形になります。

解体

A はポートフォリオに属する
↓
A を捨てる
ビジネスの終了と解体の活動。

活用ポートフォリオにおいて実行するアクション

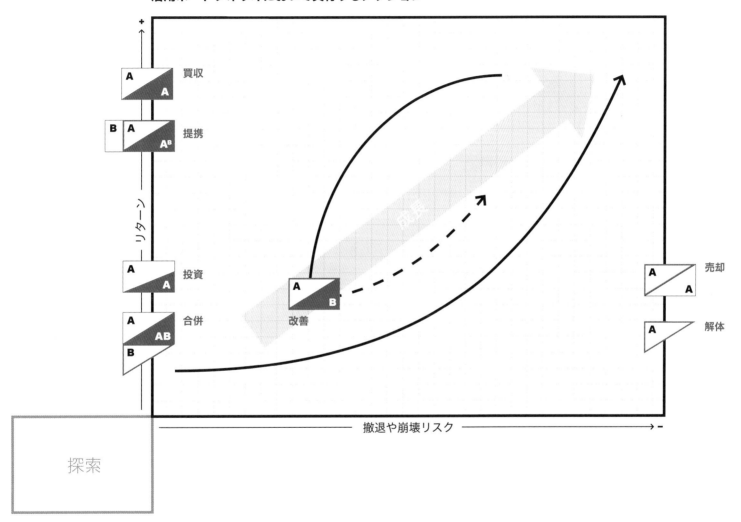

買収

提携

投資

合併

改善

売却

解体

リターン

撤退や崩壊リスク

探索

ネスレ

活用ポートフォリオの利用例として、スイスの食品会社ネスレが2017〜2018年に既存ビジネスのポートフォリオをどのように整理したかを紹介します。次ページの図は、CEOのウルフ・マーク・シュナイダー氏による2019年2月14日の年次株主総会での発表を基にしています。シュナイダー氏は2017年1月にネスレ社CEOに就任しました。社外から経営トップを迎えるのは1922年以来、95年ぶりのことです。

本書ではネスレの主なビジネス・カテゴリを、各カテゴリの合計利益の規模を基に縦一列に配置しました。あるいは、自社が財務的リターンを評価するために使用している収益性、マージンなどの指標によって情報をまとめることもできます。

撤退や崩壊リスクに関する明確な情報がないため、リスクを基にネスレの主なビジネス・カテゴリを位置付けることはしていません。しかし、株主総会でCEOのウルフ・マーク・シュナイダー氏は修復された、または戦略見直しをされた個々のビジネスとブランドについて言及しています。それらのブランドはポートフォリオ・マップの改善エリアに配置しました。

買収、投資、提携

ネスレは外部会社の買収、投資、または提携により、カテゴリをまたいでポートフォリオを拡張しました。

飲料品では、ネスレはスターバックスから無期限グローバルライセンスを取得し、スターバックス製品を小売販売できることになりました。過去には、ネスレはサンフランシスコを拠点とする新興コーヒーチェーンのブルーボトルコーヒーの株式の過半数を取得しています。

健康科学の分野においては、ネスレはアトリウム・イノベーションズの買収によって拡大を成し遂げました。

ペットケアでは、ネスレ ピュリナがtails.comの株式の過半数を取得しました。

加工食品では、ネスレはカリフォルニアの植物性加工食品製造業のスイート・アースを買収しました[2]。

改善

2017年から18年にかけて、ネスレは自社のベビーフードブランドのガーバー、中華料理ブランドの銀鷺、ネスレ・スキン・ヘルスを改善しました。ネスレ・スキン・ヘルスと食品ブランドのヘルタを戦略見直しの対象とし、売却候補としました。

売却

ネスレは数件の売却によりポートフォリオを調整しました。2018年には米国の菓子事業をフェレロに28億ドルの現金で売却しました。

ガーバー・ライフ・インシュアランスをウエスタン・アンド・サザン・ファイナンシャル・グループに15億5,000万ドルの現金で売却しました[2]。

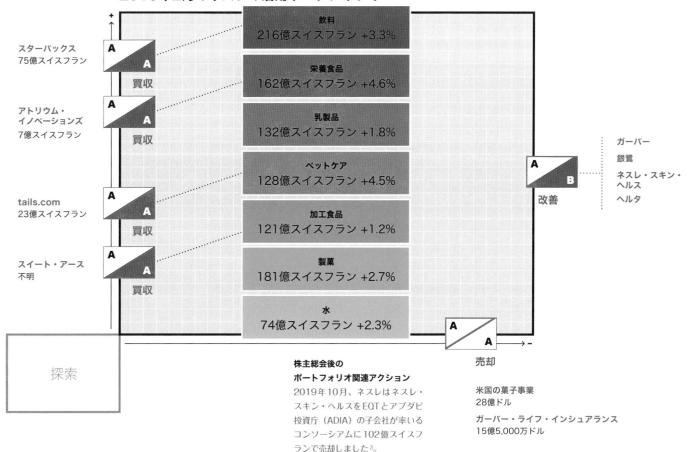

2019年2月のネスレの活用ポートフォリオ

主要ビジネス・カテゴリ

ネスレは業績を7つの主要ビジネス・カテゴリに分類しています。各ビジネス・カテゴリには複数のブランドがあり、複数の異なるビジネスモデルを網羅している場合があります。ネスレは業績をビジネスモデルごとに分類していませんが、カテゴリが同一でもビジネスモデルが根本的に異なる場合があります（たとえば、ネスプレッソとドルチェグストはいずれもポーション・コーヒーを販売していますが、ビジネスモデルは根本的に異なり、異なるブランドで事業展開しています）。

スターバックス
75億スイスフラン

A 買収

アトリウム・
イノベーションズ
7億スイスフラン

A 買収

tails.com
23億スイスフラン

A 買収

スイート・アース
不明

A 買収

飲料
216億スイスフラン +3.3%

栄養食品
162億スイスフラン +4.6%

乳製品
132億スイスフラン +1.8%

ペットケア
128億スイスフラン +4.5%

加工食品
121億スイスフラン +1.2%

製菓
181億スイスフラン +2.7%

水
74億スイスフラン +2.3%

A / B 改善

ガーバー

銀鷺

ネスレ・スキン・
ヘルス

ヘルタ

A / A 売却

**株主総会後の
ポートフォリオ関連アクション**

2019年10月、ネスレはネスレ・スキン・ヘルスをEQTとアブダビ投資庁（ADIA）の子会社が率いるコンソーシアムに102億スイスフランで売却しました[3]。

米国の菓子事業
28億ドル

ガーバー・ライフ・インシュアランス
15億5,000万ドル

探索

活用
ポートフォリオ

探索
ポートフォリオ

イノベーションの
タイプ

すべてのイノベーションが同じというわけでは
ありません。異なるタイプのイノベーションに
は異なるスキル、リソース、経験レベル、組織か
らのサポートが必要です。理想的なのは、イノ
ベーションの活動が組織内のあちこちで見受け
られ、程度の差こそあれ、自立的に行われている
ことです。本書では、ハーバード大学教授のクレ
イトン・クリステンセン氏が提唱した３つのイ
ノベーションを参考に、変革的、持続的、効率性
の３つに分類します。

探索　　　　　　　　　　　　　　　　　　　　　　　　　　活用

変革的

変革的イノベーションは最も困難なイノベーションです。従来のフィールドから飛び出して機会を探索することになります。このタイプのイノベーションは通常、自社のビジネスモデルの抜本的な変化や拡張を必要とします。これには会社の拡張を助け、新たな成長を創出する機会が含まれますが、一方で既存ビジネスを破壊する可能性も含まれます。変革的イノベーションは、会社の長期的ポジショニングに役立ちます。

利点
会社の長期的ポジショニング。破壊からの保護を提供。

弱点
高いリスクと不確実性、即時に得られるリターンはほぼない。

担当部署
事業部門の範疇を超えた専門の自立的なイノベーション・チーム。事業運営から得たスキルとリソースを使うことができる。

持続的

持続的イノベーションは、会社の既存のビジネスモデルの上に生まれる機会を探索し、ビジネスモデルを強化して活かしつづけることです。典型例としては、新製品やサービス、新しい流通チャネル、新しいサポートおよび生産の技術、あるいは域外への進出があります。

利点
やや低いリスクや不確実性、時間軸は短期から中期。財務的影響はかなり大きく、競争力を維持するのに役立つ。

弱点
破壊からの保護はほぼあるいはまったくない。

担当部署
専任のイノベーションチーム。事業部門からの強力なサポートが必要。

効率性

効率性イノベーションは、会社の既存のビジネスモデルの運営面を改善する機会を探索することです。ビジネスモデルを抜本的に変えることはしません。典型例には、運営・流通・サポートを改善するテクノロジー、組織をより効率的にするプロセスのイノベーションなどがあります。

利点
低いリスクや不確実性、即時のインパクト、予測可能性。内容によって、財務的影響が小さい場合も大きい場合もある。

弱点
破壊からの保護がない、将来に向けた会社の位置付けには役立たない。

担当部署
組織全体ですべてのレベルにおいて。イノベーションの専門家のサポートがあれば理想的。

ゴア

バランスのとれた探索と活用ポートフォリオの例としてW. L. ゴア & アソシエイツをご紹介します。ゴアは1958年にビルとヴィーヴ・ゴア夫妻が創業した、エンジニアリングとテクノロジーの米多国籍企業です。

ゴアは物質科学に特化し、革新的で技術主導型のソリューションを生み出すことで有名です。動脈瘤治療の医療機器や、カジュアルウェアからプロ用ウェアにまで使用されている高性能なGORE-TEX®（ゴアテックス）ファブリクスなど、幅広い分野の製品を生み出しています。

ゴアの三大主要分野は、産業とエレクトロニクス、高性能ファブリクス、埋め込み型医療機器です。年間売上高は37億ドルにのぼり、米国の非上場企業上位200社の1社です。1万500人以上のアソシエイト（社員）を世界50拠点以上で雇用しています[4]。

トリガー

従来、ゴアは主に新しい部門の追加によって収益を伸ばしてきました。絶縁ワイヤーとケーブルから始まり、1970年にエレクトロニクス、1975年に医療機器、1976年にウェアラブル・ファブリクスを事業分野として追加しました。しかし過去10年で、ゴアの最も成功した製品の市場は成熟しました。それに加え、安価な競合製品に追い打ちをかけられたことがきっかけで、ゴアはより意欲的にイノベーション戦略に取り組むようになりました。同社はコアビジネスの刷新を始動する一方で、新規ビジネスの可能性も探索しました。

イノベーション・ファネル

2015年、ゴアは新しいアイデアを探索、検証、適応するためのイノベーション・ファネルを築き上げる取り組みを立ち上げました。目標は、新たな成長エンジンとなりうるものを絶えず生み出して検証できるようなプロセス主導型のエコシステムを構築する一方で、既存のビジネスを恒常的に改善する方法を探すことです。

その年の秋に、第一陣として社内起業家の6つのチームがイノベーション・ジャーニーを開始しました。2019年末までにこれが12回繰り返され、合計103チームがイノベーション・ファネルを遂行しました。

このプロセスは主に2つのフェーズで構成されています。最初のフェーズは「コンセプト開発」と呼ばれ、チームはビジネスモデル・キャンバスの各要素に対してエビデンスに基づいた提案をすることを求められます。第2フェーズは「プロダクト開発」と呼ばれ、チームは主な技術および市場の不確実性に取り組み、リスクと不確実性を軽減することに努めます。

チームを構成するのはエンジニアとその他のアソシエイトで、各フェーズの間は勤務時間の100%をこの社内スタートアップに充てます。ゴアは、将来の探索に利用できるよう社内起業家の要員を備えておくことを目指しています。

ゴアにとってイノベーションとは、プロセスが最初から最後まで定められていて、常に探索が進められている継続的な活動です。

「私たちは、純粋な好奇心、深い想像力、そしてリスクをとる勇気を育むことでイノベーションを促進しています。イノベーションを尊重するカルチャーや素材に関する高度な専門知識があるからこそ、今はまだ存在しない可能性を見出すことができるのです」

グレッグ・ハノン
CTO（最高技術責任者）

GORE-TEX® INFINIUM THERMIUM フットウェア

イノベーション・ファネルから生まれ、検証と実証が行われた最初の製品の1つがGORE-TEX® INFINIUM THERMIUMフットウェアです。チームは既存のテクノロジーを見直し、顧客が求めるフットウェアのテクノロジーへと変換しました。防寒ブーツの暖かさをかさばらない靴で実現したのです。2018年に発売されたGORE-TEX® INFINIUM THERMIUMフットウェアにはECCO®およびFRAU®ブランドの複数のデザインの女性向けフットウェアも含まれ、2019年のコレクションではこの技術を利用したブランドがさらに追加されました。

GORE® Thermal Insulation

あるイノベーション・チームは、モバイルエレクトロニクスのサプライチェーンに属する80社以上に問い合わせ、価値提案の深掘りを行いました。これがデル（DELL）との広範囲なコラボレーションにつながり、GORE® Thermal Insulationを最新のXPSシリーズ・ノートパソコンに採用して熱暴走からデバイスを保護しています。

改善
GORE®
Thermal
Insulation

移行
GORE-TEX®
INFINIUM THERMIUMフットウェア
新規だがリスクあり

＋
リターン

撤退や崩壊リスク

断念

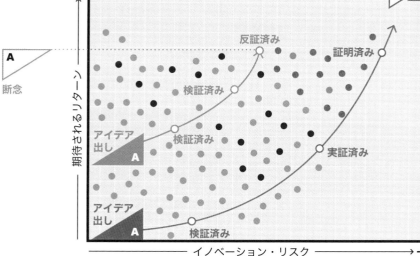

＋

断念

期待されるリターン

反証済み
証明済み
検証済み
アイデア出し
検証済み
実証済み
アイデア出し
検証済み

イノベーション・リスク

コンセプト開発
66%断念

プロダクト開発
57%断念

● 開始時103チーム、● 35チーム残留　　　　●15チーム残留

ニッチからマス・マーケットへ

あるチームは、既存製品の販売をハイエンド市場からミドル市場へ拡大する可能性を探索しました。ミドル層はこの製品が提供する差別化に価値を見出すだろうという仮説を立てました。ところが、顧客インタビューからのエビデンスではこの仮説が間違っており、エンドユーザーからの需要と知覚価値は低いことが証明されました。アイデアは棚上げされ、市場で上手くいかないものに多くの時間と労力をかけることをせずに済みました。

ポートフォリオ・マップの活用

ポートフォリオ・マップを使って、既存
ビジネスと探索中の新しいアイデアを可
視化、分析、管理しましょう。

		起業家	企業内 イノベーション・チーム	上級管理職
👁	**可視化**	期待されるリターンとイノベーション・リスクに基づいて探索中のすべてのアイデアをマッピングします。	組織内でイノベーション・プロジェクトになりそうなものをすべて集め、期待されるリターンとイノベーション・リスクに従ってマッピングします（エビデンスに基づく）。	上級管理職チームを集め、既存ビジネスのすべて（カテゴリ、部門、ビジネスモデル、製品、ブランド）をリターンと撤退や崩壊リスクに従ってマッピングします。
🧠	**分析**	すべてのアイデアを評価し、抱負とリスク選好に基づいて最も有望なアイデアを特定します。	探索ポートフォリオが期待するリターンを生む可能性の有無を評価します。探索しているアイデアの数は十分か、アイデアを十分にリスク軽減しているかを問いかけます。	探索と活用のポートフォリオを両方評価します。崩壊のリスクにある既存ビジネスを補完できるほどの数の新しいイノベーション・プロジェクトを探索しているか判断します。
📈	**管理**	最も有望なアイデアの検証とリスク軽減を続け、ビジネスモデルを改善して期待されるリターンを最適化します。	期待されるリターンを引き上げる必要がある場合は、探索ポートフォリオを拡大します。プロジェクトの過半数がリスクと不確実性を軽減できていない場合は、検証作業を強化します。	崩壊のリスクが高い場合は、探索への投資を増やします。ビジョンに基づいて活用ポートフォリオを拡張または整理することで、リスクのあるビジネスを改善します。

ポートフォリオ・マップ

ビジネス：

担当者：

日付：

リターン

活用

💀 撤退や崩壊リスク →　−

期待されるリターン

探索

💀 イノベーション・リスク →　−

😊 Strategyzer

strategyzer.com

将来を見据えた透明性の創出

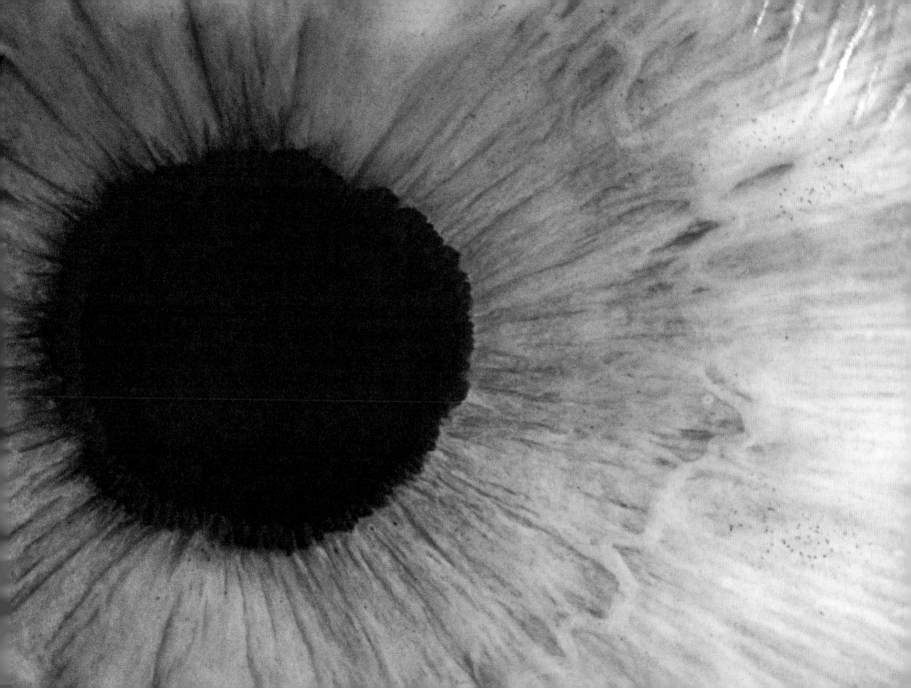

マネジメント

ポートフォリオ・マネジメント

「インビンシブル・カンパニー」は、既存
ビジネスおよび新規ビジネス候補の両方
のポートフォリオを同時に、戦略的にガ
イドし、多様化し、評価し、実行します。

ガイド

どういったプロジェクト、イノ
ベーション、改善、ポートフォ
リオ・アクションが認められる
か、あるいは認められないかに
ついて明確に示すため、ポート
フォリオの戦略的な方向づけ
をします。

多様化

イノベーション・ファネルを創
出し、可能性を広げることでイ
ノベーション・リスクを最小限
に抑えます。最も優れたプロ
ジェクトとチームを明確にし
ましょう。エビデンスから確証
が得られたチームには段階的
に投資をします。

評価

すべてのビジネスと機会につ
いて、イノベーションと崩壊リ
スクについて体系的に評価し、
可視化します。将来に向けて、
ポートフォリオがどれくらい
有望かを把握します。

実行

あらゆるポートフォリオ・アク
ションを活用してポートフォ
リオを最適化します。社内ビジ
ネスの育成あるいは買収や売
却、状況によってはその両方を
行うこともあります。

ガイダンス

強力なポートフォリオを設計および維持するには、明確な方向性を示す必要があります。これを「戦略的ガイダンス」と呼び、戦略的方向性、必要な組織文化、および外部に印象付けたい企業イメージの概要から構成されます。この戦略的ポートフォリオ・ガイダンスを定義することで、ポートフォリオ・アクションを決めるために必要なすべてが揃ったことになります。

組織の目標を定義します。ここでは、主な活動分野と、達成すべき業績目標を明らかにします。戦略的方向性とは、どのようなタイプの会社を構築し目指していくのかを定義することです。

コーポレート・アイデンティティ
会社のあるべき姿

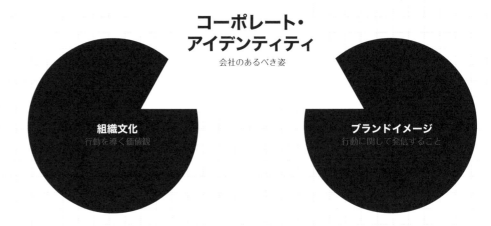

組織に対して概要で示した戦略的方向性を実現するために、社員に求められる主な言動を定義します。ここでは、理想とする文化を促進するために導入するイネーブラーを説明します。

社外にどのように認識されたいかを定義します。対象として顧客、ステークホルダー、株主、メディアなどが含まれます。期待する外向けのイメージは、戦略的方向性や組織文化と一致していなければなりません。

"The VCI (Vision-Culture-Image) model"
M. J. Hatch and M. Schultz (2003) より翻案。

ポートフォリオ・ガイダンス

戦略的ガイダンスはポートフォリオ・マネジメントを決める根拠となります。リソースの割り当てとポートフォリオ・アクションの方向性を定義する際に役立ちます。ポートフォリオ・ガイダンスは、重視するものとしないもの、投資するものと売却するもの、探索するものと探索が不要なものを理解するための明確な境界線を示します。

総合的ガイダンス

定義：

☐ 業績目標の考え方（安定した配当、成長率など）

☐ 長期的に活動する分野（市場、地域、技術など）

☐ 開発すべき主なリソースと能力（例：技術リソース、ビジネスモデル基盤など）

活用ガイダンス

☐ 短期的な業績目標

☐ ビジネスモデルの改善目標（技術投資、ビジネスモデルの転換など）

☐ 既存のポートフォリオに対する価値提案を創出または改善する方法

リターン

撤退や崩壊リスク ──────────→ -

期待されるリターン

探索ガイダンス

☐ 探索プロジェクトの優先順位をつけるための指標（例：機会の規模感、全体市場規模、コスト削減の金額など）

☐ 探索の境界線と戦略的適合性（例：新しい分野かどうか、新しいビジネスモデルかどうか、新しいテクノロジーかどうか）

☐ 優先する主なリソースと能力（技術リソース、ビジネスモデルの基盤など）

移行ガイダンス

定義：

☐ 探索プロジェクトを現状の損益分配にどう組み込むか、あるいは新規のプロジェクトについてはどう設定するかについての規定

☐ 探索プロジェクトが、確立された既存のビジネスモデルに飲み込まれてしまわないように保護するためのガバナンス

イノベーション・リスク ──────────→ -

ポートフォリオ・ファネルのクイズ

たとえば、5億ドルを超えるような大成功の新規ビジネスを1つ生み出すために、企業はいくつのプロジェクトチームに10万ドルを投資する必要があると思いますか？

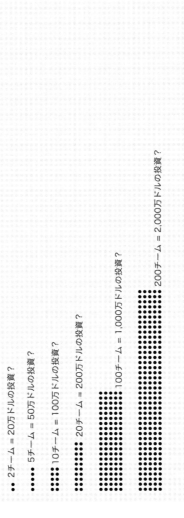

1万チーム＝10億ドルの投資？

200チーム＝2,000万ドルの投資？

100チーム＝1,000万ドルの投資？

20チーム＝200万ドルの投資？

10チーム＝100万ドルの投資？

5チーム＝50万ドルの投資？

2チーム＝20万ドルの投資？

_____ 件のプロジェクトに
1件あたり10万ドルを投資した
場合、^A _____ 件は失敗、
^B _____ 件はある程度成功、
^C _____ 件は新しい成長エンジン
となる。

正解は55ページ →

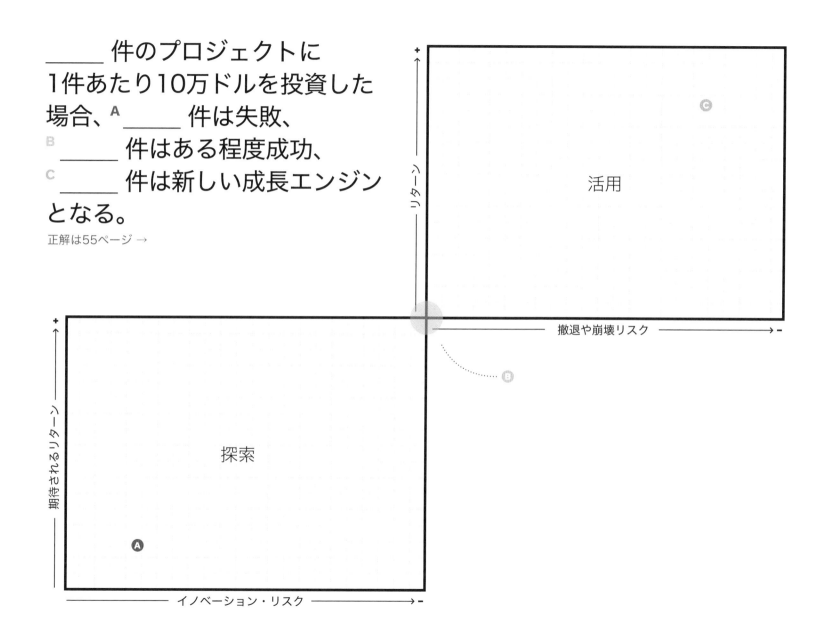

活用

探索

リターン

期待されるリターン

撤退や崩壊リスク

イノベーション・リスク

勝者は見出すことは
できない

このページの統計は、スタートアップに対
するアーリーステージのベンチャーキャピ
タル投資から得たものです。このデータを
参考に推測すると、既存の大企業の成功と
失敗の比率の差が大きいことが分かりま
す。大企業はスタートアップよりイノベー
ション性が低くリスクを嫌うことが多いと
仮定すると、この比率はさらに極端になる
可能性があります。

米国ベンチャーキャピタルのリターンの分布[1]
2004〜2013年

アーリーステージのベンチャーキャピタル投資の統
計値によると、初期段階の投資の大部分は資本に対
するリターンを出せないか、出せてもわずかな利益
にすぎません。

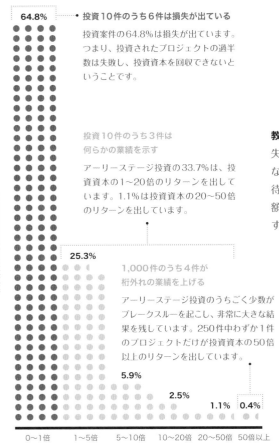

64.8%

● 投資10件のうち6件は損失が出ている

投資案件の64.8%は損失が出ています。
つまり、投資されたプロジェクトの過半
数は失敗し、投資資本を回収できないと
いうことです。

投資10件のうち3件は
何らかの業績を示す

アーリーステージ投資の33.7%は、投
資資本の1〜20倍のリターンを出して
います。1.1%は投資資本の20〜50倍
のリターンを出しています。

25.3%

1,000件のうち4件が
桁外れの業績を上げる

アーリーステージ投資のうちごく少数が
ブレークスルーを起こし、非常に大きな結
果を残しています。250件中わずか1件
のプロジェクトだけが投資資本の50倍
以上のリターンを出しています。

5.9%　　**2.5%**　　**1.1%**　**0.4%**

投資件数に占める割合（%）

| 0〜1倍 | 1〜5倍 | 5〜10倍 | 10〜20倍 | 20〜50倍 | 50倍以上 |

リターンのグループ分け

教訓

失敗するプロジェクトにも投資し
なければ勝者は見出せません。期
待するリターンが大きいほど、少
額投資するプロジェクト数を増や
す必要があります。

<u>250</u> 件のプロジェクトに
1件あたり10万ドルを投資した
場合、ᴬ <u>162</u> 件は失敗、
ᴮ <u>87</u> 件はある程度成功、
ᶜ <u>1</u> 件は新しい成長エンジン
となる。

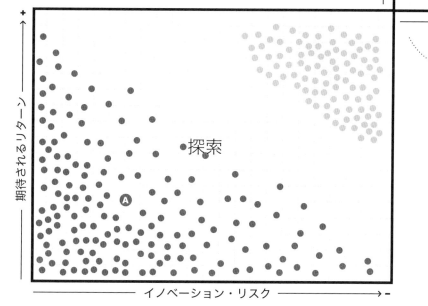

イノベーション・ファネル

活用

撤退や崩壊リスク ⟶ -

リターン

探索

期待されるリターン

イノベーション・リスク ⟶ -

計量型ファンディング

大企業の従来の投資プロセスは、チームにあらかじめ多額の予算を
与えて1つのプロジェクト全体を実行するというものです。これは
実証されていないアイデアにリスクの高い多額の賭けをすること
につながります。イノベーションにおいては、何が上手くいくかは
誰にも分かりません。

スタートアップやベンチャーの世界では、リスクと不確実性が伴
うものと認識されており、投資はプロジェクトのポートフォリオ全
体に分散されます。さらに、複数回に分けてチームに資金を提供し
ます。これを計量型ファンディングと呼びます。勢いのあるアイデ
アのみが残され、追加資金を受けて続行されます。つまり、多数の
アイデアが少額の資金を得てスタートするということです。そのな
かで勢いとエビデンスが十分にあるアイデアのみが追加資金を受
け取ります。上手くいかないアイデアや見込みのないプロジェクト
チームは脱落していきます。

小さく賭けて
小さな成果を

すべての投資が桁違いの利益を出す必要はありません。
たとえば中小企業なら、既存の売上相当の新規ビジネ
スでも十分でしょう。あるいは大企業内の部門であっ
ても、会社全体として求められるような成績を残す必
要はありません。しかし、ここでも変わらないことは、
"勝者を見出すことはできない"ということです。投資
した資金をいくらかでも上回るリターンを得ようとす
れば、少なくとも4件のプロジェクトに投資しなけれ
ばなりません。統計からは、1〜5倍のリターンが予想
されます。5〜10倍のリターンを生むのは、100件の
うちわずか6件ということが分かっています。

マネジメント

<u>　10　</u> 件のプロジェクトに
1件あたり10万ドルを投資した
場合、^A <u>　6　</u> 件は失敗、
^B <u>　3　</u> 件はある程度成功、
^C <u>　1　</u> 件は新しい成長エンジン
となる。

イノベーション・ファネル

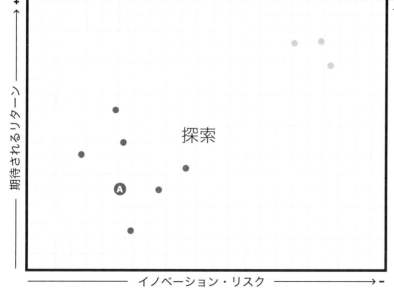

触れる物すべてが黄金に変わるとは限らない

ひとつの成功をつかむには少額の賭けを数多くすること

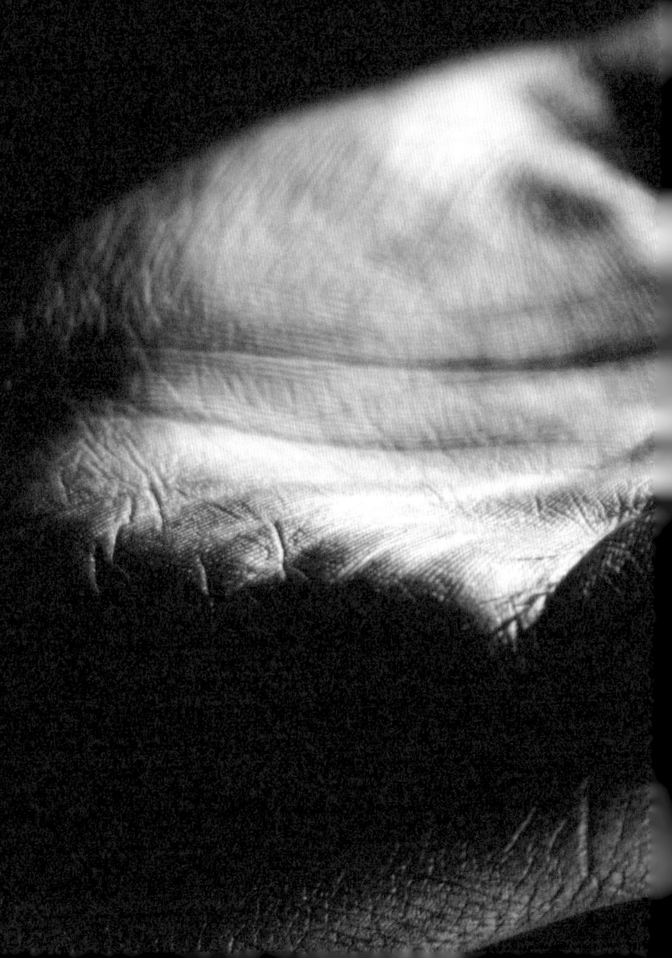

アマゾン

「失敗と投資は切っても切れない間柄」とはアマゾンCEOのジェフ・ベゾス氏の言葉です。失敗こそ教訓の源であり、これを理解することこそが隆盛を極めるアマゾンの成功の根幹にあります。アマゾンは、リーダー層の失敗を受け入れ、すべての従業員の実験的な取り組みを奨励することにより、組織全体の文化を築くことができました。

ベゾス氏は、成功への道のりには失敗がつきものであることを十分に理解しています。アマゾンの戦略の卓越した点は、失敗の文化から価値を生み出す力があることです。

　対外的には、投資家に「多くのコストのかかる失敗は、会社の価値の損失ではなく成功の可能性に結び付いている」という認識を定着させてきました。一方、社内には、「リスクを恐れず、懸命に取り組んで失敗することは大歓迎」として、成功するかどうかまったく分からなくても積極的に追求してみる従業員には報酬を与えます。

　ベゾス氏はまた、アマゾンが大きくなるほど失敗も大きくなることにも触れています。組織がイノベーションの限界に挑戦しようとするなら、小さく「安全な」失敗では目に見える変化は起こりません。多くの失敗をすることは、時に壊滅的なダメージ（Fire Phoneでは1億7,000万ドルの損失を計上）があったとしてもアマゾンが将来にわたって表舞台に留まるためには必要だと考えます[2]。

アマゾンのイノベーションの文化については、302ページで詳しく解説します。

✓ Amazon マーケットプレイス　**2007**　✓ アマゾン ウェブ サービス（AWS）

フルフィルメント by Amazon（FBA）開始　　　　AWS 開始

2005

南アフリカに
サテライトハブを設立

99ドル以上の注文で
配送料無料を開始　**2003**　「世界規模のインフラ」を構築する
ための57人の専属チームを立ち上げ

オークションズ終了

複数のベンダーがオークションズから撤退、
小売業者とオークションズとの対立による
混乱　　　　　　　ベゾス氏、「社外使用に耐えうる」
技術にせよと発令

マーケットプレイスを開始

zShops 終了　**2001**　タイムリーな技術／
インフラ展開に関する問題が発生

Amazon サイト内で他の小売業者に対して
zShops というミニショップを開始

ハイエンド商品向けの共同オークション
サイトをサザビーズと設立　　サードパーティーの販売業者が
オンラインサイトを構築するための
merchant.com を設立

LiveBid を買収し、
オークションのライブ配信を実現

1999

Amazon オークションズ開始

eBay に対抗するためオークションサイトを
ゼロから立ち上げる極秘プロジェクト始動

勝者を生み出すために失敗を受け入れる

2001年以降にアマゾンが探索し、
断念したビジネスを集めてみました。

ジェフ・ベゾス
アマゾン創業者兼CEO

「偉大なる勝者は何千件にもおよぶ
実験の失敗に代償を払っている」

✕ Amazon Wallet

✕ Endless.com

✕ Amazon
Music Importer

✕ Amazon Destination

✕ Amazon
Local Register

✕ zShops

✕ Kozmo.com

✕ Amazon Spark

✕ Askville

✕ Instant Pickup

✕ Amazon Local

✕ Dash Buttons

✕ Testdrive

✕ Auctions

✕ Quidsi

✕ Storybuilder

✕ Webpay

✕ Fire Phone

✕ Amazon Webstore

✕ Amazon Restaurants

中国平安保険

2008年、中国平安保険（グループ）の創業者である馬明哲氏は金融コングロマリットからテクノロジー企業への転換を始めました。中国平安保険は業界の境界を越え、銀行や保険のほかに5つの異なる分野で競争するためのイノベーション・ファネルを構築しています。

1988年に馬明哲（ピーター・マ）氏が創設した中国平安保険は中国の金融コングロマリットであり、子会社は主に保険、銀行、金融サービス業に携わっています。2007年には中国第2位の保険会社へと成長しました。

2008年に馬氏は中国平安保険の金融機関からテクノロジー企業への転換を開始しました。中国平安保険が構築したイノベーション・ファネルは、業界の壁を越えて銀行業と保険業のほかに5つの異なる業界で競争するためのものです。

2008年、中国平安保険はフォーチュン・グローバル500リストで462位にランクインしました。2019年には29位まで上昇し、グローバル金融サービス企業としては世界第3位となりました[3]。

事前危機回避

2008年の世界的な金融危機によって、中国平安保険は危機に対していかに脆弱かを自覚しました。そこで戦略的方向性とビジネスモデルを転換してシステムにレジリエンス（立ち直る力）を組み込むことを決断しました。

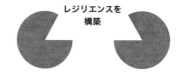

レジリエンスを
構築

馬明哲（ピーター・マ）
中国平安保険創業者兼
CEO

戦略的方向性

2008年、中国平安保険は戦略的方向性を金融コングロマリットからテクノロジー企業へと転換し、これまで培った組織力や強みを異業種にも活用し、単一エコシステムから金融、医療、自動車サービス、不動産、そしてスマートシティを網羅するマルチ・エコシステム戦略へと移行しました。

組織文化

テクノロジー分野をリードする大企業になるためには、スタートアップのように考え、行動する必要があると理解しており、エコシステム内でテクノロジースタートアップを優先してきました。今では、これらが会社の資産価値の3分の1を占めるまでになっています。さらに共同CEOとして陳心穎（ジェシカ・タン）氏を迎え、技術革新を推進し、中国平安保険のポートフォリオに含まれるスタートアップについてアイデア出しと経営に専念させました。

一般的なスタートアップと同様に、中国平安保険も多くの分野において経験がないことを認めながらもそれに挑戦することを恐れませんでした。新たなセクターで設立したスタートアップがあっという間に失敗しても、そこから得られた経験により、成功する企業へと進化させてきたのです。

ブランドイメージ

中国平安はもはや自社を金融サービス会社とはみなしていません。あらゆるセクターにわたって問題を解決できる、適応可能なスキルセットと機能を備えた組織へと進化しています。中国平安は業界の境界線を書き換え、不動産、自動車サービス、さらにはエンターテイメントまでさまざまな業界を網羅するテクノロジー分野のリーディング企業として認められることを目指しています。他の技術系スタートアップと同様に、中国平安もオンラインのアクティブユーザー数を成功の指標としています。

この10年で中国平安は70億ドルを子会社の平安科技（Ping An Technology）に投資し、金融サービスの未来に欠かせないと考えられる認証技術、AI、ブロックチェーン、クラウドの4つのコアテクノロジーを開発しました[4]。これらのテクノロジーは中国平安のコア事業である金融サービスにとって新たな息吹となり、収益増加と崩壊リスクの軽減を同時にもたらしています。

既存事業の売上高推移、2008〜2018年

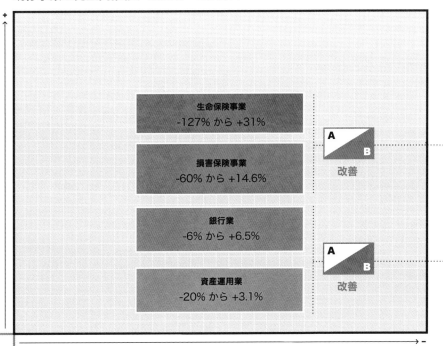

探索

生命保険事業
-127% から +31%

損害保険事業
-60% から +14.6%

銀行業
-6% から +6.5%

資産運用業
-20% から +3.1%

A B
改善

A B
改善

2014年、平安財産保険はPing An Auto Ownerアプリを開発しました。保険料とリスク選択をカスタマイズするため、AIとテレマティクスを活用し、運転者の行動を追跡するアプリです。事故などが起きたら補償するという受け身的な保険商品を、望ましい行動をリアルタイムで促すパーソナライズされた製品に変えることで、顧客との関係を一新しました。アプリ経由のためバックエンドでの人間の介入が不要になり、1回の請求の平均所要時間を168秒にまで短縮しました。2019年時点で、アプリの1カ月あたりのアクティブユーザーは1,600万人に達し、中国の自動車サービスアプリの第1位になっています[5]。

中国平安保険は、ローン申請と不正検出にAIを利用した独自の技術開発に4年を費やしました。2017年までに、このプログラムは申請者のわずかな表情も読み取り、90%の精度で虚偽を検出できるようになりました。この技術はローン承認の際に信用スコアの代わりに使用され、中国平安は信用スコアを持たない人々という新しい顧客セグメントを開拓することができました。これは中国の消費者の40%にあたります。このテクノロジーは貸倒損失を60%削減でき、精度は他のアプローチを大きく上回ります[6,7]。

将来の探索

2008年の戦略的転換以降、中国平安は売上高の1%（利益の10%以内）を研究開発に毎年支出しています[8]。これにより、平安科技は中国平安グループのテクノロジーインキュベーター部門としての地位を確立しました。平安科技はグループの最も有望なスタートアップの種をまき、同時に中国平安の既存の金融サービスを革新する役割を負っています。世界最大級のテクノロジー企業へと進化する戦略的方向性を促進するため、2028年までに中国平安は研究開発に210億ドルを投入する予定です[9]。

この研究開発投資への確固たるコミットメント、そしてアジャイルな「can do（やればできる）」文化によって、中国平安はプロジェクト候補の充実したラインナップを揃え、その結果、企業のブランド価値の3分の1に相当する多様な探索ポートフォリオが生まれました。このなかにはテクノロジー分野の11のスタートアップも含まれます。そのうち2社（Lufax、Autohome）は上場し、4社（Lufax、Good Doctor、Autohome、OneConnect）は時価総額が10億ドルを超えています[10]。

陳心穎（ジェシカ・タン）
中国平安グループ共同CEO

成功の基準

中国平安の最も成功しているプラットフォームは、顧客にとって「ワンストップ・ショップ」になるというエコシステム戦略を全面的に採用したものであり、オンラインのユーザー体験を継続的に改善し、ユーザーが踏む手順をそのニーズに合致させています。中国平安はユーザー・エンゲージメントを追跡してビジネスの成功度を測定しています。2019年に年間アクティブユーザー数は2億6,900万人に達しました。これはユーザー1人あたり2.49件のオンラインサービスを利用していることになります[10]。

Good Doctor（2014年）

中国平安は、中国における医療サービスがあまりにお粗末な状態であることから、自社の強みを活かすことでエコシステムを強化する絶好の機会になると考えました。Good Doctorは、かつてアリババ・グループの副社長を務めていた王涛（ワン・タオ）氏が開発しました。王氏は2013年に平安健康医療科技の新しいCEOとしてグループに参加し、中国最大の医療アプリの構築を目指しました。Good Doctorは今では中国最大のオンライン医療プラットフォームとなり、ユーザーは2億6,500万人を超えます。AIドクター・サービスを通じて、24時間365日体制で包括的なオンライン診療を提供しています。Good Doctorは2018年に11億2,000万ドル規模のIPOを実施、上場を果たしました[11]。

中国平安の純利益増加（2010〜2018年）

単位：10億（元）

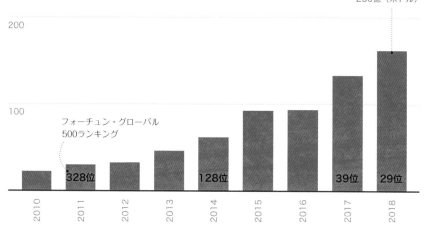

OneConnect（2015年）
さらに進化を遂げた中国平安の独自の技術はOneConnectという1つのクラウド・プラットフォームに統合され、他の金融機関向けのフィンテック・ソリューションとして提供されています。2018年時点で、OneConnectは中国全土で3,289社の金融機関にサービスを提供しています（銀行590社、保険会社72社、ノンバンク金融機関2,627社を含む）。そして今やその他アジアやヨーロッパにまで展開しています。

Autohome（2016年）
中国平安は、オーストラリアのO2Oプラットフォームである Autohome の株式の過半数を取得しました（16億ドル）。中国平安はプラットフォームを大幅に改善し、スマート・レコメンデーション、スマート・オンラインセールス、スマート・マーケティングなどのデータ製品を統合して、自動車メーカーとディーラーのコンバージョン率の向上に一役買っています[13]。

Autohome（2019年）
現在の時価総額は100億ドルです。2019年上半期にAutohomeは急激な事業成長を記録し、売上高は合計39億2,100万元、前年比24.2%増を達成しています。2019年のアプリの1日あたりのユニーク訪問者数は平均3,800万人です[14, 15]。

活用 2019年

Good Doctor（2019年）
1カ月あたりのアクティブユーザーは6,270万人です。

OneConnect（2019年）
7億2,100万回利用されているリスク管理商品。

Lufax（2019年）
アクティブユーザーの投資家は1,158万人。

探索 2008〜2018年

投資

移行

断念

アイデア出し

Ping An HaoChe（2013〜2016年）
自動車メーカーとディーラーのパートナーシップをつなぐO2O中古車販売プラットフォーム。ローンチから1年で2億ドルの埋没費用を投じた後に、速やかに規模縮小されました[16]。

Lufax
Lufaxは、中国平安がテクノロジー企業への転換を成し遂げるまで開拓できなかった市場セグメントに、いかにして金融サービスを提供できるようになったかという好事例です。1,000ドルからの少額投資を含む5,000点を超える金融商品を中間層に提供することで、借り手と貸し手をつなぎます。LufaxはAI（ロボアドバイザー）を利用して運営費を削減し、インタラクションを最適化することでまったく新しい投資家市場を開拓しました。Lufaxの現在の時価総額は50億ドルに達し、中国平安が41%を保有しています[12]。

Ping An Huafang（2014〜2018年）
住宅販売、賃貸、不動産投資、不動産開発のワンストップ・ショップ。これが失敗した理由は、中国平安には経験のない不動産業界の複雑なエコシステムをとらえきれなかったことにあります。それでも挑戦する意欲は大いにありました。

イノベーションの誤解

イノベーターという職種はまだ歴史が浅く、経営とは大きく異なり、また従来の研究開発とも違います。新しい分野につきものですが、誤解も多く、組織が正しい方法でイノベーションに投資することを妨げる要因にもなっています。ここでは上級管理職が抱きがちな5つの誤解を紹介します。

誤解 #1
イノベーション = 新しいテクノロジーと研究開発
現実
すべてのイノベーションがテクノロジーによってもたらされるわけではありません。

イノベーションは何よりもまず顧客と組織に対して価値を創出する新たな方法を模索することにつきます。それは単なるテクノロジー主導のイノベーションよりも広い範囲におよぶものです。たとえば、任天堂Wiiは発売時には技術的に特段優れていたわけではありませんでしたが、ゲーム業界に創造的破壊をもたらしました（240ページ参照）。

誤解 #2
イノベーション = 完璧なアイデアを発見すること
現実
よいアイデアを思いつくのは簡単です。

イノベーションにおいて難しいのは、顧客が関心を持ってくれる具体的な価値提案が見つかるまで、アイデアを練り、軌道修正していかなければならない点です。しかも、収益を確保しつつ拡張できるビジネスモデルに裏付けられている必要があります。最終的にリスクを軽減するには、見栄えのよい大胆なアイデアに絞って賭けるのではなく、多くのアイデアを探索するポートフォリオを作成し、最も有望なアイデアが浮かび上がるようにする必要があります。

成功する = （研究開発）* ＋ ビジネス ＋ 実行[17]
イノベーション

研究開発

発明*
*あってもなくてもよい

顧客価値　　ビジネス
　　　　　　モデル

誤解 #3
イノベーション = 顧客が気に入る製品（やサービス）を構築すること
現実
顧客が関心を示す製品、サービス、価値提案はイノベーションの柱ではありますが、それだけでは不十分です。

採算のとれる規模に拡大できるビジネスモデルがなければ、最高の製品であっても売れません。効率性を向上させるものから変革をもたらすものまで、あらゆる種類のイノベーションには持続可能なビジネスモデルが必要です。

誤解 #4
イノベーション = 学習では身に付かない創造力豊かな才能
現実
イノベーションは創造力豊かな天才頼みのマジックではありません。

斬新なアイデアをビジネスの成果に変えるのは、学んで習得できる技能や技法です。ツール、ビジネスモデル・パターン、検証方法といった側面は学習できます。検証によって得られたエビデンスをより優れた価値提案やビジネスモデルに変えるといった部分は、「技能」（パターン認識）に近いものであり、経験から習得するものです。

誤解 #5
イノベーション = これまでの通りの戦略で起こせるもの
現実
ほとんどの組織は数十年にわたって従来型の研究開発を行ってきました。

ところが、過去に有効だったものが将来にも適合するとは限りません。今やビジネスモデルや価値提案はかつてない速さで賞味期限切れになり、業界を隔てる壁も消えつつあるため、予想もしない業界から競合が参入してくることもしばしばです。戦略計画に新しいタイプビジネス研究開発を加える時がまさに来ているのです。

ビジネス研究開発

ビジネス研究開発は、企業が新しいビジネスチャンスのポートフォリオを発見、創出、検証、リスク軽減、投資するために行う活動です。機会は、既存ビジネスの改善から革新的なビジネスの探索まで幅広くあります。ビジネス研究開発の中心にあるのは、価値提案やビジネスモデルを形成する技能や技法、さらにそれぞれの機会について魅力性、実現性、存続可能性、適応性リスクを特定して検証することです。主に実現性を重視したテクノロジーや製品を中心とする従来の研究開発を補完する活動です。

イノベーションの成果と研究開発費

PwC傘下のStrategy&社が実施した2018年の調査によれば、イノベーションの成功と研究開発費に強い直接的な関連性はありません。たとえば、自動車メーカーのフォルクスワーゲンは158億ドルを研究開発に投じ、調査対象のうち支出額では第3位でしたがイノベーターとしては上位10位に入っていません。テスラは研究開発に売上高の7%にあたる15億ドルを投じ、イノベーション性においては5位にランクインしています[18]。

　このランキングの上位2社もかなり違いがあります。1位のアップルは研究開発費の支出では7位に留まり、売上高の5.1%にあたる116億ドルです。2位のアマゾンは研究開発費支出では1位を占め、売上高の12.7%にあたる226億ドルを投じています。医薬品会社のロシュ、ジョンソン・エンド・ジョンソン、メルク、ノバルティス、ファイザー、サノフィはすべて支出額では20位内に入っています（売上高の14%〜25%）が、イノベーターランキングでは10位以内に入っていません。

　Strategy&の調査は、イノベーション性での上位10社は、売上高、売上総利益、時価総額の伸びにおいて研究開発費額上位10社を上回っています。

イノベーションと支出[18]

■ イノベーション性上位10社　　　□ 支出額上位10社

Strategy&の調査回答者が最もイノベーション性に優れているとして選んだ会社は研究開発費額上位の各社を上回る。

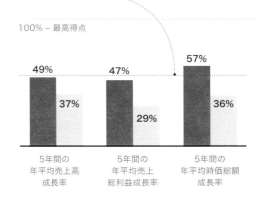

100% – 最高得点

	49%	47%	57%
	37%	29%	36%
	5年間の年平均売上高成長率	5年間の年平均売上総利益成長率	5年間の年平均時価総額成長率

実践における
ビジネス研究開発

ビジネス研究開発は従来のテクノロジーや製品の研究開発に取って代わるものではなく、補完するものです。その目的は新しい価値提案やビジネスモデルを創出、探索、調査し、その根底にある仮説に関するリスクを軽減することです。従来の研究開発は実現可能性の技術的な側面を重視しており、ビジネス研究開発でそれを参照することもあります。

主なビジネス研究開発タスクには以下が含まれます。

1）機会の特定

これは、既存ビジネスを改善する、あるいはまったく新しいビジネスを探索する有望な機会を周囲から探す活動です。機会は、顧客ニーズの転換、技術イノベーション、規制の変更、社会のトレンドなどから生まれることがあります。また、競合他社、スタートアップ、あるいは補完的な組織の買収も含まれることがあります。

2）価値提案やビジネスモデルの形成、検証、適合

ビジネス研究開発の大部分は機会を検証して実際のビジネスに転換することに費やします。これは、顧客が関心を示し、エビデンスによってビジネスモデルを構築して採算がとれる規模に拡大可能であることが示されるまで、価値提案やビジネスモデルの形成、検証、適合を行うことを指します。

3）ポートフォリオ・マネジメント

ビジネス研究開発の最後の活動は、ビジネス（モデル）・ポートフォリオの維持によって企業を創造的破壊から守ることです。これには、あらゆる種類のプロジェクトに投資を分散させ、エビデンスに裏付けられたものへ段階的に投資し、裏付けられていないものは棚上げにすることが含まれます。これによりリスクを分散し、最も有望なアイデアとチームを浮かび上がらせます。

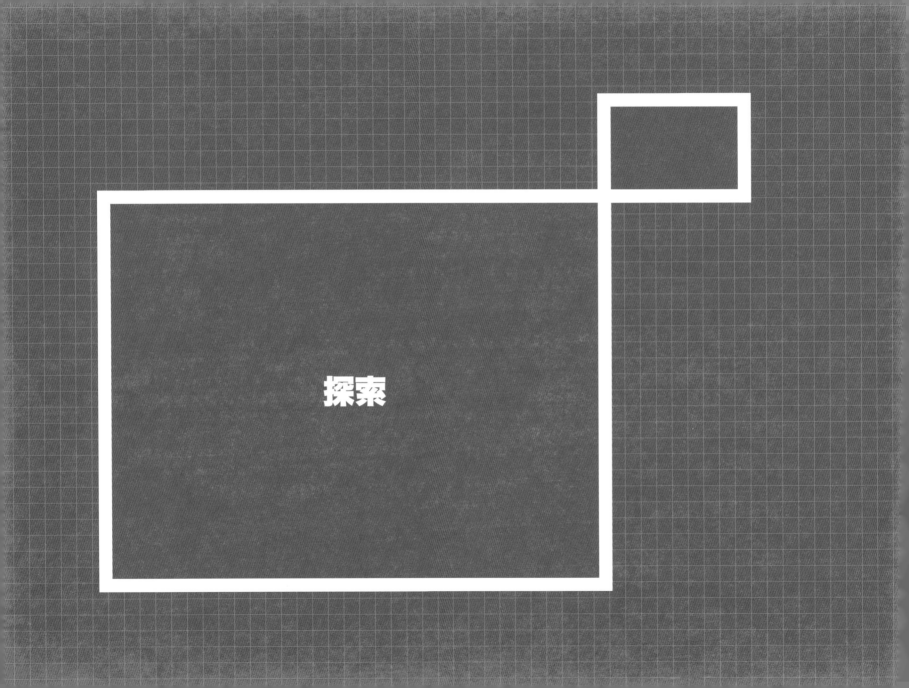

探索ポートフォリオ

探索ポートフォリオは将来のための新しい成長エンジンを開発する際に役立ち、外部による破壊から自社を守ります。自ら開発して実装したい新しいビジネスエリアのリスクを軽減したり、より有利な買収を行うために十分なインサイトを与えてくれることもあります。

すべての探索プロジェクトについて、次の2つの主な反復ループをたどります。ビジネスデザインの改善により期待されるリターンを最大化するためのループ、そして現実世界に耐えられないプロジェクトへの投資を回避するためにリスクと不確実性を軽減するためのループです。

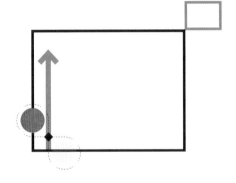

ビジネスデザイン

期待されるリターンの改善

ビジネスデザインのループでは、チームはビジネスアイデアを繰り返し練り直し、期待されるリターンを可能な限り最大化するビジネスモデルへと変えます。最初の反復は直観と出発点（製品アイデア、技術、市場機会など）に基づいています。その後の反復は検証ループからのエビデンスとインサイトを基にします。

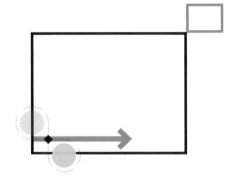

検証

イノベーション・リスクの軽減

検証ループでは、チームはビジネスアイデアの根底にある仮説を繰り返し検証し、より大きな投資を正当化できる程度にまでアイデアのリスクと不確実性を軽減します。最初の反復は手早く安価な実験（顧客の関心を測るためのインタビューやアンケートなど）を基にすることもよくあります。その後はより洗練された実験によって当初のインサイトを確認します。

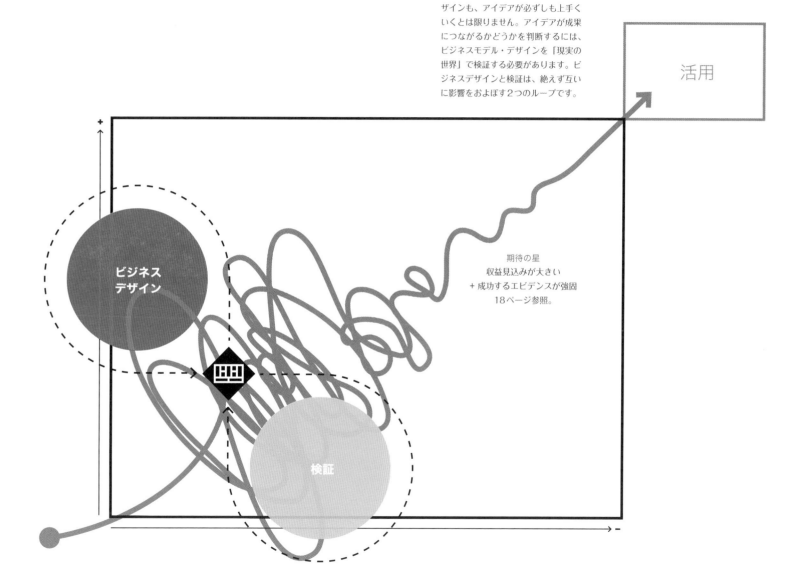

「理論上」は強力なビジネスモデル・デザインも、アイデアが必ずしも上手くいくとは限りません。アイデアが成果につながるかどうかを判断するには、ビジネスモデル・デザインを「現実の世界」で検証する必要があります。ビジネスデザインと検証は、絶えず互いに影響をおよぼす2つのループです。

活用

ビジネス
デザイン

検証

期待の星
収益見込みが大きい
＋ 成功するエビデンスが強固
18ページ参照。

ビジネスモデル・デザインの成果

優れたビジネスモデル・デザインは、製品やサービスの質、革新性、価格を超えた競争をするものです。つまり、優れた収益性と保護性を基に、競争に勝ち、さらには市場に創造的破壊をもたらすようなビジネスモデルを作り出すことです。イノベーション・ジャーニーのすべての段階で、市場から得た教訓を基に、どうすればよりよいビジネスモデルを作り出せるかを自問自答しなければなりません。

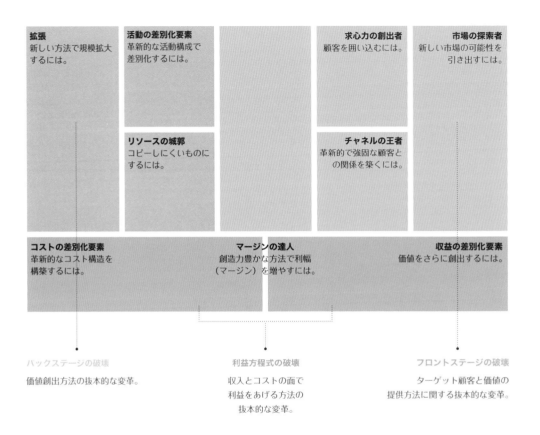

拡張
新しい方法で規模拡大するには。

活動の差別化要素
革新的な活動構成で差別化するには。

求心力の創出者
顧客を囲い込むには。

市場の探索者
新しい市場の可能性を引き出すには。

リソースの城郭
コピーしにくいものにするには。

チャネルの王者
革新的で強固な顧客との関係を築くには。

コストの差別化要素
革新的なコスト構造を構築するには。

マージンの達人
創造力豊かな方法で利幅（マージン）を増やすには。

収益の差別化要素
価値をさらに創出するには。

バックステージの破壊
価値創出方法の抜本的な変革。

利益方程式の破壊
収入とコストの面で利益をあげる方法の抜本的な変革。

フロントステージの破壊
ターゲット顧客と価値の提供方法に関する抜本的な変革。

上の図はビジネスモデル・キャンバスです。
概要は78ページを参照してください。

ビジネスモデルのパターンライブラリー

ビジネスモデルの成果をさらに上げるには、3章で紹介する9つのビジネスモデル・パターンのライブラリーを参照してください。これらはパターン集として、あるいは製品、サービス、価格を超えたところで勝負するためのヒントとして活用できます。

デザインの評価

212〜213ページで紹介する評価シートも、ビジネスモデルのアイデア、既存ビジネス、または事業部門の現在のデザインを評価する際に利用できます。スコアが高いということは強力なビジネスモデルであることを示しています。スコアが低い場合は改善の余地が大きいことを示します。また、このスコアは市場の既存および新規の競合他社を評価する際にも使用できます。ただ注意したいのは、デザインが優れているからといって上手くいくとは限らないということです。

デザイン―検証

アイデアを系統立てて探索するには、アイデアを
ビジネスデザインによって練り、検証でリスクを
軽減するという2つの反復ループをたどります。

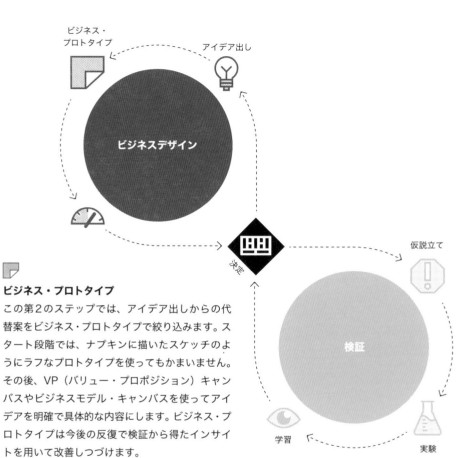

ビジネスデザイン・ループ

ビジネスデザインのループでは、ビジネス
アイデアを繰り返し練り直し、考えうる最
高のビジネスモデルへと変えます。最初の
反復は直観と出発点（製品アイデア、技術、
市場機会など）に基づいています。その後
の反復は検証ループからのエビデンスとイ
ンサイトを基にします。

アイデア出し

この最初のステップでは、最初の直観または検証
からのインサイトを使用してアイデアをより強力
なビジネスへと変化させるため、できるだけ多く
の代替案を挙げます。この段階では最初のアイデ
アにこだわらないことが重要です。

ビジネス・プロトタイプ

この第2のステップでは、アイデア出しからの代
替案をビジネス・プロトタイプで絞り込みます。ス
タート段階では、ナプキンに描いたスケッチのよ
うにラフなプロトタイプを使ってもかまいません。
その後、VP（バリュー・プロポジション）キャン
バスやビジネスモデル・キャンバスを使ってアイ
デアを明確で具体的な内容にします。ビジネス・プ
ロトタイプは今後の反復で検証から得たインサイ
トを用いて改善しつづけます。

評価

ビジネスデザイン・ループのこの最後の段階では、
ビジネス・プロトタイプのデザインを212〜213
ページの評価シートで評価します。デザインに満
足したら、現場で検証を始めるか、後続の反復作業
を行っている場合は検証に戻ります。

スティーブン・ブランク

顧客開発モデルの発明者、
リーン・スタートアップ
の生みの親

「いかなるビジネスプランも顧客との
最初の接触は上手くいかない」

検証ループ

本質的に新しいビジネスアイデア、製品、サービス、価値提案、ビジネスモデル、戦略はどれも、思い切って信じてみることが必要です。その信念が誤りであると証明された場合、こうしたエビデンスの伴わない要素はビジネスの成否を左右する可能性があります。

だからこそ、アイデアを検証可能な小さなピースに分割することが重要です。このために、アイデアの根底にある不確実性や前提を、仮説という形で明確にします。次に、これらの仮説に優先順位をつけて最も重要なものから検証します。

仮説立て

ビジネスアイデアの検証は、アイデアのリスクと不確実性を理解することから始まります。そのために考えるべきは、「このアイデアが上手くいくために『真実である』ことを確認しなければならないこととは何か？」です。この問いによって、アイデアの根底にある前提を、検証可能な仮説という形式で明示することができます。つまり、大きなアイデアを検証可能な小さなピースに分解するということです。

実験

アイデアのリスクと不確実性を軽減するには、仮説を明示するだけでは足りません。エビデンスもないままビジネスアイデアを実行するような過ちは犯さないでください。どんなに理論上は優れたものに見えるアイデアでも実験によって徹底的に検証します。この第2段階を経ることによって、理論上は優れたものに見えても現実には成果の出ないアイデアを追求せずに済みます。

学習

検証プロセスのこの最終段階では、仮説を実証するため、または反証するため、実験によるエビデンスを分析します。インサイトに従って、アイデアを維持するか、ピボットするか、あるいは断念するかを決定します。

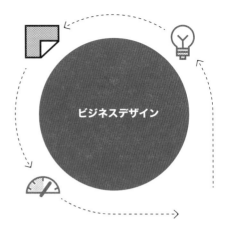

ビジネスデザイン

ビジネスモデル・キャンバス

本書を活用するにはビジネスモデル・キャンバスの達人である必要はありませんが、これを使えばアイデアをビジネスモデルという形にしてリスクを定義し、検証し、管理することができます。本書ではビジネスモデル・キャンバスを使ってアイデアの魅力性、実現性、存続可能性を特定します。ビジネスモデル・キャンバスについてさらに詳しく知りたい方は、『ビジネスモデル・ジェネレーション』（翔泳社刊）を読むか、オンラインの演習やツールを活用することをお勧めします。

顧客セグメント
製品やサービスを届ける対象とする人や組織のさまざまなグループを記述します。

価値提案
特定の顧客セグメントに向けて価値を生み出す製品やサービスについて記述します。

チャネル
企業が顧客セグメントとどのようにコミュニケーションしてリーチし、価値提案を届けるかを記述します。

顧客との関係
企業が特定の顧客セグメントに対してどのような種類の関係を結ぶのかを記述します。

収入の流れ
企業が顧客セグメントから生み出す現金の流れを記述します。

主なリソース
ビジネスモデルの実行に必要となる最も重要な資産を記述します。

主な活動
企業がビジネスモデルを実行する上で必ず行わなければならない最も重要な活動を記述します。

主なパートナー
ビジネスモデルを構築するサプライヤーやパートナーのネットワークについて記述します。

コスト構造
ビジネスモデルを運営するにあたって発生するすべてのコストを記述します。

VP（バリュー・プロポジション）キャンバス

ビジネスモデル・キャンバスによく似たVPキャンバスも同じことが言えます。VPキャンバスの使い方に精通していなくても本書から多くを得ることができますが、実験の組み立てにおいて、特に顧客を把握し、製品やサービスがどのように価値を創出するかを理解するにはVPキャンバスが大いに参考になります。VPキャンバスについてさらに詳しく知りたい方は、『バリュー・プロポジション・デザイン』（翔泳社刊）を読むか、オンラインの演習やツールを活用することをお勧めします。

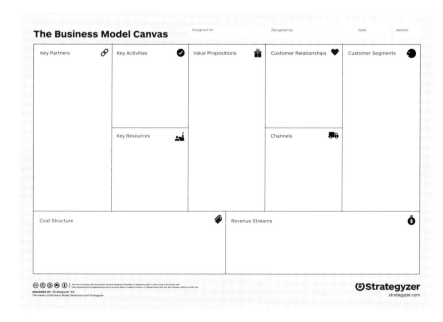

ビジネスモデル・キャンバス紹介サイト：
strategyzer.com/books/business-model-generation

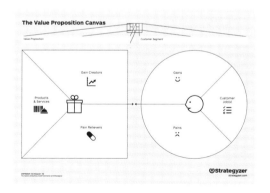

VPキャンバス紹介サイト：
strategyzer.com/books/value-proposition-design

マネジメント

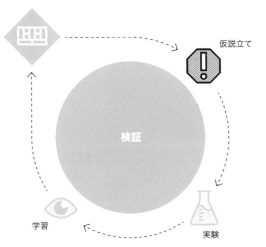

仮説立て

検証

学習

実験

検証

仮説立て

検証ループの最初のステップは、ビジネスアイデア
の基盤となる重要な仮説を特定し、優先順位をつけ
ることです。このステップではアイデアの最も重要
なリスクを明確にして、検証できるようにします。

定義
- 価値提案、ビジネスモデル、または戦略の土台となる前提。
- ビジネスアイデアが上手くいくかどうかを把握するために知っ
  ておく必要があること。
- ビジネスアイデアの魅力性、実現性、存続可能性、適合性に結
  び付くもの。
- 検証を行うことができ、エビデンスと経験に基づいて実証また
  は反証が可能になるように定式化されたもの。

仮説の４つのタイプを
特定する

アイデアのリスクと不確実性を把握するために考え
るべきことは、「このアイデアが上手くいくために
『真実である』ことを確認しなければならないこと と
は何か？」です。これで、ビジネスアイデアの基盤と
なる仮説について、魅力性、実現性、存続可能性、適
合性という４つのリスクをすべて特定できます。

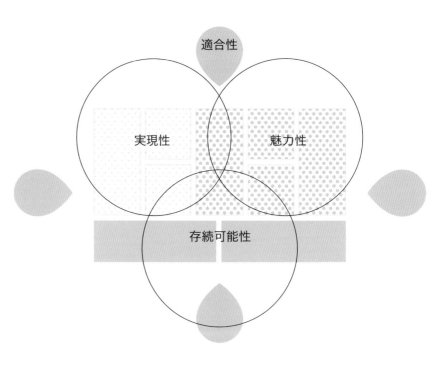

適合性

実現性　　　魅力性

存続可能性

仮説に優先順位をつける

すべての仮説が等しく重要であるわけではありません。最も重要な仮説でエビデンスのないものを特定し、最初に検証することが重要です。そのために使うツールが「アサンプションマップ」です。下の図のように2つの軸があります。

魅力性

市場はこのアイデアを求めているか？

VPキャンバスとビジネスモデル・キャンバスのフロントステージを使って魅力性の仮説を特定します。

実現性

規模を拡大して提供できるか？

ビジネスモデル・キャンバスのバックステージを使って実現性の仮説を特定します。

存続可能性

アイデアは十分な収益性が見込めるか？

ビジネスモデル・キャンバスの収入の流れとコスト構造を使って存続可能性の仮説を特定します。

適合性

変化する環境においてアイデアは
生き残って適合することができるか？

ビジネスモデルを取り巻く環境に基づいて適合性の仮説を特定します。

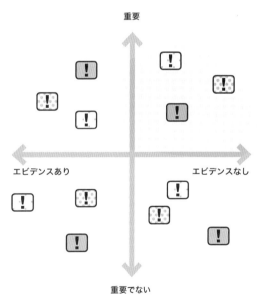

重要性

ビジネスアイデアが成功するためにその仮説がどのくらい欠かせないかを考えます。つまり、もしその仮説が間違っていると証明された場合、ビジネスアイデアが失敗し、他のすべての仮説も見当違いのものになるということです。

エビデンスの有無

その仮説を実証する（または反証する）、観察可能で直に得られる最新のエビデンスがどの程度あるか（もしくはないか）を考えます。

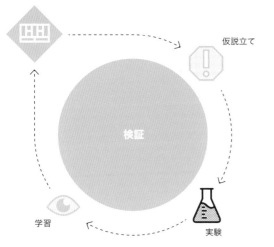

仮説立て

検証

学習　　　　　実験

検証

実験

実験でアイデアのリスクを軽減する

誰も欲しがらないものを作ってしまわないように、実験でアイデアを徹底的に検証する必要があります。最も重要な仮説から検証を始め、アイデアが上手くいくという確信が十分に得られるまで順に検証を続けます。

定義

- ビジネスアイデアのリスクと不確実性を軽減するための手順。
- 仮説を実証する／反証する、弱い／強いエビデンスを生む。
- すぐに実施できる／実施に時間がかかる、実施にコストがかからない／かかる。

アイデアを検証する実験はたくさんあります。『ビジネスアイデア・テスト』（翔泳社刊）では44種類の実験を紹介しています。実験は、議論のためのプロトタイプを使った簡単なインタビューから模擬販売、実際に使えるプロトタイプの作成（実用最小限の製品＝MVP）、顧客との共創まで幅広くあります。一般に、ほとんどのチームは十分にアイデアを検証しておらず、インタビュー以上のことはほぼしていません。ぜひアイデアを3段階にわたって徹底的に検証してから実行ポートフォリオに移して規模を拡大することをお勧めします。

『ビジネスアイデア・テスト』の参考サイト：
strategyzer.com/test

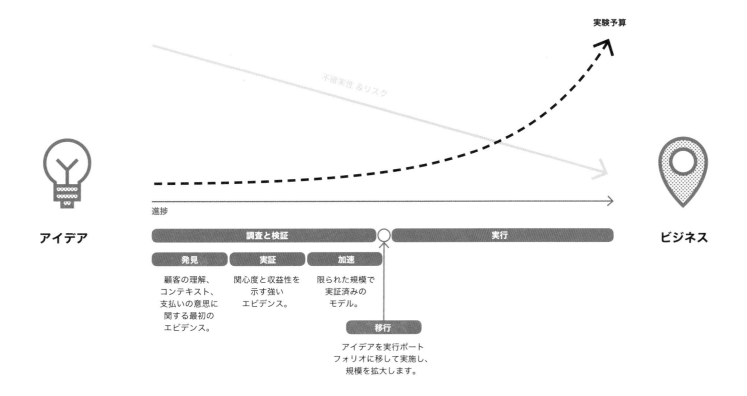

実験予算

不確実性 &リスク

進捗

アイデア

調査と検証

発見
顧客の理解、コンテキスト、支払いの意思に関する最初のエビデンス。

実証
関心度と収益性を示す強いエビデンス。

加速
限られた規模で実証済みのモデル。

移行
アイデアを実行ポートフォリオに移して実施し、規模を拡大します。

実行

ビジネス

『ビジネスアイデア・テスト』で示した、ビジネスアイデアを検証するための適切な実験を選ぶ上で4つの経験則があります。

1. コストも時間もかからないものから始める。

初期段階では分かっていることがほとんどないのがあたりまえです。コストも時間もかからない実験に絞って、正しい方向を見つけましょう。最初は弱いエビデンスでも大丈夫。後でもっと検証すればよいのです。もちろん、低コストかつ短時間の実験を選んで強いエビデンスが出ることが理想です。

2. 同じ仮説に対して複数の実験を行ってエビデンスの強度を上げる。

複数の実験を行って仮説を実証／反証します。できるだけ迅速に仮説について理解するよう努め、実験の回数を増やしてより有力なエビデンスを得て確認します。1回の実験や弱いエビデンスを基に重要な決定をしないでください。

3. 制約のあるなかで最も強いエビデンスをもたらす実験を常に選ぶ。

コンテキストを尊重しつつ、常にできる限り強力な実験を選択してデザインします。不確実性が高い場合は短時間で低コストな実験をすべきですが、だからといって強いエビデンスが生まれないとは限りません。

4. 何かを構築する前にできる限り不確実性を減らす。

アイデアの検証を始めるには何かを構築しなければならないと思いがちですが、実はそれが間違いです。構築するコストが高いものほど、何度も実験を行って、想定していたジョブ、ペイン、ゲインを実際に顧客が持っていることを証明する必要性も高まります。

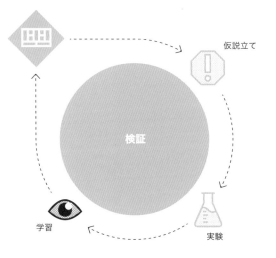

検証

学習

検証ループの最終段階は、検証から得たエビデンスがビジネス仮説を実証するのか反証するのかを知ることです。エビデンスを分析し、パターンを検出してインサイトを得ます。実験回数が増えるほど、エビデンスも増え、エビデンスの強度も増し、インサイトに確信が持てるようになります。

エビデンス

エビデンスは、ビジネスアイデアの基盤となる仮説を実証する／反証するために使うものです。調査から得たデータや、実験から得られるデータがエビデンスになります。エビデンスはさまざまな形で現れ、弱いものも強力なものもあります。

定義

- 実験から得た、あるいは現場で収集したデータ。
- 仮説を実証する／反証する事実。
- 形式は多種多様（見積り、顧客の行動、コンバージョン率、注文件数、購入件数など）であり、弱いものも強力なものもある。

エビデンスの強さ

エビデンスの強さとは、エビデンスによる仮説の実証または反証がどの程度信頼できるかを示します。エビデンスの強さを評価するには、下記の4つの観点からチェックします。

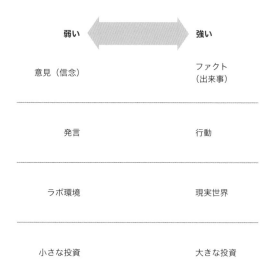

弱い	強い
意見（信念）	ファクト（出来事）
発言	行動
ラボ環境	現実世界
小さな投資	大きな投資

自信度

自信度は、エビデンスに特定の仮説を実証ま
たは反証するに足る強さがあるとどの程度確
信しているかを示します。

まったく自信がない   とても自信がある

とても自信がある

複数回の実験を行い、そのうち少なくとも1
回は非常に強いエビデンスをもたらす行動要
請（Call to action=CTA）の実験である場
合、強い自信を持つことができます。

やや自信がある

強いエビデンスをもたらす実験を複数回実行
した場合、または特に強力なCTA実験を
行った場合は、ある程度の自信を持つことが
できます。

あまり自信がない

インタビューやアンケートしか実施していな
い場合は、実験の強度と回数を増やす必要が
あります。インタビューなどで出た発言と実
際の行動は異なることもあるからです。

まったく自信がない

インタビューやアンケートなど、弱いエビデ
ンスを提示する実験を1回しか実施していな
い場合、もっと実験を行う必要があります。

実証   不明   反証

インサイト

インサイトとはエビデンスの分析から得た洞
察です。検証対象の仮説を実証する、または反
証するパターンを探し出す必要があります。

定義

- エビデンスの分析から得た洞察。
- 仮説の妥当性に関連する学習と、新しい方
  向性を発見する可能性。
- 情報に基づいてビジネス上の判断をして行
  動するための基礎となるもの。

大きな失敗を避けよ、さもなくば死を招く

小さな失敗を受け入れよ、さもなくば死を招く

イノベーションの指標

イノベーションの主なタスクは、実行プロジェクトの主要な指標である、期限通りか予算内かを測定することではありません。イノベーションと探索においては、大規模な投資を行う前に、新しいビジネスアイデアのリスクと不確実性を軽減しているかどうかを測定することが重要です。

探索		活用
調査と発見	**目標**	実行と規模拡大
低	**予測可能性**	高
新しいアイデアのリスクと不確実性の軽減	**重要評価指標（KPI）**	期限通り、予算内
学習と適応	**主な活動**	計画と実施
容認（低コストで短時間）	**失敗**	問題外
学習のための投資	**失敗のコスト**	損失 = 懲罰
予想 ROI	**財務**	実績 ROI

**あらゆる探索プロジェクトにおいて追跡すべき
4つの重要評価指標（KPI）があります。**

- リスクと不確実性
  これまでアイデアのリスクを軽減する作業はどの程度行ったか？ どの程度のリスクが残存しているか？
- 期待される収益性
  利益面でアイデアの規模はどのくらいになる可能性があるか？
- 学習の速度と費やした時間
  これまでどれくらいの時間を費やしたか？ その間にどのくらいのことを学習したか？
- コスト
  このアイデアを検証するために費やした金額は？

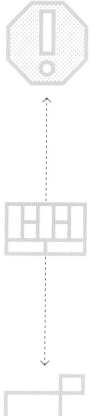

リスクと不確実性を測定する3つの異なるレベル：

1. 仮説レベル

アイデアを小さなピースに分解することにより、リスクをより詳細なレベルで把握し検証することができます。これを、アイデアの基盤となる仮説と呼びます。言い換えると、アイデアが上手くいくために「真実である」ことを確認しなければならない最も重要な要素です。仮説を実証または反証する最近のエビデンスがない場合は、リスクと不確実性を軽減するために検証する必要があります。

2. ビジネスモデル・レベル

ビジネスモデル・レベルでは、アイデアの基盤となる重要な仮説をすべて確認します。証明されていない仮説が多いほど、アイデアのリスクは高まります。アイデアのリスクを下げるため、アイデアが上手くいくという確信を得られるまで最も重要な仮説を検証する必要があります。

3. ポートフォリオ・レベル

ポートフォリオ・レベルでは現在持っているすべてのアイデアを確認し、これまでどの程度リスクが軽減できたかを確認します。また、各アイデアがどれほどの儲けになるかも調べます。

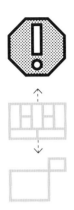

イノベーションの指標

仮説レベル

仮説レベルでは、特定の仮説について、実施した実験や得られたインサイトの全体を把握します。

	仮説	実験ログ
データ	仮説文	・実験の説明 ・成功指標 ・成功基準
タイプ	・魅力性 ・実現性 ・存続可能性	・ラボ環境 vs 現実世界 ・発言 vs 行動
測定基準	現状	・コスト ・所要時間
例	**仮説1：人はオンラインで靴を購入すると思う（魅力性1）**	**実験1：ランディングページ 計測：［靴を購入］ボタンをクリックした人の割合（%） 成功：［靴を購入］ボタンをクリックした人の割合（%）→ページ閲覧者の10% コスト：200ドル**

実験ログ

ここに、特定の仮説を実証または反証するために実施した実験のすべてを記録します。各実験では、実験タイプ、測定するもの、成功の基準、各実験の所要時間、コストを記録します。

学習ログ	インサイト	自信度	アクション
・エビデンス ・強さ：低／中／高 ・データの数	◯ 実証　？ 不明　✕ 反証	0 0.1 0.2 0.3 0.4 0.5 0.6 0.7 0.8 0.9 1.0 まったく自信がない　　　とても自信がある	・ピボット ・棚上げ ・維持 ・再検証
エビデンスの強さ： 高 データの数： 1万件以上 成果としてのエビデンスの質： 強	◯ 仮説1を実証	自信度0.75	維持

学習ログ
ここに、特定の仮説を実証または反証するエビデンスから学習した内容を記録します。集めたすべてのエビデンス、データの数、エビデンスの強さ、インサイトが正しいという自信の強さを具体的に把握します。

インサイト
仮説を実証する（◯）か反証する（✕）か、あるいはまだ不明（？）かを示します。

自信度
エビデンスはインサイトを実証するに足る強さであるとどの程度自信があるかを示します（0 ＝ まったく自信がない 〜 1 ＝ とても自信がある）。

アクション
プロジェクトを棚上げするか、維持して次の仮説を検証するか、アイデアのピボットをするかを示します。

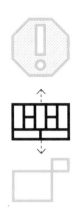

イノベーションの指標

ビジネスモデル・レベル

ビジネスモデル・レベルでは、特定のプロジェクトに関連するすべての仮説を集めます。それぞれの仮説がアイデアの全体的なリスクと不確実性のうちどの程度を表しているかを推定します。これにより、プロジェクトの実施期間中にアイデアのリスクをどの程度軽減したかを追跡できます。

プロジェクト全体について分かること

- **イノベーション・リスクレベル**：アイデアのリスクがどの程度軽減され、まだどの程度リスクがあるかを示します。
- **期待されるリターン**：アイデアからどの程度儲けられるかを示します。
- **プロジェクト期間**：このアイデアの検証にどのくらい時間をかけたかを示します。
- **総コスト**：このアイデアの検証に費やした金額の概要を示します。これはチームメンバーの給与が含まれる場合と含まれない場合があります。

リスク軽減

仮説が表すリスクの割合と自信度を乗算して、この特定の仮説のリスクを実際にどの程度軽減したのかを確かめます。

すべてのデータを把握すると、時間経過によるリスクレベルの変化とアイデアの検証に費やした金額を簡単にグラフに描けるようになります。

ピボット

ピボットは、以前のアイデアを変更すると決定したことを意味します。これにより、通常、アイデアのリスクが高まります。というのも、すでに検証してリスクを取り除いた仮説の一部は、新しい方向性にはもはや関係がないためです。方向性が変わったということは仮説も変わるということであり、それはリスクと不確実性を減らすために再度検証しなければなりません。

コスト増加

一般的に、実験の所要時間とコストは検証すべきリスクが残り少なくなると共に増加します。高額な実験が無駄になるリスクが下がるからです。プロジェクトの後半では、より強固なエビデンスが求められ、アイデアの一部を実際に形にしてみて、リスクと不確実性を軽減する必要が生じます。これは通常、実験のコストを増加させます。

プロジェクト指標

名前	開始日	プロジェクト期間
プロジェクトA	9/12/2020	8 週間

仮説ログ		**実験ログ**		**学習ログ**			**アクション**
名前	リスク %	名前	コスト $	インサイト ○ ？ ✗	自信 #0-1	リスク軽減 ＝リスク×自信	再検証、棚上げ、 維持、ピボット
魅力性							
仮説 1	10%	実験1	$ 200	○	0.75	10% ✕ 0.75 = 7.5%	維持
仮説 2	7.5%	実験2	$ 500	✗	1	0%	ピボット
仮説 3	7.5%	実験3、実験4	$ 1,200	○	1	7.5% ✕ 1 = 7.5%	維持
実現性							
仮説 7	15%	実験9、実験10	$ 200	○	0.5	15% ✕ 0.5 = 7.5%	維持
仮説 8	10%	実験11	$ 1,000	？		0%	再検証
存続可能性							
仮説 4	15%	実験5	$ 1,300	✗	1	0%	ピボット
仮説 5	10%	実験6、実験7	$ 500	○	0.5	10% ✕ 0.5 = 5%	維持
適合性							
仮説 6	15%	実験8	$ 200			0%	再検証
仮説 9	10%	実験12	$ 700	○	0.25	10% ✕ 0.25 = 2.5%	維持

期待される
リターン

収益見込み
10億ドル

コスト構造
2億5,000万ドル

総コスト
$

$5,800

イノベーション・リスクレベル
%

70 %

期待されるリターン
$

7億5,000万ドル

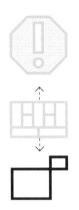

イノベーションの指標

ポートフォリオ・レベル

チームに個々の探索プロジェクトのKPIを追跡させると、探索ポートフォリオの状態を可視化することができます。これにより探索におけるアイデアの収益見込みと現在のリスクレベルが一目で分かる概要が出来上がります。このデータと概要があれば、投資に関してより適切な決定ができるようになり、どのプロジェクトに投資して支援し、どのプロジェクトは断念すべきかを決定できます。

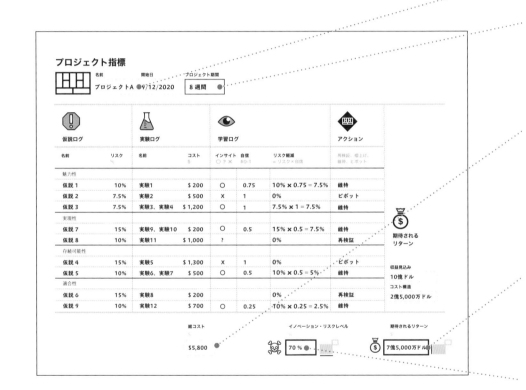

プロジェクト指標

名前　プロジェクトA ●9/12/2020　開始日　プロジェクト期間 8 週間 ●

仮説ログ		実験ログ		学習ログ			アクション
名前	リスク %	名前	コスト $	インサイト ○ ? ×	自信 80-1	リスク軽減 =リスク×自信	再検証、収上げ、維持、ピボット
魅力性							
仮説 1	10%	実験1	$ 200	○	0.75	10% × 0.75 = 7.5%	維持
仮説 2	7.5%	実験2	$ 500	×	1	0%	ピボット
仮説 3	7.5%	実験3、実験4	$ 1,200	○	1	7.5% × 1 = 7.5%	維持
実現性							
仮説 7	15%	実験9、実験10	$ 200	○	0.5	15% × 0.5 = 7.5%	維持
仮説 8	10%	実験11	$ 1,000	?		0%	再検証
存続可能性							
仮説 4	15%	実験5	$ 1,300	×	1	0%	ピボット
仮説 5	10%	実験6、実験7	$ 500	○	0.5	10% × 0.5 = 5%	維持
適合性							
仮説 6	15%	実験8	$ 200			0%	再検証
仮説 9	10%	実験12	$ 700	○	0.25	10% × 0.25 = 2.5%	維持

期待される
リターン

収益見込み
10億 ドル

コスト構造
2億5,000万ドル

総コスト

$5,800 ●

イノベーション・リスクレベル

70 % ●

期待されるリターン

$ 7億5,000万ドル

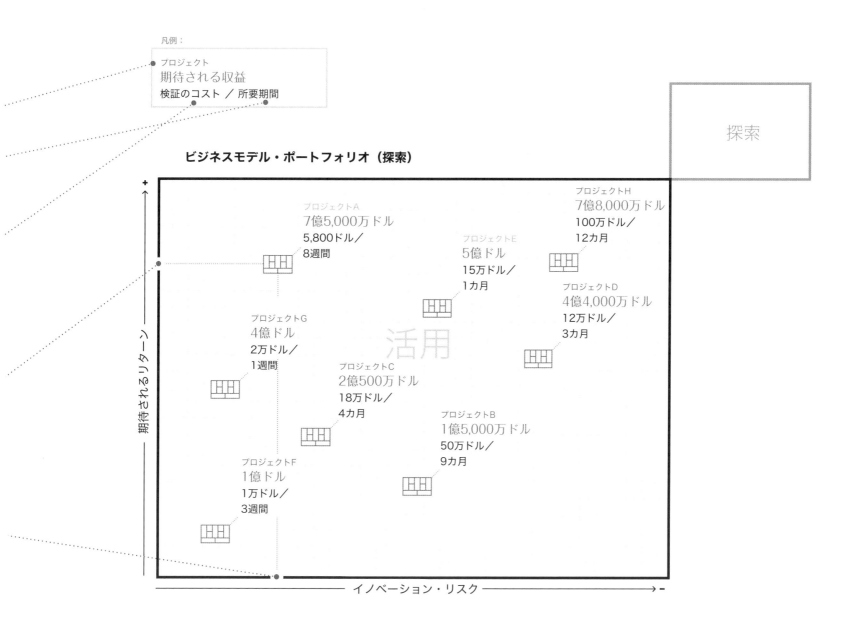

凡例：

プロジェクト
期待される収益
検証のコスト ／ 所要期間

探索

ビジネスモデル・ポートフォリオ（探索）

期待されるリターン

プロジェクトA
7億5,000万ドル
5,800ドル／
8週間

プロジェクトE
5億ドル
15万ドル／
1カ月

プロジェクトH
7億8,000万ドル
100万ドル／
12カ月

プロジェクトD
4億4,000万ドル
12万ドル／
3カ月

プロジェクトG
4億ドル
2万ドル／
1週間

活用

プロジェクトC
2億500万ドル
18万ドル／
4カ月

プロジェクトB
1億5,000万ドル
50万ドル／
9カ月

プロジェクトF
1億ドル
1万ドル／
3週間

イノベーション・リスク

決定と
アクション

私たちが開発したプロジェクト・スコア
カードは、機能するビジネスアイデアを見
つけるために、イノベーションと探索チー
ムの実績を体系的に評価するものです。こ
の評価によって、より適切な投資の決断が
できるようになります。

スコアカードは、これまでのイノベーション指標と
ポートフォリオ・ガイドラインに基づき3つの軸が
あります。

戦略的フィット

最初の軸はフィット（合致）に関するものです。プロ
ジェクトは、会社のビジョン、カルチャー、イメージ
にフィットすることを示す必要があります。また、会
社のポートフォリオ・ガイダンスにもフィットしな
ければならず、リーダーからの支持も必要です。

リスク軽減

2つ目の軸は最も重要で、ビジネスアイデアのリスク
と不確実性の軽減に向けたチームの進捗状況を評価
するものです。チームが生み出す必要があるのはア
イデアが現実世界で成果をあげるという強いエビデ
ンスであり、単なるスプレッドシートやパワーポイ
ントのスライドではありません。

機会の規模

3つ目の軸は財務的フィットに関するものです。チー
ムは、財務的にどの程度のチャンスであるかを明確
に理解していることを示し、実験から得たエビデン
スによって財務予測が単なる絵空事ではないことを
提示する必要があります。

**プロジェクト・スコアカードはそれぞれ次
の目的で使用します。**

リーダー
- 投資を求めるチームのプレゼンの内容
  を評価するため
- より適切な質問をしてチームを指揮す
  るため。

チーム
- スプリントやスタンドアップミーティ
  ング中に自らの進捗を評価するため。

リーダーとチーム
- イノベーション・プロジェクトの現状を
  ベンチマーキングするため。
- 検証の次のステップを決定するため。

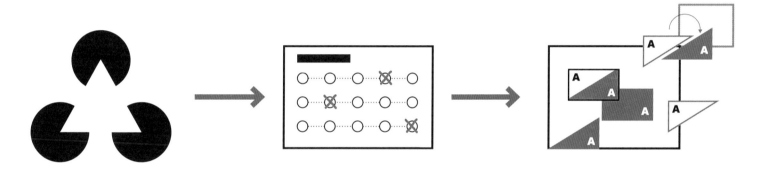

戦略的フィット

p. 50

プロジェクト・スコアカード

p. 98

探索アクション

p. 23 および 100

プロジェクト・
スコアカード

戦略的フィット		合致度				
コーポレート・アイデンティティ アイデア／プロジェクトはコーポレート・アイデンティティ（戦略的方向性、組織文化、ブランドイメージ）と合致している。		なし (0)	ほとんどなし ◯	限定的 (5)	強い ◯	非常に強い (10)
イノベーション・ガイダンス アイデア／プロジェクトは会社のイノベーション・ガイダンスと合致している。		なし (0)	◯	(5)	◯	(10)
リーダーの支持 アイデア／プロジェクトは、実現に向けて支援ができる主要スポンサーのうち少なくとも1名から支持されている。		(0)	◯	(5)	◯	(10)

機会	価値・				
アイデアの収益見込みを理解している。	なし (0)	ほとんどなし ◯	限定的 (5)	強い ◯	非常に強い (10)

リスク軽減・魅力性		エビデンスと自信度				
顧客セグメント 主要顧客セグメントは、価値提案を売り込む上で関連性のあるジョブ、ペイン、ゲインを持っている。		なし (0)	ほとんどなし ◯	限定的 (5)	強い ◯	非常に強い (10)
価値提案 価値提案は主要顧客セグメントの共感を呼ぶ。		(0)	◯	(5)	◯	(10)
チャネル 主要顧客セグメントにリーチして獲得するために最適なチャネルを発見した。		(0)	◯	(5)	◯	(10)
顧客との関係 顧客を維持し、繰り返し顧客から収益をあげるための最適な関係を築いている。		(0)	◯	(5)	◯	(10)

創出した価値を届けられる地理的範囲によって機会を分類する会社もあります。

- 「ほとんどなし」の機会とは、地元チームのみに影響をおよぼす機会
- 「非常に強い」機会とは、世界的なインパクトのある機会

価値の金額によって機会を分類する会社もあります。

- 「ほとんどなし」の機会は10万ドル未満
- 「非常に強い」機会は1億ドル超

リスク軽減・実現性 　　　　　　　　　　　　　　　　　　　　　　戦略的フィット

		なし	ほとんどなし	限定的	強い	非常に強い
	主なリソース 価値提案を創出するために適切なテクノロジーとリソースがある。	0	○	5	○	10
	主な活動 価値提案の創出で最も重要な活動を担うための最適な能力がある。	0	○	5	○	10
	主なパートナー 価値提案を創出して提供するために進んで協力してくれる最適なパートナーが見つかっている。	0	○	5	○	10

リスク軽減・存続可能性 　　　　　　　　　　　　　　　　　　　戦略的フィット

		なし	ほとんどなし	限定的	強い	非常に強い
	収入 顧客が進んで支払う金額と支払い方法を知っている。	0	○	5	○	10
	コスト 価値提案の創出と提供にかかるコストを知っている。	0	○	5	○	10

リスク軽減・適合性 　　　　　　　　　　　　　　　　　　　　　戦略的フィット

		なし	ほとんどなし	限定的	強い	非常に強い
	業界の勢力 アイデア／プロジェクトは、古参の競合他社やスタートアップに勝てる位置につけている。	0	○	5	○	10
	市場の勢力 アイデア／プロジェクトは、すでに起きているあるいは起きつつある市場シフトを考慮している。	0	○	5	○	10
	主要トレンド アイデア／プロジェクトは主なテクノロジー、規制、文化、社会のトレンドから恩恵を受ける位置につけている。	0	○	5	○	10
	マクロ経済の勢力 アイデア／プロジェクトは既知および新規のマクロ経済およびインフラのトレンドに適応している。	0	○	5	○	10

例：「限定的」は1つの実験のみから得たエビデンス、「強い」は非常に強い自信のある1つの実験から得たエビデンス、「非常に強い」は複数の実験から得たエビデンス。

リスク評価から アクションへ

23ページでは探索ポートフォリオのアクションを紹介しました。ここでは、探索における意思決定に焦点を当ててさらに掘り下げます。実際に探索において意思決定する組織は2つあります。

チーム： チームは検証プロセスから得たエビデンスを基にビジネスモデルと価値提案の評価を繰り返し行う必要があります。チームは毎週、方向性を維持するか、アイデアの一部を大幅に変更するか（ピボット）、アイデアそのものを破棄するかを決定します。

委員会： 意思決定または投資委員会は、数カ月に1回会合を開き、どのチームやアイデアに投資し、どのアイデアを破棄するか決定します。プロジェクト・スコアカードと検証から得たエビデンスが意思決定の主な根拠になります。委員会はプロセスを信頼し、会合のない時期にチームに干渉すべきではありません。

アクション	イノベーション・チーム／起業家	委員会
アイデア出し	チームはプロジェクトの開始時だけアイデア出しを行うわけではありません。プロジェクト期間中いつでも、小さなアイデア出しを行って、さらに強力なビジネスモデルと優れた価値提案を創出します。アイデア出しは検証から得たエビデンスを基に行うことが理想的です。	初期のアイデア出しの段階での委員会の役目は、探索ガイドラインを設定することです。これによってチームは戦略的フィットを規模と方向性から評価する方法を理解しやすくなります。委員会は複数のアイデアを並行して探索することを認めるべきです。
投資	チームは検証から得たエビデンスを基に、社内構築よりもスタートアップへの投資や、技術買収を提案することもあります。	委員会は常に、外部投資と内部探索のどちらがより適切かを問うべきです。また、内部検証はより適切な投資につながります。
維持	期間中のすべての段階において、チームはエビデンスを評価して方向性を維持することが正当であると証明する必要があります。エビデンスが有力であるほど、チームは確信を持って継続できます。	委員会は、維持、ピボット、断念、またはスピンアウトの勧告を事前に決められた日にのみ行うべきです。委員会の役割は、委員会の会合と会合の合間に、チームがエビデンスに基づいた決定を自ら行えるよう支援することです。
ピボット	エビデンスが当初の方向性を裏付けない場合、チームは方向を若干または抜本的に変更することを検討すべきです。ピボットする前に、エビデンスが十分であることを確認しましょう。	
断念	時にはピボットが合理的ではなく、アイデアを破棄することが最善策である場合もあります。上手くいかないアイデアは破棄することで、資金と時間と労力を節約できることを頭に入れておいてください。	委員会によるすべての勧告は、意見ではなくエビデンスを根拠とし、戦略的フィットに基づくものであるべきです。勧告は、探索中のすべてのチームのコンテキストにおいて行われるべきです。戦略的アイデアを探索しているが十分なエビデンスを提示できないチームについて継続を奨励することは、ごく例外的な場合に限るべきです。
スピンアウト	チームは、プロジェクトが成功する可能性はあるが会社のポートフォリオ・ガイダンスにフィットしない場合、スピンアウトを提案することがあります。	
移行	チームは多数の実験から得た強いエビデンスを基に、アイデアが上手くいくという十分な確信を得られた時に、アイデアの規模を拡大して実行することを推奨します。	委員会は、いずれかのチームがアイデアは成功するという強いエビデンスを示した場合、探索から実行へアイデアを移行させます。

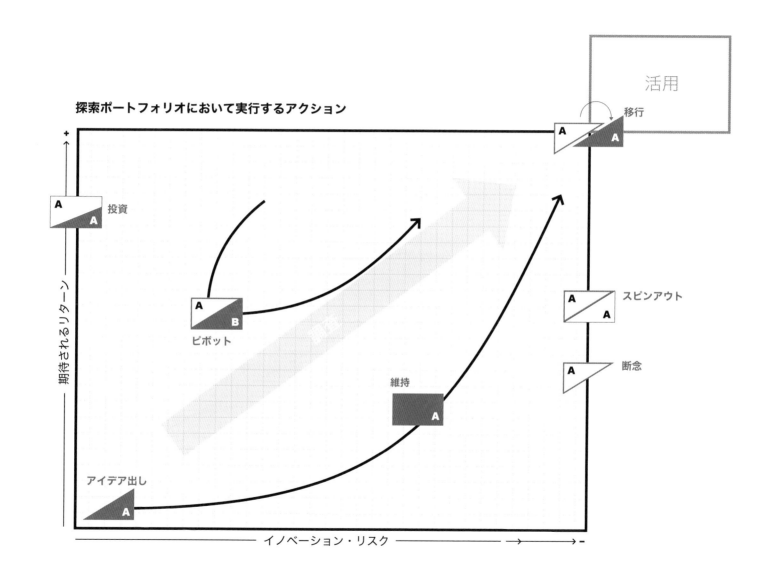

探索ポートフォリオにおいて実行するアクション

活用

A / A 移行

A / A 投資

期待されるリターン +

A / B ピボット

A / A スピンアウト

A 断念

維持 A

アイデア出し A

イノベーション・リスク → −

ベンチャーキャピタリストのように投資する

探索に対してはベンチャーキャピタル型の投資アプローチを採用します。これは活用プロジェクトで実践される比較的厳格な年間予算サイクルとは対照的なアプローチです。

イノベーションの敵：事業計画

いまだにプロジェクトチームに事業計画を求める会社は、むしろ失敗のリスクを高めています。事業計画とは、アイデアとそれを実行する方法を詳細に記した文書のことです。これは、書類やスプレッドシート上は優れたものに見えるが実証されていないアイデアを実行するリスクを招いてしまいます。イノベーションとはリスクと不確実性を認めることです。さらに、実験によるエビデンスを基にアイデアを反復し、軌道修正することにより、成果があがるようにする必要があります。これで欠陥のあるアイデアを実行してしまうリスクを最小化します。

**このためには
次の4原則が必要です。**

1. 個々のプロジェクトよりもプロジェクトのポートフォリオに投資し、賭けを分散してリスクを管理する（54ページの「勝者は見出せない」を参照）。

2. プロジェクトの成功に関するリスクと不確実性が高いうちは小さな賭け（投資／予算割り当て）から始める。

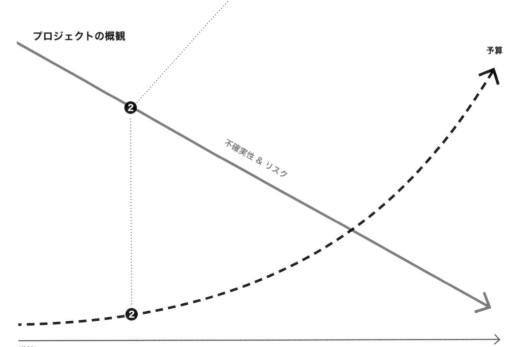

プロジェクトの概観

予算

不確実性 & リスク

進捗

3. 実験からエビデンスが得られ、プロ
ジェクトに勢いがつき、リスクが軽
減されて現実世界で展開できそうに
なった場合、賭けを段階的に増や
し、追加資金を提供する。

4. 個別のプロジェクトのリターンでは
なくポートフォリオに対するリター
ンを管理する。

ポートフォリオの概観

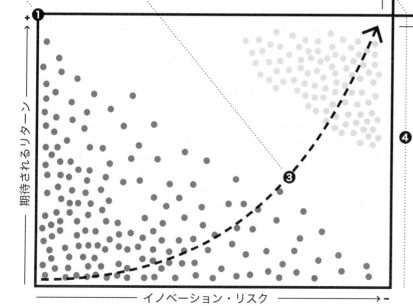

リターン

撤退や崩壊リスク ─────────→ -

イノベーション・リスク ─────────→ -

期待されるリターン

ポートフォリオのリターン

イノベーション・プロジェクトは不確実性が高いため、
「勝者は見出せない」という事実をわきまえる必要があ
ります。個別プロジェクトのリターンを重視するよりも、
ポートフォリオのリターンを重視する必要があります。

　ポートフォリオのリスクを分散化するには、賭けを分
散してさまざまなタイプのイノベーションに投資しま
す。そうすることで、エビデンスと成果によって最も優
れたチームとアイデアが浮かび上がります。変革的、持
続的、効率性の3つに分類されるすべてのタイプのイノ
ベーションに投資し、異なるレベルのリスクとリターン
に賭けを分散します。

成長とイノベーションの投資委員会

ベンチャーキャピタリストのように投資する上で重要な点の1つは、成長とイノベーションを専門とする投資委員会の設立です。これだけのために委員会を設立することが不可欠なのは、投資ロジックと投資スタイルが、アイデアの検証の段階と実行の段階で根本的に異なるからです。

委員会は予算に関して意思決定の権限を持つ少人数のリーダーで構成されます。探索に全面的に専念しているメンバーと、活用のほうに主軸を置いているメンバーが両方いると理想的です。投資の決定は通常、組織のタイプによって3〜6カ月ごとに行われます。投資対象は主に社内チームですが、スタートアップが含まれる場合もあります。

プロジェクト・ガイダンスと投資ガイドライン

ポートフォリオ・ガイダンスを伝達します。どのタイプのプロジェクトが支持され、どのタイプが支持されないかを明確にします。財務面で期待されることを強調します。チームが初期の「発見」のフェーズで投資を受けるためにどうすればいいか、その後の「実証」と「加速」のフェーズで追加投資を受けるためにどんなエビデンスが必要とされるかという概要を示します。

ポートフォリオ・マネジメント

発見、実証、加速のそれぞれの段階に適切な数のプロジェクトがある、バランスのとれたポートフォリオを維持します。既存のビジネスが崩壊または衰退の重大なリスクに直面する前に、それを改善するためのプロジェクトが多数進行しているようにします。また、十分な数の探索プロジェクトに投資するようにします。そのなかに将来の組織の基盤となるものがあるでしょう。

エビデンスに基づく投資

パワーポイントのスライドやスプレッドシートで魅力的に見えるアイデアではなく、検証からエビデンスを得られているプロジェクトに投資します。どのアイデアが優れているかは分からないため、アイデアを探索するチャンスをチームに与えます。前もって選び出すのではなく、最高のチームとアイデアがプロセスを通じて浮かび上がるようにします。

プロジェクトチームのサポートと保護

プロジェクトチームが次のレベルに到達できるように、どうすればビジネスモデルを改善できるかを尋ねましょう。チームが追加資金を認めてもらえるよう、必要なエビデンスを得るためにアイデアをさらに検証する方法を提案します。探索と検証を困難にする会社の圧力からプロジェクトを保護します。

成果だけでなくイノベーションの行動を奨励する

追加投資を得たチームだけでなく、アイデアを検証したすべてのチームが評価されていると感じられるようにします。優れた検証スキルを示したイノベーターやチームが、失敗するたびに新しいアイデアとプロジェクトを見つけて立ち直れるようにします。

計量型ファンディング

探索プロジェクトに資金提供する際は、活用プロジェクトで実践されている年間予算とは異なり、ベンチャーキャピタリストが実践する「計量型ファンディング」を採用します。検証からエビデンスが得られたプロジェクトへの投資を段階的に増やし、エビデンスが十分でないプロジェクトは棚上げします。

発見フェーズでは、少額を多数の少人数チームに投資してアイデアを探索します。実証フェーズでは、発見段階でエビデンスを得られたチームの30〜50%への投資を増額します。加速フェーズでは、ポートフォリオの絞り込みを続け、チームの30〜50%のみに再度投資します。

ポートフォリオ・マネジメントと計量型ファンディングを組み合わせて、桁違いの大きなリターンを創出するものを発見する可能性を高め、大胆なアイデアに高額な1〜2件の賭けをすることで、リスクを大幅に軽減することができます。

10倍ルール

成功は予測不能であり、組織と状況に左右されます。ただし、私たち自身の経験に基づき「10倍ルール」をお勧めします。つまり、100万ドルをポートフォリオに投資し、新たな収益またはコスト削減で1,000万ドルを創出します。たとえば、小規模な10チームに2万ドルを投資します。優れたエビデンスを出した上位5チームに5万ドルの追加投資をします。最後に、約50万ドルを最も優れたエビデンスを出したチームに投資します。10億ドルの成功を達成するには、1億ドルをもっと規模の大きなプロジェクトのポートフォリオに投資します。

- 魅力性
- 実現性
- 存続可能性
- 適合性

	発見	実証	加速
予算	5万ドル未満	5万〜50万ドル	50万ドル超
チームの規模	1〜3人	2〜5人	6人以上
チームメンバーが費やす時間	20〜40%	40〜80%	100%
プロジェクト数	多	中	少
目的	顧客の理解、コンテキスト、支払いの意思	関心度の証明と収益性の見込み	限られた規模でのモデルの証明
KPI	・市場規模 ・顧客のエビデンス ・問題／解決策のフィット ・機会の規模	・価値提案のエビデンス ・財務的エビデンス ・実現性のエビデンス	・製品／市場のフィット ・獲得と維持のエビデンス ・ビジネスモデルのフィット
実験テーマ	50-80%　0-10%　10-30%　0-10%	30-50%　10-40%　20-50%　0-10%	10-30%　40-50%　20-50%

Sony Startup Acceleration Program

2014年、ソニーは従来の事業部門の枠外で生まれるビジネスアイデアについてアイデア出し、事業化、拡張を実行するために「Sony Startup Acceleration Program (SSAP)」を立ち上げました。直属の上司はCEOです。

1946年に井深大と盛田昭夫によって創業されたソニーは、電子機器、ゲーム、映画、音楽、金融サービスまで幅広く手掛ける日本の多国籍コングロマリットです。

2012年、平井一夫氏がCEOに就任し、その指揮の下でソニーは2010年代にV字回復を成し遂げました。平井氏の掲げる「One Sony」というポリシーの下、モバイルなど業績不振の部門は縮小する一方で、会社としては製品により強くこだわることを促しました。これによりソニーはコア・コンピタンスの合理化と集中が可能になりました。

この戦略の一環として、ソニーはStartup Acceleration Program (SSAP) をCEO直属プロジェクトとして立ち上げました。平井氏がSSAPの主導権を握っていたのは、イノベーション・エンジ

平井一夫

ソニー社長／CEO
2012〜2018年

ンを維持することがソニーの未来にとって最も重要であるとの認識があってのことです。ほかの部門と同じ位置付けではなくCEO自らがSSAPの責任者となることで、ソニーのイノベーション・ファネルの長期的目標を確保し、短期的なビジネスの変動に左右されにくくなりました。

2019年、ソニーは8兆6,600億円の売上高を記録。これは創業73年の同社において年間売上高では史上最高額です[19]。

Sony Startup Acceleration Program

2014年に設立され小田島伸至氏が率いるSSAPは、従来の事業部門の枠外で生まれるビジネスアイデアについてアイデア出し、事業化、拡張を実行するソニー社員向けの社内プログラムです。SSAPの開始以降、750件のビジネスアイデアが生まれ、34件を育成。そのうち14件が事業として立ち上げられました。

その14件の事業のうち、6件はSSAPのもとで拡張フェーズを続け、5件は既存の部門に移行し、2件はソニーグループの子会社となり、1件は企業として完全に独立しました。多様な出口戦略を認めているということは、SSAPは実現可能かどうかに縛られず、収益性が実証できるたいていのものを進んで受け入れていることを示してます。

オープン・イノベーション

設立から6年目の2019年には社内インキュベーターから社外へ門戸を開くプログラムへと転換し、育てたいアイデアを持つあらゆる人を支援しています。これは、SSAPがイノベーションを数の問題だと考えているからです。過去の経験から、アイデアが成功する可能性は極めて低い（1.85%）ことが判明しています。それならば、SSAPのアイデアの数を増やせば、成功例も増えるということです。

SSAPはまたソニーにとって、コアビジネスを損なうことなく社外組織とのコラボレーションやパートナーシップを結ぶ手段でもあります。2014年、ソニーはベンチャーキャピタルのWiLと提携し、既存のドアに簡単に設置できるスマートロックQrioを開発しました。

写真：平井一夫ソニー社長（当時）、撮影：cellanr / CC BY-SA 2.0

FES Watch
既存部門に移行
FES Watch Uは電子ペーパーを使用した腕時計で、着用者が好きな時に好きなデザインで楽しめるファッションアイテムです。このプロジェクトは、素材がソニーの高品質製品にマッチしないため、当初は断念する予定でしたが、これはソニーが新しい消費者セグメントである若いファッショニスタにアピールする手段になるととらえたCEOが救ったという経緯があります。

MESH
既存部門に移行
MESHは次世代のモノのインターネット（IoT）対応ブロックです。それぞれの電子ブロックは内蔵機能つきセンサーで、IoT対応プロジェクトのプロトタイプ作成や構築が簡単にできます。現在はソニービジネスソリューション株式会社の1部門です。

SREホールディングス
既存部門の子会社化
SREホールディングスは、不動産売買仲介、ローン管理、リフォームなど不動産の総合サービスを提供。のちに個別の事業体となり、2019年12月に上場しました。

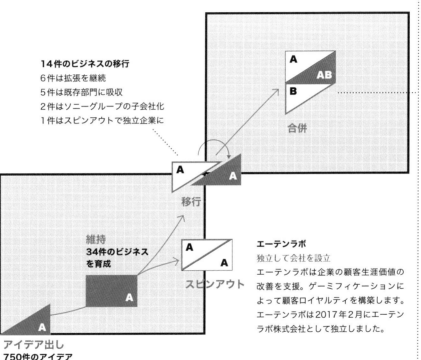

クラウドファンディング・キャンペーンがSSAPの検証戦略の中心に。製品と市場のフィットを確かめる最もよい方法は、顧客に事前に対価を払ってもらうことです。

14件のビジネスの移行
6件は拡張を継続
5件は既存部門に吸収
2件はソニーグループの子会社化
1件はスピンアウトで独立企業に

合併

移行

維持
34件のビジネスを育成

スピンアウト

エーテンラボ
独立して会社を設立
エーテンラボは企業の顧客生涯価値の改善を支援。ゲーミフィケーションによって顧客ロイヤルティを構築します。エーテンラボは2017年2月にエーテンラボ株式会社として独立しました。

アイデア出し
750件のアイデアを創出

活用

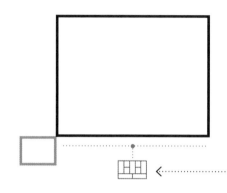

成果の評価

崩壊リスクの評価では、ポートフォリオのビジネスモデルの健全性またはリスクの程度と、改善とリスク軽減にどの程度の作業量が必要かを特定します。評価には次の2つの軸があります。

1. ビジネスモデルの成果

　強みと弱み

　活用ポートフォリオのX軸上の位置を示す

2. ビジネスモデルのトレンド

　機会と脅威

　X軸上の今後想定しうる位置を示す

ビジネスモデルの成果

強みと弱みの評価

この評価では、最近の成果を基にビジネスモデルの健全性またはリスクがどの程度かを明らかにします。モデルのフロントステージ、バックステージ、利益方程式の強みと弱みを評価します。結果は-3（高リスク）から+3（低リスク）までの点数で表し、活用ポートフォリオのX軸上に各ビジネスモデルを位置付けます。

点数と位置付け

ビジネスモデルの成果の点数は、成果に基づくビジネスモデルの健全性を表します。評価では、ビジネスモデルのフロントステージ、バックステージ、利益方程式を見ます。点数によって各ビジネスモデルを活用ポートフォリオのX軸上に位置付け、それぞれの撤退や崩壊リスクを確認できます。成果のふるわないビジネスモデルでリスクが高いものは、活用ポートフォリオの左側に配置されます。健全なビジネスモデルは活用ポートフォリオの右側に置かれます。

※CS＝顧客セグメント、VP＝価値提案、CH＝チャネル、CR＝顧客との関係、RS＝収入の流れ、KR＝主なリソース、KA＝主な活動、KP＝キーパートナー、CS＝コスト構造

フロントステージ

		左側の記述	-3	-2	-1	0	+1	+2	+3	右側の記述
	VP	当社の製品やサービスは競合他社のものより業績が低い。	(-3)	(-2)	(-1)	(0)	**(+1)**	**(+2)**	**(+3)**	当社の製品やサービスは差別化できているため顧客からの評価も高い。
	CS	過去6カ月間で顧客基盤の20%以上を失った。	(-3)	(-2)	(-1)	(0)	**(+1)**	**(+2)**	**(+3)**	過去6カ月間で顧客基盤が50%以上拡大した。
	CH	製品やサービスを顧客に届ける上で仲介業者に100%依存しているため、市場アクセスが困難になっている。	(-3)	(-2)	(-1)	(0)	**(+1)**	**(+2)**	**(+3)**	市場に直接アクセスでき、製品やサービスの顧客との関係も完全に自社で管理している。
	CR	すべての顧客が直ちに離れることも理論上は可能であり、その場合も直接または間接的な乗り換え費用は発生しない。	(-3)	(-2)	(-1)	(0)	**(+1)**	**(+2)**	**(+3)**	すべての顧客が数年間ロックイン（囲い込み）されており、離脱するには多額の直接または間接的な乗り換え費用が発生する。

バックステージ

		左側の記述	-3	-2	-1	0	+1	+2	+3	右側の記述
	KR	当社の主なリソースは競合他社より大幅に劣っており、過去6カ月間で悪化している。新規参入者が新しい、よりよい、または安価なリソースで競っている。	(-3)	(-2)	(-1)	(0)	**(+1)**	**(+2)**	**(+3)**	当社の主なリソースは今後数年間は容易にコピーまたは模倣できないため、競争において有利である（知的財産、ブランドなど）。
	KA	当社の主な活動の業績は競合他社より大幅に劣っており、過去6カ月間で悪化している。新規参入者が新しい、よりよい、または安価な活動で競っている。	(-3)	(-2)	(-1)	(0)	**(+1)**	**(+2)**	**(+3)**	当社の主な活動は今後数年間は容易にコピーまたは模倣できないため、競争において有利である（費用対効果、規模など）。
	KP	過去6カ月間で主なパートナーへのアクセスを失った。	(-3)	(-2)	(-1)	(0)	**(+1)**	**(+2)**	**(+3)**	主なパートナーは今後数年間ロックインされている。

利益方程式

		左側の記述	-3	-2	-1	0	+1	+2	+3	右側の記述
	RS	過去6カ月間で売上高の20%以上を失った。	(-3)	(-2)	(-1)	(0)	**(+1)**	**(+2)**	**(+3)**	過去6カ月間で売上高は倍増し、競合他社より大幅に急速に成長している。
	CS	コスト構造が収益を上回る速度で増加しており、費用対効果が競合他社より大幅に低い。	(-3)	(-2)	(-1)	(0)	**(+1)**	**(+2)**	**(+3)**	コスト構造が収益増加に比べ縮小しており、費用対効果が競合他社より大幅に高い。
	マージン	利幅は過去6カ月間で50%以上縮小しており、競合他社より大幅に低い（50%以上低い）。	(-3)	(-2)	(-1)	(0)	**(+1)**	**(+2)**	**(+3)**	利幅は過去6カ月間で50%以上増加しており、競合他社より大幅に高い（50%以上高い）。

トレンド評価

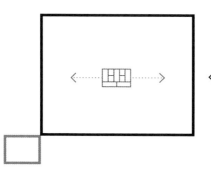

ビジネスモデルのトレンド

機会と脅威の評価

この評価では、外部環境から生じるリスクという観点で、ビジネスモデルがどのようなトレンドにあるかを明らかにします。外部の力がどの程度ビジネスモデルのフロントステージ、バックステージ、利益方程式に対する機会または脅威をもたらしているかを評価します。結果は-3（×軸上で左方向）から+3（×軸上で右方向）までの点数で表し、ビジネスモデルが今後あげる成果の見込みを示します。

点数とビジネスモデルが進む方向

ビジネスモデルのトレンド評価の点数は、外部要因によってビジネスモデルがどちらの方向へ進む可能性があるか、今後どんな成果をあげるかを示します。評価では、外部要因がビジネスモデルのフロントステージ、バックステージ、利益方程式にどう影響し、破壊をもたらす可能性があるかどうかを見ます。点数は、今後活用ポートフォリオにおいてビジネスモデルが左（撤退や崩壊リスクが高い）と右（撤退や崩壊リスクが低い）のどちらへ進む可能性が高いかを示します。

外部からの影響の重みづけ

外部要因がどのようにビジネスモデルに影響を与えるかの評価の精度を高めるため、発生の可能性と影響の重大度についてそれぞれの要因を重みづけします。たとえば、新しい規制がどのようなものか、それがビジネスモデルに与える影響の重大度を問います。あるいは、新規参入者が勢いを増す可能性や、それがビジネスモデルに与える影響の重大度を問います。

フロントステージへのトレンドの影響

		左記述	-3	-2	-1	0	+1	+2	+3	右記述
	VP	新規参入者がさらに安価または優れた製品あるいは代替製品やサービスで勢いを増しており、当社のビジネスモデルを陳腐化させる可能性がある。	-3	-2	-1	0	+1	+2	+3	当社の製品やサービスに対する競争は縮小しており、そのおかげで当社の製品やサービスは勢いを増す可能性が高い。
	CS	当社が事業展開している市場は今後数年間で大幅に縮小すると予想されている。	-3	-2	-1	0	+1	+2	+3	当社が事業展開している市場は今後数年間で大幅に拡大すると予想されている。
	CR	さまざまなトレンド（技術、文化、顧客層）によって、当社から離れて戻らないことに対する顧客の心理的負担（フリクション）が低下している。	-3	-2	-1	0	+1	+2	+3	さまざまなトレンドによって顧客が当社から離れがたくなり、また離れることに対する心理的負担（フリクション）は上昇している。
	VP／CS	今後強まると見込まれる社会的・文化的トレンドが顧客を当社から遠ざけている（持続可能性、ファッションなど）。	-3	-2	-1	0	+1	+2	+3	今後強まると見込まれる社会的・文化的トレンドが顧客を当社へ引き寄せている（持続可能性、ファッションなど）。

バックステージへのトレンドの影響

		左記述	-3	-2	-1	0	+1	+2	+3	右記述
	KR	当社のビジネスモデルを著しく弱体化または陳腐化させる技術トレンドが勢いを増している。	-3	-2	-1	0	+1	+2	+3	当社のビジネスモデルを著しく強化する技術トレンドが勢いを増している。
	KR／KA	新しい規制によって当社のビジネスモデルが著しく高価または運用不能になり、競合他社に有利に働いている。	-3	-2	-1	0	+1	+2	+3	新しい規制によって当社のビジネスモデルは大幅に安価に、または運用が容易になり、競合他社に対する優位性を得ている。
	KR／KA	サプライヤーとバリューチェーンの関係者が変化しており、当社のビジネスモデルはリスクにさらされている。	-3	-2	-1	0	+1	+2	+3	サプライヤーとバリューチェーンの関係者が変化しており、当社のビジネスモデルを劇的に強化している。

利益方程式に対するトレンドの影響

	左記述	-3	-2	-1	0	+1	+2	+3	右記述
経済	今後6カ月間に景気後退が起きると当社のビジネスモデルにとって致命的になりうる（高いコスト構造、借入債務など）。	-3	-2	-1	0	+1	+2	+3	今後6カ月間に景気後退が起きても当社のビジネスモデルはレジリエンスがあり、むしろ恩恵を受けるだろう（競合他社の弱体化など）。
地政学	当社のビジネスモデルは地政学その他の外部の力（コモディティ価格、貿易戦争など）に影響を受ける可能性がある主なリソースやその他の要因に依存している。	-3	-2	-1	0	+1	+2	+3	当社のビジネスモデルは地政学その他の外部の力（コモディティ価格、貿易戦争など）に影響を受ける可能性がある主なリソースやその他の要因に依存していない。
VC資金調達	当社の分野にベンチャーキャピタルから出資を受けたスタートアップが多数あり、過去6カ月間で増加している。	-3	-2	-1	0	+1	+2	+3	当社の分野にベンチャーキャピタルから出資を受けたスタートアップはほとんどいない。

活用アクション

リスク評価から
アクションへ

32ページで活用ポートフォリオのアクションを紹介しました。これについては、すでに他の書籍で詳しく解説されています。本書では、既存ビジネスのポートフォリオ・マネジメントにおけるすべてのアクションについて、ボキャブラリーを統一して共通言語を創出することを目指しています。

買収

外部の会社や事業部門を買収すると、既存の社内事業の穴埋めまたは強化をすることになり、既存のポートフォリオの活性化につながります。買収した事業を組織内で既存の事業に統合すること（合併）も、組織として独立させることもできます。

改善

事業のうち1つが低迷している場合は、改革を決意してビジネスモデルを抜本的に変更することもあります。そのために、既存のビジネスモデルを運営しながら新しいビジネスモデルを検証する必要があります（124ページを参照）。改革には2つのタイプがあります。1つ目はビジネスを改革してポートフォリオの柱として維持する方法です。2つ目はビジネスを改革して魅力的な価格で売却することです。

売却

ビジネスがフィットや成果の点でポートフォリオ・ガイドラインに合致しなくなった時は売却します。事業分離には、事業を直ちに閉鎖する（解体）方法と、別の会社、投資家、あるいは現行の経営陣に売却する（マネジメント・バイアウト）方法があります。あるいは、先に事業の改革を行って買い手候補にとって魅力を高めてから時間をかけて売却する方法もあります。

投資

時には、社外の事業を買収する準備ができていない、あるいは完全買収ができない場合もあります。その場合は、投資の持分を積み増して成功の恩恵を受けることもできます。ジョイントベンチャーは、2社以上で1つの事業を立ち上げて共同で所有するというタイプの投資です。

提携

提携のなかには、特定のビジネスモデルの範囲内だけでなく、ポートフォリオのレベルで言及するに値するほど重要なものがあります。つまり、ポートフォリオにある複数のビジネスに大きな影響を与える提携（パートナーシップ）です。

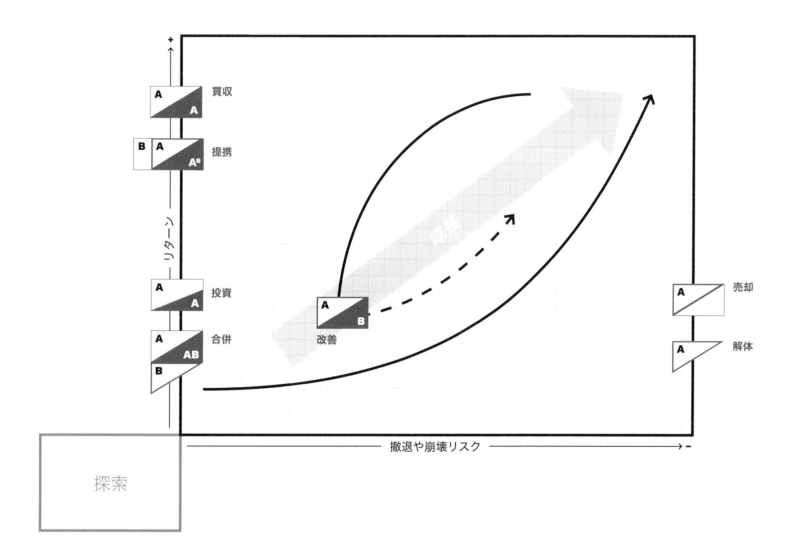

+

買収

提携

リターン

投資

合併

改善

撤退や崩壊リスク

-

探索

売却

解体

マイクロソフト

サティア・ナデラ氏は2014年にマイクロソフトのCEOに就任し、Windowsオペレーティングシステムへのこだわりから離れて法人ユーザーとクラウドを重視するよう同社の姿勢を大胆に変更しました。ナデラ氏は、マイクロソフトの成長の次の段階には自由な発想とパートナーとの連携が必要であることを理解しています。

マイクロソフトは1975年にビル・ゲイツとポール・アレンが設立した会社です。同社の飛躍的成長をもたらしたのは、大多数の市販のパソコンにプリインストールされたオペレーティングシステムのWindowsです。マイクロソフトはその独自のオペレーティングシステムを中心にソフトウェアとハードウェアにも事業を拡大しました。

2014年、サティア・ナデラ氏は10年以上会社を率いて成長させたスティーブ・バルマー氏からマイクロソフトのCEOを引き継ぎました。ナデラ氏は将来に向けてリポジショニングするために同社の戦略を大きく変更しました。マイクロソフトの心臓部であり基盤でありつづけたWindowsの役割を重視する姿勢を転換させたのです。

ナデラ氏は法人ユーザーとクラウドへ重点を移しました。その転換を達成するため、オープンで協調的なマインドセットを確立しました。これは同社

写真：マイクロソフト社の許諾を得て使用

会社の歴史的成長エンジンを降格

2010年には、スマートフォンとタブレットの台頭によってパソコン市場は回復不能なまでに衰退していました。その時点でWindowsはマイクロソフトの営業利益の54%を占めていました。同社に必要なのは一刻も早い変革でした。

**成長
マインドセット**

サティア・ナデラ
マイクロソフトCEO

の従来の閉鎖的で独占的な態度からは劇的な変化です。ナデラ氏はマイクロソフトのテクノロジーが競合他社に「追いつく」のを待つよりも、すべてのプラットフォームで運用されることを目指しました。テクノロジーはWindowsと連携すべきであり、必ずしもWindows上で動作する必要はありません。

戦略的方向性
生産性とプラットフォームの会社

Ⓐ 製品やサービスの縛りをなくし、プラットフォームを問わずにより広く採用されるための取り組みを加速します。

Ⓑ クラウド・プラットフォーム技術の業界リーダーとなり、プラットフォームをまたいだオープンソースのコラボレーションを促進します。

Ⓒ 法人ユーザーができること、達成できることを増やします。

組織文化
協調的、顧客中心

ナデラ氏はこり固まったマイクロソフトの文化を成長マインドセットへと転換し、リーダーは「あらゆる垣根や国境を越えてソリューションを探す」必要があると訴えました。つまり、顧客にできる限り最善の製品を提供したいと本当に願うのなら、単独ではできないということです。

ブランドイメージ
オープン・イノベーション

Ⓓ マイクロソフトは「競合他社」であるアマゾンやソニーとも提携関係を築き、より優れた製品の提供や製品同士の連携を実現し、ソフトウェアをより多くのプラットフォームで利用可能にしました。

マイクロソフトはLinux Foundation（2016年）やOpen Innovation Network（2018年）などの組織にも参加し、オープンソース・コラボレーションに取り組む意思を示しました。こうした組織に参加している開発者は、マイクロソフトの6万件もの特許取得済み技術をロイヤルティフリーで好きなプラットフォームで利用できます[20]。

D GitHub（2018年、75億ドル）
GitHubはソースコードをホスティングするサービスで、どんなプラットフォーム向けのソフトウェアでも開発でき、デバイス、クラウド、IoTなどにも展開できます。マイクロソフトはこのプラットフォームのソースコード提供者として上位に名を連ねています[24]。

LinkedIn（2016年、262億ドル）
人材ソリューション、マーケティング、プレミアム・サブスクリプション[25]。

B クラウド関連企業
（2013〜2018年）
マイクロソフトは23社のクラウド関連企業を買収し、インテリジェント・クラウド事業部を立ち上げました[26]。

A Windows/Office
2013年までにWindowsの収益はOfficeや各種サービスより下の3位に転落していました[28]。消費者は従来のパソコンよりシンプルなスマートフォンやタブレットを選ぶようになっています。これを認識したナデラ氏のCEOとしての最初のタスクは、OfficeをAndroidとiOSで利用できるようにし、ワードやエクセルをアプリとして無料で提供することでした[29]。

B Azure
多くのアナリストがマイクロソフトのAzureよりAWSに軍配を上げています。マイクロソフトはAzureを刷新して急成長ビジネスへと変え、前年比53%の売上高増を達成しました。Azureはクラウド・インフラ・サービスとして今や世界第2位の利用数を誇ります[30]。

D Cortana
マイクロソフトのデジタルアシスタントCortana（2014年）はAlexaやGoogleアシスタントに後れをとっています。主な原因は、これを使用できるハードウェアがWindows 10のPCに限られているからです。この問題を回避するため、マイクロソフトはアマゾンと提携してデジタルアシスタントを統合しました（2018年）[31]。

Project Oxford（2015年）
マイクロソフトの高度な機械学習技術を統合することにより、さらにスマートな顔認証アプリの開発を支援します。マイクロソフトのクラウド・コンピューティング・プラットフォーム であるAzureアカウントを持つ開発者であれば、ベータ版を無料で利用できます[23]。

B Azure Cognitive Services
（2019年）
Project Oxfordは2019年にAzure Cognitive Servicesとして公式リリースされました。Azure AIサービスの中枢を担い、ビジネスの問題を解決する法人ユーザーを支援します。

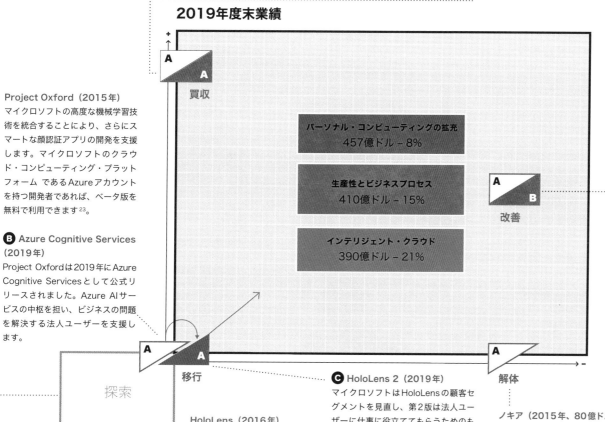

2019年度末業績

買収

パーソナル・コンピューティングの拡充
457億ドル – 8%

生産性とビジネスプロセス
410億ドル – 15%

インテリジェント・クラウド
390億ドル – 21%

改善

移行

探索

解体

HoloLens（2016年）
マイクロソフトがまだ開発中の「複合現実」のゴーグルです。販売台数は2018年5月の時点で5万台に達しました[21]。

C HoloLens 2（2019年）
マイクロソフトはHoloLensの顧客セグメントを見直し、第2版は法人ユーザーに仕事に役立ててもらうためのものとしました。マイクロソフトは製造プロセスを最適化するため、大企業（サーブ、エアバス、ハネウェル、トヨタ）との提携関係を築いています[22]。

ノキア（2015年、80億ドルで償却）
モバイル事業から撤退[27]。

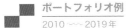
ユニリーバ

2010年、ポール・ポールマン氏がユニリーバのCEOに就任したのは、ユニリーバをパーパスドリブン（目的や存在意義を前面に出す）な企業へと転換させるためでした。ポールマン氏は、多くの消費者がサステナブル（持続可能）な生活を支えるブランドへと購買対象を変える意思があると信じ、会社としてよい行いをすれば業績もよくなると考えています。

1929年創業のユニリーバはオランダと英国に本拠を置く食品飲料、家庭用品、日用品などの製品を製造販売する多国籍企業です。ユニリーバは現在400を超えるブランドを所有し、2018年の売上高は510億ユーロにのぼります。今や世界で最も認知度の高いブランドの1つです。

2000年代、ユニリーバはコモディティ価格高騰と2008年の金融危機を克服するため苦戦していました。2010年にユニリーバは市場とのコミュニケーションと透明性を高めるために社外からCEOを迎え入れました。

そのポール・ポールマン氏は長期目線を重視し、ユニリーバに野心的なサステナビリティの目標を定めながらビジネス規模を倍増させました。ポールマン氏の信念は、会社の成長は環境への影響と切り離すことが可能であり、意義のある製品は高い消費者需要を創出することができ、より適切に構築されたサプライチェーンは長期的に見て持続可能にな

サステナビリティを組み込む

2000年代のユニリーバはコモディティ価格高騰と2008年の金融危機を克服するため苦戦していました。ポール・ポールマン氏はCEOを引き継いだ際に、『ユニリーバ・サステナブル・リビング・プラン』を設定し、『新しい時代の責任ある資本主義を定義』しています。

サステナブル・リビング

ポール・ポールマン
ユニリーバCEO

るというものです。

2019年、ポール・ポールマン氏はCEOを退任し、アラン・ジョープ氏と交代しました。ジョープ氏はユニリーバのサステナビリティの目標をさらに推し進めることを誓い、ブランドを1つ残らずパーパスドリブン型にすると表明しました。

戦略的方向性

サステナビリティを暮らしの "あたりまえ" に
ユニリーバは400を超える自社ブランドすべてをパーパスドリブン型にするため、環境負荷を減らし、社会への貢献度を高めます。

サステナビリティと収益
ユニリーバは、利幅の低い商品から高い商品へと移行することにより収益を倍増する一方で、製品の環境負荷を半減することを目指しています。こうした野心的な目標は、よい行い（do good）と良好な業績（do well）は両立できることを証明します。

長期計画
四半期報告を廃止し、ヘッジファンドの株式保有率を縮小することで株価の変動を小さくします。より安定した環境を創出することで、短期のリターンより長期成長を優先する計画が可能になります。

組織文化

意義と秩序
ユニリーバでは、成功とは「共に働くすべての人に対して、触れ合うコミュニティに対して、負荷をかける環境に対して、最高水準の企業行動規範」を持つことと定義されています。事業運営を誠実に実践し、事業において触れ合う多くの人々、組織、環境を尊重することがすべての社員に求められています。

ブランドイメージ

収益指向ではなく目的指向で
「ミレニアル世代の90%以上が、理念を掲げるブランドに乗り換えると回答している」という調査結果があります。ユニリーバは、責任ある行動をする意欲のある企業とみなされることを目指しており、サステナビリティがビジネスにとってプラスになることを証明しようとしています。

2018年、ユニリーバのパーパスドリブンのサステナブルなブランドは残りの事業より69%急速に成長し、会社の成長率の75%をもたらしました[32]。

Schmidt's Natural
（2017年、サステナビリティ）
自然由来、化学物質不使用のデオドラント

Living Proof
（2016年、プレミアム）
プレミアム・ヘアケア製品

Mae Terra
（2016年、サステナビリティ）
オーガニック自然食品ビジネス

Graze
（2019年、サステナビリティ）
サブスクリプション型の健康的なスナック

Seventh Generation
（2016年、サステナビリティ）
環境に優しい衣類用洗剤

The Laundress
（2019年、プレミアム）
ハイエンドの環境に優しい衣類用および掃除用洗剤

探索

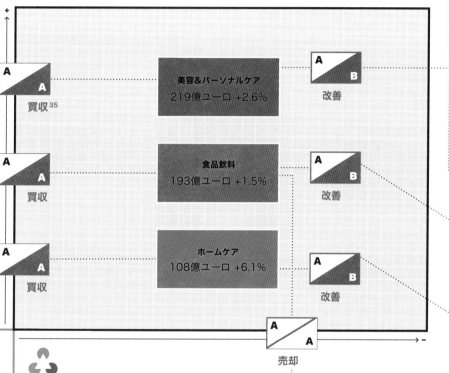

2019年度末業績

買収[35]　A　A
美容&パーソナルケア
219億ユーロ +2.6%
A　B　改善

買収　A　A
食品飲料
193億ユーロ +1.5%
A　B　改善

買収　A　A
ホームケア
108億ユーロ +6.1%
A　B　改善

A　A
売却

ユニリーバは「世界に意義ある貢献」ができないブランドは、たとえ収益に影響するとしても廃止すると表明。人気ブランドのマーマイト、マグナム、Pot Noodle なども含まれます[33]。

目的志向
2014年、SlimFast を Kaios Group に売却。SlimFast はダイエットと減量計画を推進するシェイク、スナック、その他栄養補助食品を製造しています[34]。

収益志向
ユニリーバは食品ブランドの多くを売却し、利幅の高いポートフォリオミックスへと転換。
2013年にはサラダドレッシングの Wish-Bone を5億8,000万ドルで、ピーナツバターのスキッピーを7億ドルで売却。2014年にはパスタソース・ブランドの Ragu を12.6億ユーロで売却しました。

Comfort One Rinse
新発売の衣料柔軟剤は旧製品より水の使用量を20%削減。1年間でオリンピック競技用プール1,000万杯分の水を節約できます。

Lifebuoy
手洗いプログラムを創設し、呼吸器感染症や下痢症による年間60万人の子どもの死亡を防止することを目標としています。

ダヴ
ダヴは「セルフエスティーム（自己肯定）プロジェクト」を設立。次世代の若者が自分の容姿をより前向きにとらえるように支援することを使命とし、自己肯定感を高めることで自身の可能性を最大限に伸ばせるように応援します。2005年以降、教育ツールにより3,500万人を超える若者が自己肯定感を高めています。

PG tips
2018年に植物由来の素材を使った完全生物分解性のティーバッグを採用し、環境負荷を大幅に軽減しています。

ドメスト
2017年に、水不足に襲われた南アフリカで Flush Less スプレーを発売。

ロジテック

2013年、ブラッケン・ダレル氏はロジテックのCEOに就任。下降するパソコン市場からの脱却により、会社の成長を促進しました。ロジテックはクラウドの成長によって恩恵を受けるデザイン重視の消費者向けおよび法人向けパソコン周辺機器のポートフォリオを構築しています。

ロジテックは1981年にスイスで創業しました。同社の急速な成長は、パソコン用マウスの上位機種など革新的なパソコン周辺機器がもたらしたものです。2012年にはパソコン市場の下降とGoogle TVの失敗による1億ドルの損失で厳しい状況に追い込まれました[36]。

ブラッケン・ダレル氏は同社のポートフォリオを消費者と法人向けパソコン周辺機器を重視したものに変更し、クラウドとコネクテッドデバイスの成長による利益に期待しました。ロジテックはポートフォリオ拡大のため、特に音楽とゲームの分野で複数のブランドを買収しました。

従来エンジニアリングを重視する会社だったロジテックは、デザインを会社とポートフォリオの中心に据えるようになりました。2013年にはノキアの元デザイン事業部長のアリステア・カーティス氏を迎え入れ、デザイン主導型組織の構築に取り組みました。

起業家精神の復活

2012年にはパソコン市場において回復不能なまでの下降が始まり、モバイル、タブレット、クラウドへの移行が進みました。ロジテックはそれまでパソコン業界の成長に依存していましたが、ここで劇的な変化を迫られました。

デザイン中心

ロジテックのプレゼンより引用

戦略的方向性
クラウド周辺機器の第一人者

(A) 多くの小さな池にいる大きな魚となって、アップル、グーグル、アマゾンなどの巨大企業は避けます。

(B) 利益を成長に再投資し、主要カテゴリでの成長を確保し、利幅をできるだけ高く改善します。

目指すは「デザイン企業」です。

組織文化
起業家精神とデザイン志向

新しいものへ意欲的に挑戦する起業家文化をよみがえらせ、買収相手の独立性は維持します。

コア能力、特に社内デザインと顧客へのこだわりを拡張します。

プロセスの初期段階でコストを意識したデザインを行い、運用効率を高めます。

ブランドイメージ
ハイエンドデザイン

(A) マルチブランド企業として、音楽、ゲーム、動画、コンピューティングを通じて人々をひとつにします。

顧客重視のイノベーションで知られた会社として、ハイエンドデザインで顧客が望む通りの製品を提供します。

ロジテックの2019年度と2013年度の業績比較[37]

■ 2013　■ 2019

小売売上高 正味成長率 +10%	売上高に対し戦略的成長 （買収などによる）が 占める割合 60%	非GAAP営業利益 3億5,200万ドル
-7%　10%	20%　60%	6,700万 ドル　3億 5,200万 ドル

2019年度業績

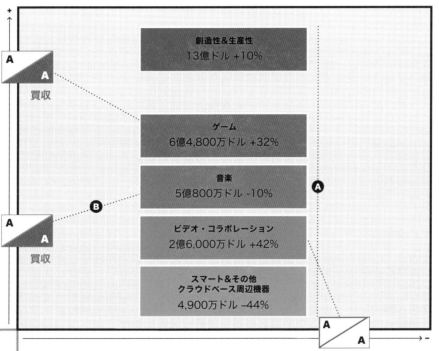

27.9億ドル

総売上高

左側

ロゴ

Saitek Pro Flight（2016年）[38]
高度なフライト・シミュレーション・コントローラーのメーカー

ASTRO Gaming（2017年）
プロのゲーマーとマニア向けのコンソールゲーム機用アクセサリのブランドとして有名

Beyond Entertainment（2018年）
コンソール業界の最新ニュースを配信するオンライン・プラットフォーム

Jaybird（2016年）
スポーツやアクティブなライフスタイル向けのワイヤレスイヤホンの中心的存在

Blue Microphones（2018年）
オーディオ専門家、ミュージシャン、消費者向けマイク

探索

中央の図内

A 買収

創造性&生産性
13億ドル +10%

ゲーム
6億4,800万ドル +32%

音楽
5億800万ドル -10%

ビデオ・コラボレーション
2億6,000万ドル +42%

スマート&その他
クラウドベース周辺機器
4,900万ドル −44%

A 買収

B

A

A / A 売却

ブラッケン・ダレル

ロジテック CEO

2016年にHDビデオ会議ソリューションのLifesizeがロジテックから分離し完全独立会社に[39]。

2015年には長年ロジテックの収益の大部分を占めていたパソコン用マウスのOEM事業から撤退[40]。

富士フイルム ホールディングス

2003年に富士フイルムのCEOに任命された古森重隆氏はアナログ写真のフィルムを手掛ける同社がデジタルによる市場崩壊を切り抜けるには、全面的な事業再編とテクノロジー・プレイヤーとしての再生が必要だと考えました。

1934年創業の富士フイルム株式会社は日本初の写真フィルム製造業者です。1980年代半ばにはコダック社と業界を二分する最大手でした。ところが2000年代初頭から写真のデジタル化が進み、業界そのものがほぼ消滅する瀬戸際に立たされました。

2004年にCEOの古森重隆氏は5カ年中期経営計画を発表し、「富士フイルムを壊滅的状況から救い出し、リーディングカンパニーとしての存続可能性を確保する」と宣言しました。古森氏は写真フィルム事業を縮小し、世界で約5,000名の人員削減を決定。一方で4億ドルを投じて研究施設を設立し、新市場へ乗り出しました[41]。それまでに富士フイルムは1年半をかけて自分たちが持つ技術の検討を行い、写真フィルムで培った能力を新たに活用する方法を探しました。

新しい事業領域のヘルスケア&マテリアルズ ソリューションは今では総売上高の43%を占め、写真フィルムは1%にも満たない状態です[42]。

市場崩壊に対抗する

2000年代半ばまでに写真のデジタル化によってフィルムによる写真撮影は風前の灯火となってしまいました。古森氏は生き残りをかけて会社の方向性を抜本的に変更する計画が必要であると認識していました。

技術
プレイヤーに

戦略的方向性

古森氏の5カ年計画では3つの戦略的方向性が示されました。

- コスト削減のため構造改革の実施
- 分散型ポートフォリオによる新しい成長戦略の構築
- 迅速な意思決定のための一元経営の強化

組織文化

富士フイルムが時代に乗り遅れずに迅速な変革を実行するため、古森氏は適切な組織構造が必要と認識していました。

- 起業家精神を持って自ら主導権を握るように、自主裁量の範囲を拡大し、役割を柔軟にすることで個人を強化
- 無駄のない断固とした企業リーダーシップと迅速な意思決定プロセス[43]

ブランドイメージ

富士フイルムは世界的に有名な最先端技術で最高品質の製品を提供しています。他業種へ参入する際に、フィルムで培ったブランドイメージと信頼をヘルスケア製品に継承したいと考えていました。

「その当時まで富士フイルムは写真製品業界では一流企業であり、巨額の利益をあげつづけていました。私は次の世紀にもそのままの状態を継続させたいと願っていました。CEOとしての私の役目は、そのための方策を立てることでした」

古森重隆

富士フイルムホールディングス代表取締役会長・CEO

富士フイルムは2社（Diosynth RT P LLCおよびMSD Biologics［英国］Limited）を買収し、FUJIFILM Diosynth Biotechnologiesに社名変更しました。これはバイオ医薬品のCDMO（医薬品受託製造開発機関）事業への参入とヘルスケア＆マテリアルズ ソリューション事業の拡大が狙いです。

2008年の富山化学の買収（現在は富士フイルム富山化学）は、富士フイルムの医療用医薬品事業への全面的新規参入を象徴しています。

2001年、富士フイルムはゼロックスとの合弁会社である富士ゼロックスの株式を25％追加購入し、連結子会社としました。ドキュメントソリューション事業は年間売上高の41％を占めています。

2006年には写真のデジタル革命はすでに進んでおり、富士フイルムは写真フィルム事業の縮小によるフィルム・エコシステムの抜本的再編成を迫られていました。再編成することで多角化計画に必要とされていたリソースを確保することができました。2019年の写真フィルム事業は年間売上高の1％にも満たない状態です。

分散型ポートフォリオの構築 2004〜2019年

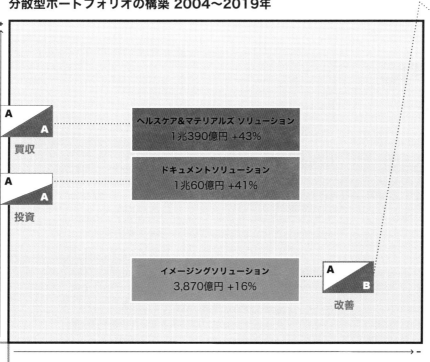

買収

A A

ヘルスケア＆マテリアルズ ソリューション
1兆390億円 +43%

投資

A A

ドキュメントソリューション
1兆60億円 +41%

イメージングソリューション
3,870億円 +16%

A B

改善

探索

2001
54%　49%

2019
16%
41%
43%

富士フイルムは液晶画面のブームを予見して液晶用保護フィルムへ投資する大胆な決定をしています。1,500億円を新しい施設に投資し、テレビ、パソコン、スマートフォンの液晶パネルに欠かせない高性能フィルムのフジタックの製造に乗り出しました。

富士フイルムは、写真が時とともに色あせ酸化するという知識を活かして高機能化粧品の分野に参入しました。人間の肌の老化も同じメカニズムだからです。2007年、スキンケアシリーズのアスタリフトが販売開始されました。

■ ヘルスケア＆マテリアルズ ソリューション
ヘルスケア＆マテリアル、高機能材料、記録メディア、グラフィックシステム・インクジェット

■ ドキュメント ソリューション
オフィス製品＆プリンター、プロダクションサービス、ソリューション＆サービス

■ イメージング ソリューション
フォトイメージング、光学・電子映像

ビジネスモデルの転換

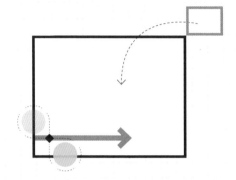

会社が、賞味期限切れのビジネスモデルの1つを変革して新しいビジネスモデルに転換すると決定した時には、探索ポートフォリオのプロセスと指標を適用する必要があります。より正確には、賞味期限切れのビジネスモデルの運用を続けながら、同時に新しいビジネスモデルへの転換を探索して検証する必要があります。これは一筋縄ではいかない挑戦ですが、実行マインドセットではなく探索のマインドセットで新しいビジネスモデル候補を検証しない限り成功はできません。この検証によって、成果のあがらない新しいビジネスモデルに転換してしまうリスクが軽減されます。

転換の検証

新しいビジネスモデルへの転換は、上手くいくか否かの不確実性が高いため、非常にリスクも高くなります。ただし、探索ポートフォリオの検証プロセスと原則を適用すれば、成果のあがらないものへ転換してしまうリスクを大幅に軽減できます。主な違いは既存のビジネスの上に構築できるという点です。それにはメリットとデメリットがあります。主なメリットは、顧客、市場、技術を十分把握しているという点です。デメリットは、ビジネスモデルの転換の基盤となる仮説の検証を犠牲にして、ビジネスを現状のまま維持することを優先してしまう可能性があることです。

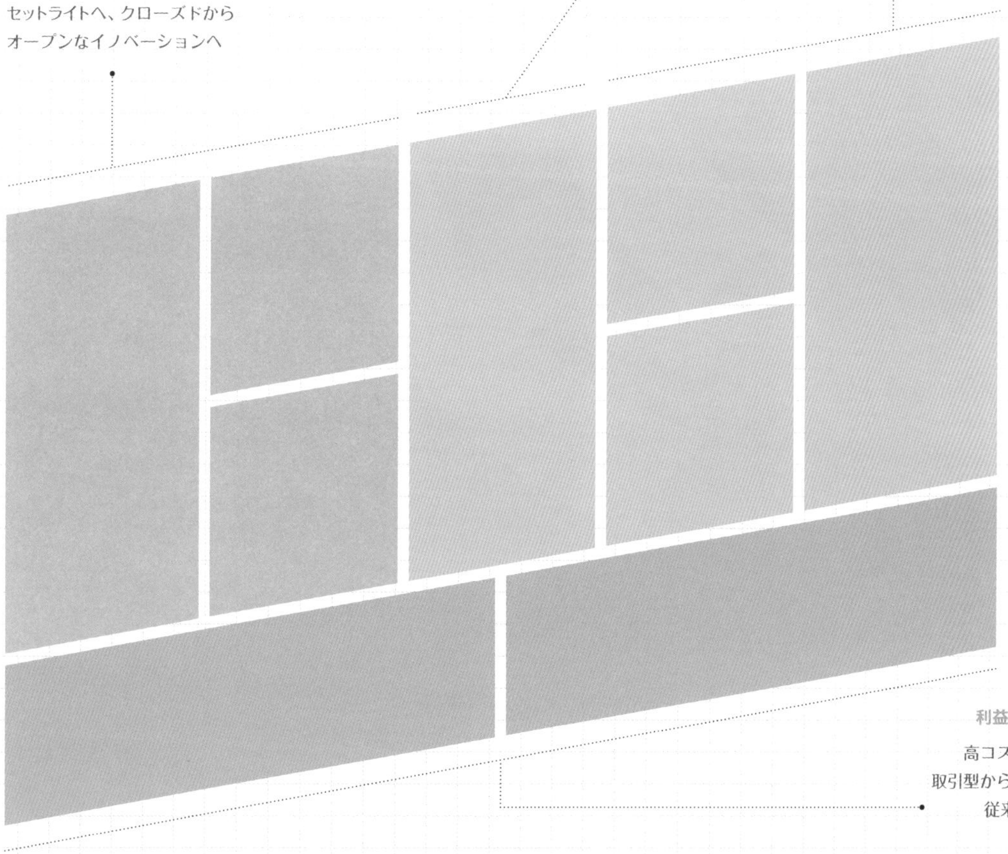

価値提案移行

製品からリカーリングサービスへ、
ローテクからハイテクへ、
販売からプラットフォームへ

フロントステージ主導型移行

ニッチ市場からマス市場へ、
B2BからB2(B2)Cへ、
ロータッチからハイタッチへ

バックステージ主導型移行

専用リソースから多用途リ
ソースへ、アセットヘビーからア
セットライトへ、クローズドから
オープンなイノベーションへ

ビジネスモデルのパターンライブラリー

旧ビジネスモデルから新ビジネスモデルへの転換方
法を探索するために、12のビジネスモデルの移行
パターンのライブラリーを作りました。
　発明パターンと移行パターンのいずれもパターン
集として、または既存ビジネスモデルを基に新しい
ビジネスモデルを構築する際のヒントとして活用で
きます。

利益方程式主導型移行

高コストから低コストへ、
取引型からリカーリング収益型へ、
従来型から逆行型へ

パタ

ビジネスモデルのパターン

組織全体のビジネスモデルを強化するための、各構築ブロックの再現可能な組み合わせ。

新規ビジネスに挑むチームが技術、製品、サービス、価格を超えた競争力を開発できる。

実績のある会社が時代遅れのビジネスモデルからより競争力のあるビジネスモデルへ転換できる。

1つのビジネスモデルに複数のパターンを取り入れられる。

パターンライブラリー

ここからは、パターンライブラリーを2種類に分割して説明
します。新規ビジネスの試みを後押しする「発明パターン」
と、確立されているが衰退しているビジネスモデルを根本
的に改善して競争力を高める「移行パターン」です。

発明パターン

優れたビジネスモデルの要素を体系化したもの。技術、製品、サービス、価格に基づく従来の競争を超え、より高レベルなビジネスモデルで競争する方法を検討する際、各パターンが参考になります。最も優れたビジネスモデルは他社に打ち勝つため複数のパターンを取り入れます。

活用

探索

移行パターン

あるタイプのビジネスモデルから別のタイプへの移行を体系化したもの。競争力の低いビジネスモデルから高いものへ移行することにより、現在のビジネスモデルを根本的に改善する方法を検討する際、各パターンが参考になります。

パターンの適用

ビジネスモデルパターンを理解して、次に挙げるビジネス
モデル関連活動の成果を高めます。

デザインと評価

市場機会、技術イノベーション、または新製品や
サービスを中心に、より優れたビジネスモデルを
デザインするためにパターンを使用します。既存
ビジネスモデルの競争力の評価にも使用します
（212～213ページ）。

破壊と変革

市場変革のヒントとしてパターンを使用します。
ここからは、業界全体の創造的破壊を行った会社
のライブラリーを紹介します。こうした会社は、
その業界において初めて新しいビジネスモデル・
パターンを導入した存在です。

問いと改善

製品、サービス、価格、市場に関連する従来の問
いを超えて、さらに高いレベルのビジネスモデル
の問いを投げかけるためにパターンを使用しま
す。上級管理職、イノベーションリーダー、起業
家、投資家、あるいは研究者であっても、より高
レベルの問いを手掛かりに優れたビジネスモデ
ルを開発することができます。

既存企業に対する最大の脅威は

スタートアップである

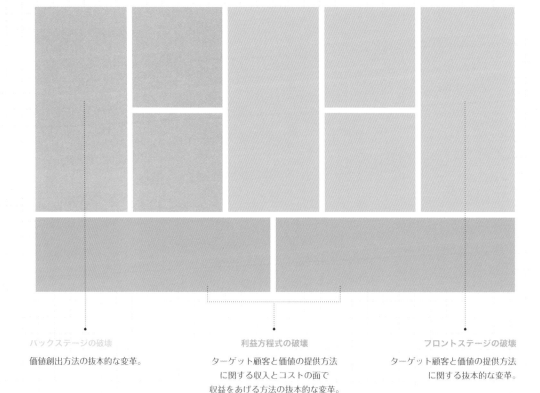

震源

ビジネスモデルのパターンは、ビジネスモデルのフロントステージ（顧客主導型）、バックステージ（リソース主導型）、または利益方程式（財務主導型）から考えられます。

バックステージの破壊

価値創出方法の抜本的な変革。

利益方程式の破壊

ターゲット顧客と価値の提供方法に関する収入とコストの面で収益をあげる方法の抜本的な変革。

フロントステージの破壊

ターゲット顧客と価値の提供方法に関する抜本的な変革。

発明パターンのライブラリー

発明

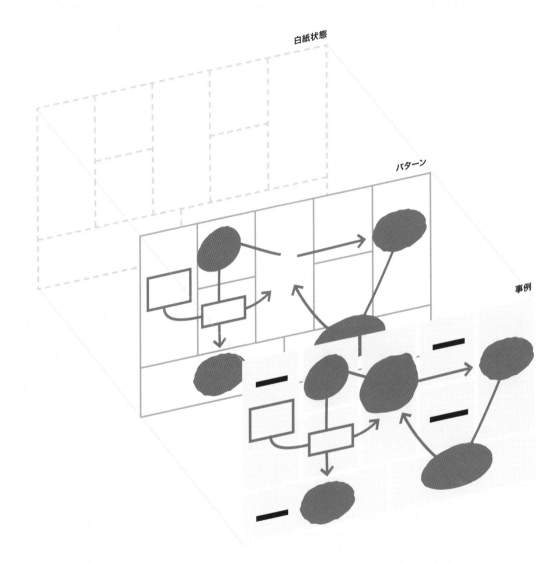

パターン

事例

発明
パターン

白紙状態

本章で取り上げる企業はどれも白紙の状態から始めたものです。どの企業もテクノロジー、市場機会、またはトレンドを中心にビジネスモデルをゼロから作り上げました。いずれもそれまで前例のなかった強力なビジネスモデルのパターンを適用することで、業界の創造的破壊を行った企業です。

パターン

ここでは9つの発明パターンで27種のバリエーションを紹介します。新たなベンチャーでも既存の企業でも、これを応用するとより強力で競争力の高いビジネスモデルを構築することができます。それぞれのパターンを解説するので、パターン集として活用してください。

- **バリエーション**

  各パターンには2種類以上のバリエーションがあります。これらは特定のパターンの変化形として、そのパターンを応用する際のさまざまな方法を分かりやすく示します。

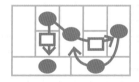

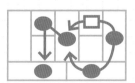

事例

各事例ではパターンの実践例を詳しく解説します。企業全体のビジネスモデルについては説明しません。その企業が特定のパターンを応用してどのように競争力の高いビジネスモデルを構築したかを示します。実際には、ビジネスモデル全体がいくつかのパターンを組み合わせている場合もあります。

凡例

- 白紙状態

- ビジネスモデルの
  パターン

- 事例

- パターンの構築
  ブロック

- 任意のパターン
  構築ブロック

- もともとのビジネス
  モデル・ブロック

- その他のビジネス
  モデル・ブロック

142

フロントステージの破壊

ターゲット顧客と価値の提供方法に関する
抜本的な変革。

市場の探索者

市場の鍵を開く

大きな可能性が眠っている新たな市場、未開拓の市場、あるいはサービスの行き届いていない市場を創出し、解放し、あるいは切り開くような、革新的な価値提案を開発します。パイオニアとなり、市場調査を通じて新たな収益の可能性を発掘します。

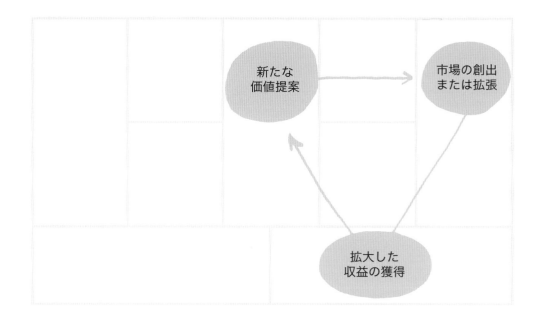

トリガーとなる質問
大きな可能性を秘めた新しい市場、未開拓市場、あるいはサービスの行き届いていない市場に参入するにはどうすればよいか？

評価のための質問
ターゲットとしている未開拓の市場のポテンシャルはどれほど大きく魅力的か？

未開拓部分の可能性は低く、市場は縮小している。

市場の可能性は大きく、まだ占有されておらず、成長している。

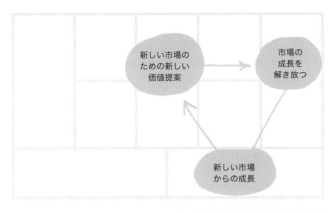

ビジョナリー型：想像力を駆使して、他の人には見えていない大きな市場の可能性に目を向けてみましょう。新たな価値提案が決め手となる潜在的なニーズを模索することで、成長を引き出します。

例
テスラ、iPhone、任天堂 Wii

トリガーとなる質問
大規模市場の実証されていないニーズのうち、探求する価値があるものはどれか？

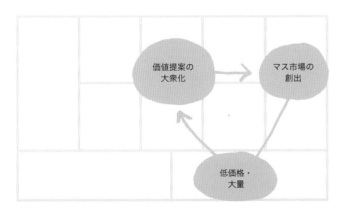

再利用型：これまで別の目的に使用されていた既存のテクノロジーやインフラを再利用して、需要が実証されている市場に参入する革新的な方法を見つけます。

例
M-Pesa、AWS

トリガーとなる質問
既存のテクノロジーまたはインフラを再利用することで、実証されてはいるものの今のところアクセスできない顧客ニーズを明らかにするにはどうすればよいか？

大衆化型：これまで少数のハイエンド顧客のみがアクセスできた製品、サービス、テクノロジーへのアクセスを大衆化する革新的な方法を見つけます。

例
シアーズ・ローバック、Azuri、M-Pesa、AWS

トリガーとなる質問
ニッチ市場に限定されていた製品、サービス、テクノロジーを解放して、マス市場においてもっと広く提供するにはどうすればよいか？

テスラ

2012年、テスラは誰も視野に入れていなかった巨大な未開発市場（ハイエンド電気自動車）を想定し、その機会を活かすべく、モデルSによって適切な価値提案を作りました。

テスラは2003年に電気自動車の商品化を目指して創業されました。高級スポーツカーから始まり、手ごろな価格の大衆車にまで事業を広げています。2008年、テスラはロードスターの販売を開始。最初のブレークスルーは2012年に発売したモデルSです。テスラ初の「手ごろな価格」のモデル3は2015年に発表され、2017年に発売されました。

テスラ登場以前の電気自動車市場は比較的小さく、実用的で特徴のないモデルがほとんどでした。テスラは電気自動車の市場を違った視点でとらえた最初の自動車メーカーでした。性能を重視し、ハイエンドの市場を狙うことで大きなチャンスを見つけたのです。

KP   KA   VP   CR   CS

ソフトウェア開発
自動車設計と製造
テクノロジーパートナー
高性能電気自動車 ❷
ラブマークブランド
富裕層顧客 ❶
KP ハイエンドブランド
製造施設
スーパーチャージャーのインフラ
無料の充電ステーション ❸
CH
直接販売
スーパーチャージャーのネットワーク
CS マーケティングとブランディング
スーパーチャージャーの製造とメンテナンス
設計、開発、製造
RS
無料充電
自動車販売

1. 誰も注目していない大きな未開発市場を見出す

テスラが特定したのは、環境問題に敏感な富裕層顧客の潜在市場です。電気自動車に関心を持っているが、快適さや性能、デザインをおろそかにしたくない顧客です。

2. 新たな方法で顧客ゲインを創出する

モデルSによってテスラは初期の顧客セグメントの憧れをくすぐりました。2013年、この車は「テスト史上最高の車」と評され、全米で最も所得の高い25地域のうち8地域で最多販売数を誇る車種になりました[1]。

3. 新たな方法で顧客ペインを緩和する

テスラはバッテリー走行距離に対する顧客の懸念を認識していました。充電のスピードを大幅に改善し、交通量の多いエリアに無料スーパーチャージャーの自社ネットワークを構築しました。

✛ ラブマークブランド

テスラは記録的なスピードでラブマーク（熱狂的に愛される）ブランドを築き上げました。大きなブランド・ロイヤルティを呼び起こしたのは、地球環境の保護、高品質の車種、そしてパーソナルな顧客サービスに専念した結果です。2014年、テスラのモデルSは「全米で最も愛される車」に選ばれました。

✛ 直接販売網

創業時からテスラは自動車を直接販売しており（インターネット、都心のショッピングモールにあるギャラリーのような販売店、オーナー・ロイヤルティ・プログラムを通して）、顧客に車の機能について丁寧に説明しています。

＋ ハードウェアから
ソフトウェアおよびデータへ

テスラは単なる自動車メーカーではなく、実はソフトウェア会社です。テスラの車は高度なソフトウェアで制御され、無線通信で更新されています。ドライバーのコミュニティのデータから学習しつづける自動走行ソフトウェアは、2014年に導入されました。ソフトウェアが、テスラ車を所有することのユーザー体験全体を推進しているのです。

＋ 創造的破壊のための
バックステージの構築

電気自動車市場の可能性を引き出すというビジョンを実現するため、テスラは主なリソースと主な活動のポートフォリオを、トヨタ、メルセデス、パナソニックなどとの技術提携によって強化しています。また、テスラ初の大衆車であるモデル3では、製造上の大きな課題を克服することにも成功しています。

1万4,000台
のスーパーチャージャー

2019年9月時点で、世界で1,261カ所の充電ステーションに設置[3]。

27万6,000件

モデル3販売開始から2日間の予約数。2016年4月2日時点でテスラにもたらした売上高は100億ドルを突破[4]。

テスラの戦略キャンバス[2]
他社の電気自動車と比較

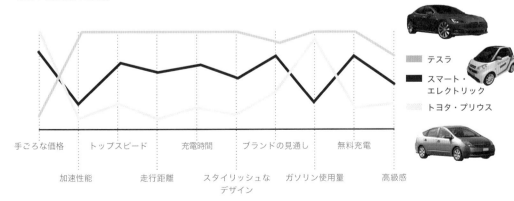

凡例:
- テスラ
- スマート・エレクトリック
- トヨタ・プリウス

手ごろな価格 / 加速性能 / トップスピード / 走行距離 / 充電時間 / スタイリッシュなデザイン / ブランドの見通し / ガソリン使用量 / 無料充電 / 高級感

2019年世界電気自動車販売台数[5]

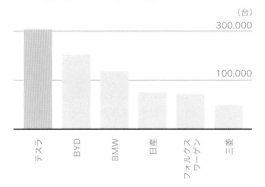

（台）
300,000
100,000

テスラ / BYD / BMW / 日産 / フォルクスワーゲン / 蔚来

フロントステージの破壊

M-Pesa

2007年、サファリコムは自社の電気通信網を再利用して、マス市場向けの信頼性の高い送金ソリューションM-Pesaを開発しました。

発明

サファリコムはケニア最大の電気通信事業者です。2007年、自社の電気通信インフラを利用して、シンプルなモバイル送金システムであるM-Pesaを構築することを決定しました。数百万人のケニア国民が携帯電話を所有する時代に、実証されているモバイル決済の需要を活用したのです。

既存の金融サービスは料金が高く、少額取引には不向きでした。2009年の時点で、ケニアにあるATMは全国でわずか352台、銀行の支店も491店舗でした（人口は3,900万人）。ほとんどの送金は現金で行われていましたが、高くつく上に、信頼性に欠け、時には危険でさえありました。

それを変えたのがM-Pesaです。導入から2年足らずでM-Pesaは新規登録申請数が1日1万人に達しました[6]。2010年にはケニアの全モバイル送金取引の90%以上を担っており、全モバイルマネー加入者の市場占有率70%を誇りました[7]。

M-Pesaはケニアに国家規模の影響をおよぼし、調査によればM-Pesaのおかげでケニアの全世帯のうち推定で2%が極貧状態から脱したと言われています[8]。

KP　KA　VP　CR　CS

❸ 携帯電話による送金

❶ 携帯電話ユーザー

❷ 既存の電気通信インフラ

モバイル・ユーザー層

代理店網

CS　RS

❹ 取引手数料

1. リソースを基に参入できる明確な需要を特定する

サファリコムには市場需要のエビデンスがありました。同社の携帯電話ユーザーの一部は携帯メール機能を使って自らのデジタル決済ソリューションを講じて、携帯電話の通信時間を電子通貨として共有していたのです。

2. 主なリソースを再利用して新たな価値提案を実現する

2007年にサファリコムは、自社の通信網を再利用して信頼性の高い送金ソリューションをM-Pesaで実現する方法を想定しました。ケニアの主力通信事業者として、すでに数百万人のケニア国民との関係を構築していたからです。

3. 競合他社と差別化する

2000年代半ばまで、金融サービスは料金が高く、不定期で少額の取引には不向きでした。銀行システムを利用しているケニア国民はごく少数にすぎなかったのです。M-Pesaの手ごろな料金の送金システムによって、サファリコムはこれまで銀行を利用しなかった層にも金融システムを広げました。

4. 新しい収入の流れを生む

M-Pesaはサファリコムに629億ケニア・シリング（6億2,500万ドル相当）に達する新しい収入の流れを作り出しました。これは2018年のサファリコムの売上高の28%を占めます[9]。売上は低額の送金やその他の金融サービスの手数料から生じています。

＋ 代理店網

2018年までにM-Pesaはケニア全土で11万店の代理店網を構築し、ケニア国民が仮想通貨と現金を交換できるようにしました[10]。代理店には小さな個人商店、ガソリンスタンド、郵便局、さらに従来の銀行の支店までも参加し、ケニア国内の銀行ATM台数の40倍にも達します。

2,300
万人

2013年までにシステムを使用した
ケニア国民の人数。

成人人口の
74%[11]

M-Pesaのアクティブ顧客[12]
2019年時点

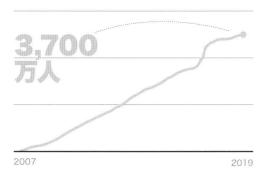

3,700
万人

2007　　　　　　　　　　　2019

43%

2013年にシステム
を使用した1カ月あ
たりの送金額がケ
ニアのGDPに占め
る割合。2009年の
10%から上昇[13]。

シアーズ・ローバック

1800年代後半、シアーズ・ローバック（「シアーズ」）は、通信販売
カタログによって誰でも商品を購入できる仕組みを作り、小売りを大
衆化しました。米国の郵便配送業の成長を活用して、シアーズは自社
製品を全米の津々浦々まで流通させることが可能になりました。

歴史的なケース

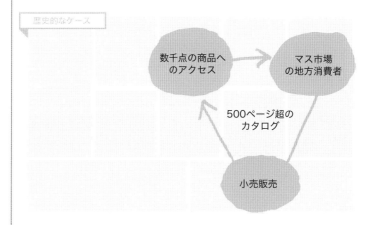

数千点の商品へ
のアクセス

マス市場
の地方消費者

500ページ超の
カタログ

小売販売

シアーズの通販カタログは、西部の人里離れた
地域に住む入植者たちに、それまで利用できな
かった低価格で多様な日用品を購入できる仕組
みを提供しました。1895年にはカタログは500
ページを超え、年間売上高は75万ドルに達しま
した（現在の価値に換算すると2,300万ドル）。
　シアーズ初の小売店舗は1925年にシカゴで
誕生し、それ以降シアーズは1991年まで全米の
小売業の首位に君臨しつづけました。カタログ
は1993年に1世紀におよぶ役目を終えました。

2,300
万ドル

1895年のカタログ販
売による売上高（現在
のドルに換算）[14]

チャネルの王者

顧客に
アクセスする

多数の顧客にリーチし獲得する方法を劇的に変えます。その業界で使われていなかった革新的なチャネルを開拓します。

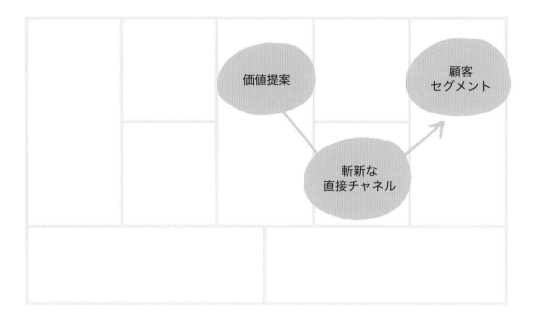

トリガーとなる質問
市場アクセスを増やし、末端顧客への強力で直接的なチャネルを築くにはどうすればよいか？

評価のための質問
末端顧客に対し、大規模かつ理想としては直接のアクセスができているか？

市場アクセスは限定的で、製品やサービスを顧客に届け、やり取りするのは仲介業者任せである。

大規模な市場アクセスを確保し、自社製品やサービスのエンドユーザーとのチャネルと関係を占有している。

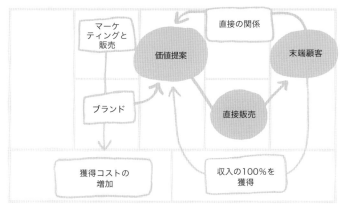

脱仲介業者型：これまで仲介業者が市場アクセスを独占していた顧客との直接チャネルを確立します。仲介業者のリーチに代わって、自社の（多くの場合は独創的な）マーケティング、顧客獲得活動、そして強いブランドを用います。市場の理解を深め、顧客とのより強固な関係を築き、これまで仲介業者と分け合っていた収入を100％確保します。

例
ダラーシェイブクラブ（DSC）、ネスプレッソ、ゴアテックス

トリガーとなる質問
仲介業者を排除し、末端顧客への直接アクセスを築くにはどうすればよいか？

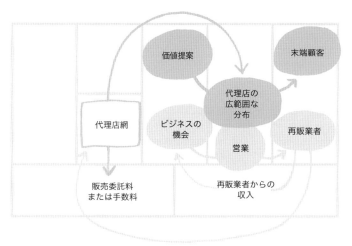

機会提供型：自社の製品やサービスを販売する機会を他者に提供。他者が売上やステータスを獲得するのを助けることが、相手にとってこちらの市場リーチを拡大する強力なインセンティブとなります。

例
タッパーウェア、グラミンフォン、J. Hilburn

トリガーとなる質問
大勢の人々やサードパーティー事業者に、自社製品やサービスを販売することに魅力を感じてもらうにはどうすればよいか。

ダラーシェイブ
クラブ

2012年、ダラーシェイブクラブ（DSC）が
創設されました。マーケティング・キャン
ペーンが話題を呼び、男性用シェービング製
品を顧客に直接販売するという手法で市場の
創造的破壊を実現しました。

ダラーシェイブクラブは、過剰供給と見られていた
市場で、顧客の不便さに目をつけました。シェービン
グ製品市場では、男性はハイテク（であるはずの）か
みそりと低価格低機能のかみそりの二択を迫られて
いました。DSCはこれに変革を起こすことを狙い、
手ごろな価格のシェービング製品で、すべてがセッ
トになっている顧客体験を提供しました。

2012年、DSCはオンラインストアを立ち上げ、
価格が高すぎる男性かみそり刃市場に対して急激な
創造的破壊をもたらしました。卸売業者から製品を
購入することで従来の物理的小売チャネルを排除し、
かみそりと刃をオンラインで低価格で販売しました。

排除した仲介業者の顧客リーチ力を補うため、
DSCはオンライン・マーケティングに集中し、重点
を置きました。創業者マイケル・デュビン氏が登場す
る動画はブランドのユーモアセンスを表現し、口コ
ミを広げました。顧客に届く製品には毎回、ユーモア
あふれる記事が同封されています。

会社は2016年に約10億ドルでユニリーバに買収
されました[15]。

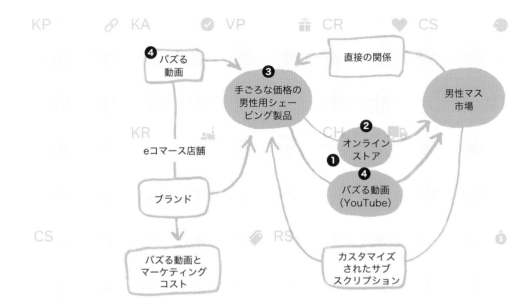

1. 仲介業者を廃止（あるいは回避）する

DSCは小売店舗を持たず、直接販売しています。メリッ
トは、従来は小売業者に支払われていたマージンを省ける
ことです。デメリットは、小売業者の持つ幅広い市場リー
チを失う点です。

2. 最適化した直接チャネルを構築する

DSCは2012年にオンラインストアを開設し、顧客体験、
顧客との関係、そしてデータについて自社で100％管理
できるようにしました。DSCはこのチャネルを利用して
常に製品ラインをテストし、価値提案を最適化しています。

3. 価値提案を最適化する

DSCは手ごろな価格の製品を武器に、すべてがセットに
なった購入体験で競争しています。柔軟なサブスクリプ
ションプランによって、会員は初回はたった1ドルで購入
することができ、その後は製品と配達頻度を選択できます。

4.「従来の」仲介業者のリーチを
革新的マーケティングに置き換える

DSCは小売業者のリーチに頼ることができないため、バ
イラル化する（バズる）動画によって自社の知名度とブラ
ンド認知度を創出しました。DSCは、説明動画や製品に
同梱される記事で独自の個性を演出することにより、顧客
が次回も利用したくなるような工夫を続けています。

DollarShaveClub.com - Our Blades Are F***ing Great

2019年11月時点
ダラーシェイブクラブの最初の動画の再生回数

2,652万5,768回 [16]

69%
の維持率

初回購入から
1カ月以内に
再度購入した
顧客の割合[17]。

創造的破壊を起こした直販ブランド

単一製品のみ取り扱うブランドと優れた顧客体験の組み合わせにより、最近では直販（DTC：direct-to-consumer）ブランドが成長を遂げています。

　DTCの企業は脱仲介業者化を図り、（1）顧客との関係、（2）オンラインまたは店頭での製品の演出、（3）顧客データの収集、（4）新製品の市場展開のスピードの4点をコントロールすることで成功しています。

　最近では、オンラインのみの展開から実店舗も持つDTCがますます増えています（眼鏡ブランドのWarby Parker、メンズアパレルのBonobos、コスメブランドのGlossierなど）。こうした実店舗はブランドと顧客の関係をさらに強固にし（顧客は購入前に実際に試すことができる）、実店舗での体験を顧客に合わせて調整することができます。

既存企業	製品と グローバル市場 規模（米ドル）	DTCブランド
ナイキ	スニーカー 625億ドル	オールバーズ
コルゲート	口腔ケア 280億ドル	Quip
ルックス オティカ	眼鏡 1,235億 8,000万ドル	Warby Parker

タッパーウェア

1948年、ホームパーティーを通じて商品販売を開始した時からタッパーウェアの快進撃が始まります。これは女性が女性同士の口コミ・ネットワークを利用して販売をする手法です。

アール・タッパーウェア氏は1946年に画期的なプラスチック製ボウル型容器を発明し、ワンダリアボウルという名で発売しました。ただ、今ではどの家庭にもあるこの容器に火がついたのは、1948年にブラウニー・ワイズ氏と組んでホームパーティー方式を活用してからのことです。

ブラウニー・ワイズ氏が始めたホステス・グループ・デモンストレーションズ（別名タッパーウェア・パーティー）では、それぞれの販売員が女性ならではのネットワークを活かし、家のなかでアイデアを凝らしてデモンストレーションを行いました。

タッパーウェアはプラスチック製品を販売するという当初の課題を、女性が夫から自立して収入を得る機会に変えました。独立販売員方式が目覚ましい成果をあげたため、タッパーウェアは1951年に店頭販売を全面廃止しました。

タッパーウェアは女性中心のビジネスとして、女性が自らの人脈を販路拡大の手段として活かし、信頼関係を築いて他の女性に商品を売ることで、自立することを可能にしました。

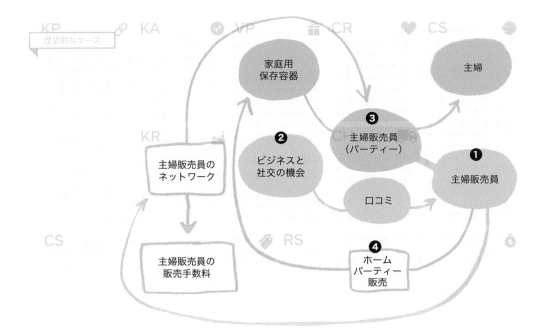

1. 販売促進に役立つ機会を創出できるのは誰かを特定する

第二次世界大戦中は女性の貢献が高く評価されていましたが、戦後は「女性は家庭へ戻るべし」という風潮が強くなっていました。ブラウニー・ワイズ氏は、タッパーウェアがどうすれば主婦に独立した販売員となる機会を提供できるかを見通していました。

2. 機会をデザインする

ワイズ氏が生み出したタッパーウェア・パーティーは、主催者（ホステス）が友人知人を集め、タッパーウェア販売員が製品のデモンストレーションをします。

ホステスは謝礼として製品を受け取り、販売員は売上の一部を受け取ります。

3. チャネルを開発する

1954年には販売員ネットワークは2万人に達しましたが、そのなかにタッパーウェアの従業員は1人もいません。委託販売員として、会社と消費者をつなぐチャネルの役割を果たしていたのです[18]。

4. 他者を助けて収入を得る

女性は自分の目で見て、さらに友人からの説得力ある口コミを聞いて、製品の使い勝手に納得します。

このチャネルが目覚ましい成果をあげたため、タッパーウェアは1951年に店頭販売を全廃することを決定しました。

70%

1950年代、全米の家庭の70％が仕事を持つ夫と専業主婦という家族構成でした[19]。

販売員の増加[20]
1954年のタッパーウェア販売員の増加

20,000

7,000

1月　　　　　　　　　　12月

2億 3,300万ドル

タッパーウェアの家庭用保存容器の売上高は急増し、1954年は2,500万ドルに達しました（2019年時点の価値に換算すると2億3,300万ドル以上）。その全額がタッパーウェア販売員の販売努力の賜物です[21]。

1990年代、米国で1点以上のタッパーウェア製品を所有していた家庭の割合[22]。

90%

ナチュラ

タッパーウェアの現代版といえば、南米最大級の化粧品会社ナチュラでしょう。1974年以来、「リレーションシップを通じた販売」と呼ばれる直接販売モデルを採用しています。

170万人

ナチュラ・ネットワークの販売コンサルタント数[23]

百万人を超える女性起業家がブランド・アンバサダー兼ビューティー・アドバイザーとしてナチュラ製品を販売しています。2005年にナチュラは小売店舗にも進出し、フランスのパリに第1号店を出しました。2012年にはデジタル・プラットフォームを追加し、世界各国の販売コンサルタントを支援するオンライン・コースやサポート機能を提供しています。

2019年5月にナチュラは直販方式の最大の競合他社であるエイボンを株式交換によって買収することに合意しました。

求心力の創出者

顧客を
囲い込む

顧客が離脱したり、競合他社に乗り換えたりしにくくすることを指します。以前はなかったスイッチングコストを設定し、顧客との関係が取引ごとに完結する業界から、顧客と長期的な関係を築く業界へと変えます。

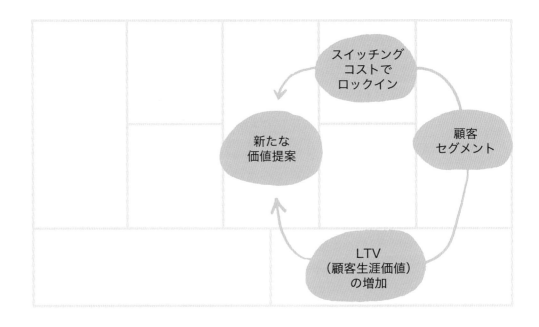

トリガーとなる質問
顧客が離れられない状態にし、スイッチングコストをポジティブな方法で引き上げるにはどうすればよいか？

評価のための質問
顧客が離脱したり別の企業へ乗り換えたりするのはどの程度簡単（あるいは困難）か？

直接的または間接的なスイッチングコストを発生させずにすべての顧客が直ちに離れることも理論上は可能である。

顧客が数年間ロックイン（囲い込み）されており、離脱するには多額の直接的または間接的なスイッチングコストが発生する。

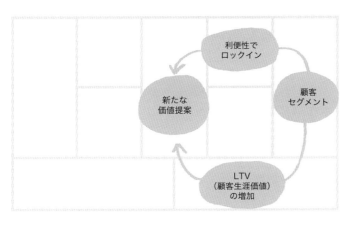

粘着性拡大型：顧客にとって離れることが不便になるよう粘着性を高めます。不便とは、データ移行が困難、覚えなければならないことが多い、面倒な解約手続きなど、顧客が離れると決めた時にペインとなるものです。

例
Microsoft Windows

トリガーとなる質問
顧客の粘着性を高めるにはどうすればよいか？

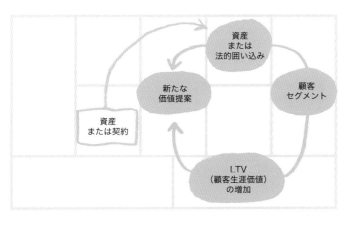

瞬間接着剤型：顧客を囲い込むことで離れにくくします。囲い込みは、複数年契約、先行埋没費用、キャンセル料、ほかの選択肢の排除などのテクニックにより発生します。

例
Microsoft Xbox、ネスプレッソ

トリガーとなる質問
顧客を囲い込むにはどうすればよいか？

Microsoft Windows

1990年、マイクロソフトはパソコンメーカー30社以上の製品にWindows 3.0をプリインストールしました。これが数百万人のユーザーをマイクロソフトのエコシステムに事実上囲い込むことになり、その後20年間にわたってリカーリング収益が発生しています。

マイクロソフトが1985年に発売した当初のWindowsは、当時のパソコンの主流オペレーティングシステムだったMS-DOSへのアドオンでした。ところが1990年にマイクロソフトがWindows 3.0を発売した際には、単体で出荷するのではなく、パソコンメーカーとの関係を利用してオペレーティングシステムとしてプリインストールしました。30社以上のメーカーがプログラムを無料で搭載することに合意し、すべてのパソコンにプリインストールしたのです。その結果、Windowsは瞬く間に普及し、発売からわずか2カ月で100万本が出荷されました[24]。

Windowsと対応プログラムの操作方法を覚えた消費者の多くは、新しいオペレーティングシステムやプログラムを覚える時間、コスト、労力をかけたがらなくなりました。パソコンユーザーは、最初のWindows搭載パソコンを購入した後は自らマイクロソフトのエコシステムに囲い込まれたようなものです。

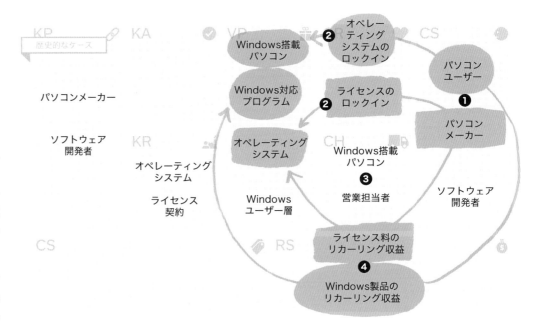

1. 顧客にとってスイッチングコストが低い市場を見つける

初期のコンピュータ市場はまだバラバラで、各コンピュータメーカーが自社独自のオペレーティングシステムを運用していました。この時点では顧客があるシステムから別のシステムへ乗り換えることは比較的容易でした。

2. 顧客を囲い込む価値提案を創出する

Windows 3.0は次の3点でスイッチングコストを押し上げました。（1）パソコンメーカーがWindowsをプリインストールするため、乗り換えの労力が増し、（2）グラフィックインターフェイスと新機能は慣れるまでに覚えることが多く、（3）マイクロソフトがWindows対応ソフトウェアのエコシステムを構築し、相互運用性を通じて顧客を囲い込む、の3点です。

3. 初回購入顧客の獲得の拡大を重視する

マイクロソフトは1990年にWindows 3.0ユーザーの初回購入顧客の獲得を拡大するため、主要パソコンメーカー30社以上とWindows 3.0のプリインストールと長期ライセンスの契約を結びました。これによってWindowsが数百万人のユーザーの手に届き、事実上の囲い込みをしたのです。

4. 囲い込みの恩恵を受ける

学習曲線（慣れるまでは覚えることが多いがその後は使いやすい）とソフトウェア互換性という利点により、顧客は繰り返しWindows搭載パソコンを購入するようになります。この囲い込みはパソコンメーカーからの経常的なライセンス料と小売り客から得られるWindowsの売上を20年以上にわたって確保してきました。

✛ Windows対応ソフトウェアの隆盛

マイクロソフトのロックイン戦略における重要な要素は、開発者の獲得を促進することで、Windowsエコシステムで使用可能なソフトウェア・アプリケーションの数を迅速に増加させることでした。Windows対応ソフトウェアは、3.0発売前の700点から1年後には1,200件に、さらに1992年には5,000点に増加しました[25]。

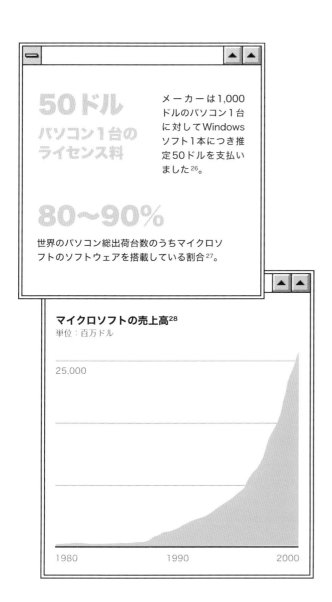

50ドル
パソコン1台の
ライセンス料

メーカーは1,000
ドルのパソコン1台
に対してWindows
ソフト1本につき推
定50ドルを支払い
ました[26]。

80～90%

世界のパソコン総出荷台数のうちマイクロソ
フトのソフトウェアを搭載している割合[27]。

マイクロソフトの売上高[28]
単位：百万ドル

25,000

1980　　　1990　　　2000

Microsoft Xbox

2001年、マイクロソフトはお茶の間への初の進出手段としてオリジナル
のXboxゲーム機を発売しました。ゲーム機の販売に補助金をつけること
でゲーマーを囲い込み、ゲーム売上とサードパーティーのゲーム開発者か
らのロイヤルティ支払いによってLTV（顧客生涯価値）を引き上げました。

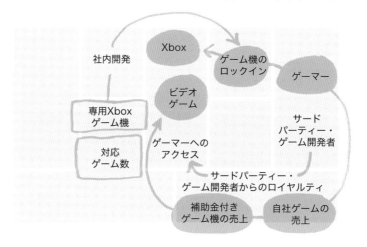

社内開発　Xbox　ゲーム機の
ロックイン

ゲーマー

専用Xbox
ゲーム機

ビデオ
ゲーム

サード
パーティー・
ゲーム開発者

対応
ゲーム数

ゲーマーへの
アクセス

サードパーティー・
ゲーム開発者からのロイヤルティ

補助金付き
ゲーム機の売上

自社ゲームの
売上

マイクロソフトは2001年にXboxをクローズドシステムの
ゲーム機として開発しました。ゲーム機の販売に補助金を出
すことで、多数のゲーマーを惹きつけ、囲い込みに成功しまし
た。マイクロソフトは、Haloのような完全社内開発ゲームの
販売と、ゲーム1点の販売ごとにサードパーティー・ゲーム開
発者が支払うロイヤルティによってXboxの収益化を図りま
した。ゲーマーはゲーム機に投資し、そのゲーム機対応のゲー
ムを買い揃えるため、あまり乗り換えをしないものです。マイ
クロソフトは競合製品のソニー・プレイステーション2が生
み出したこのビジネスモデルを採用することに成功しました。

**50
億ドル**

2015年時点のHalo
フランチャイズによる
ゲームとハードウェア
の売上[29]。

フロントステージの破壊

リーダー向けの
質問

市場の探索者

トリガーとなる質問
大きな可能性を秘めた新しい市場、未開拓市場、あるいはサービスの行き届いていない市場に参入するにはどうすればよいか？

評価のための質問
ターゲットとしている未開拓の市場のポテンシャルはどれほど大きく魅力的か？

未開拓部分の可能性は低く、市場は縮小している。

市場の可能性は大きく、まだ占有されておらず、成長している。

チャネルの王者

トリガーとなる質問
市場アクセスを増やし、末端顧客への強力で直接的なチャネルを築くにはどうすればよいか？

評価のための質問
末端顧客に対し、大規模かつ理想としては直接アクセスができているか？

市場アクセスは限定的で、製品やサービスを顧客に届け、やり取りするのは仲介業者任せである。

大規模な市場アクセスを確保し、自社製品やサービスのエンドユーザーとのチャネルと関係を保有している。

求心力の創出者

トリガーとなる質問
顧客が離れられない状態にし、スイッチングコストをポジティブな方法で引き上げるにはどうすればよいか？

評価のための質問
顧客が離脱したり別の企業へ乗り換えたりするのはどの程度簡単（あるいは困難）か？

直接的または間接的なスイッチングコストを発生させずにすべての顧客が直ちに離れることも理論上は可能である。

顧客が数年間ロックイン（囲い込み）されており、離脱するには多額の直接的または間接的なスイッチングコストが発生する。

バックステージの破壊

リソースの城郭

活動の差別化要素

拡張

163

価値創出方法の抜本的な変革。

リソースの城郭

堀を築く

競合他社にとって模倣が困難または不可能な主なリソースによって競争上の優位性を築きます。

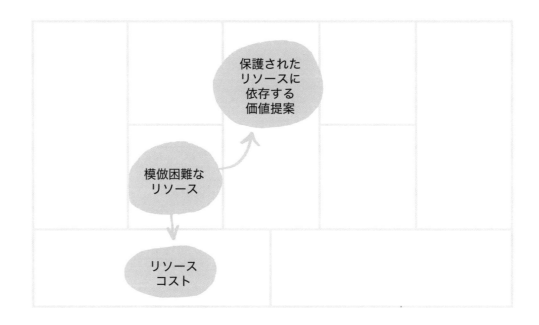

トリガーとなる質問
模倣困難なリソースをビジネスモデルの支柱にするにはどうすればよいか？

評価のための質問
当社には、顕著な競争上の優位性をもたらすような模倣が困難または不可能な主なリソースがあるか？

当社の主なリソースは競合他社のリソースに比べ大きく見劣りする。

当社の主なリソースは今後数年間にわたり容易に複製または模倣できないため、競争において著しく有利である（知的財産、ブランドなど）。

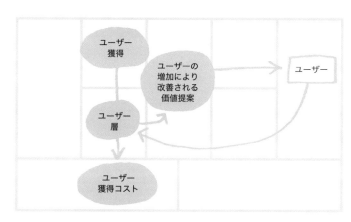

ユーザー層の城郭型：ユーザー数が多いほどユーザーにとって価値が高まる、ネットワーク効果のあるビジネスモデルを創出します。大規模なユーザー層を獲得して、他社がなかなか追いつけないような競争上の優位性を築きます。

トリガーとなる質問
価値提案において、大規模なユーザー層とネットワーク効果に基づく競争上の優位性を築くにはどうすればよいか？

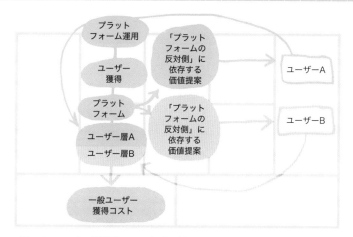

プラットフォームの城郭型：ユーザー数が多いほど、あるグループあるいは複数のグループのユーザーにとって価値が高まる、またその反対も起こるというネットワーク効果のあるビジネスモデルを創出します。これにより、ユーザー数の少ない他社が競争するまたは追いつくことが難しくなります。

トリガーとなる質問
2つ以上の大規模なユーザー層の存在に依存する多面的プラットフォームをどのように創出できるか？

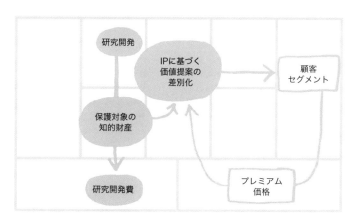

IPの城郭型：保護対象の知的財産（IP）を利用して他社との競争に勝ちます。IPを保有していなければ模倣が困難または不可能である明確な価値提案を提供します。

トリガーとなる質問
保護対象の知的財産を（以前は重要ではなかった分野において）競争上の優位性としてどのように利用すればよいか？

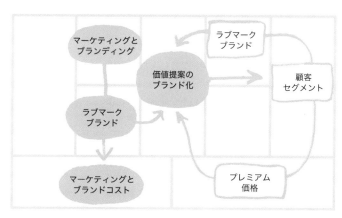

ブランドの城郭型：強いブランドを使って他社との競争に勝ちます。強いブランドが不可欠な要素となる価値提案を重視します。

トリガーとなる質問
ブランドを（以前はあまり重要でなかった分野において）重要な競争上の優位性にするにはどうすればよいか？

Waze

2008年、Wazeは、ユーザーが1人増える
ごとに改善されていく交通ナビゲーション
システムを開発しました。ユーザーからの
リアルタイム情報が通勤時間の短縮と交通
渋滞の緩和に役立ちます。

エフード・シャブタイ氏、アミール・シナー氏、ウ
リ・レバイン氏がWazeを設立したのは2008年。
ビジネスアイデアの基は2006年にシャブタイ氏
が開発したクラウドソース・プロジェクトにあり
ます。このプロジェクトではイスラエルの無料デ
ジタル地図を作成し、無料で更新と配信を行うこ
とを目指していました。

　Wazeはその後交通ナビゲーションアプリへと
進化し、ソーシャルネットワークの波及力とGPS
データを組み合わせてユーザーの通勤時間を短縮
し、世界中で交通渋滞を緩和しています。これは
ユーザーが増えるほどサービスの価値も高まる
ネットワーク効果の好例です。

　2013年にグーグルが自社の地図サービスを改
善するために9億6,600万ドルで買収した時に
は、Wazeのユーザーは世界で5,000万人を超え
ていました[30]。

発明

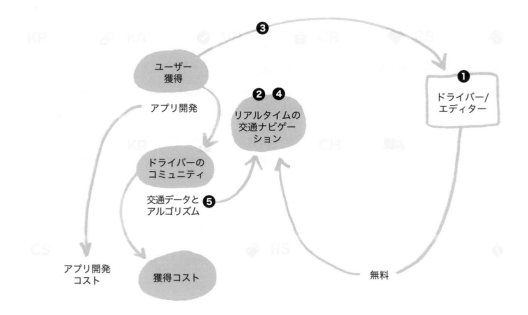

1. 競争に利するユーザー層を特定する

Wazeはユーザーをデジタル地図
の改善に欠かせないリソースとし
てとらえています。ユーザーが生
成するデータを収集し、地図を改
善するため積極的な協力を呼び掛
けることで、ユーザーを手段とし
て利用しています。

2. ユーザーに向けてペインを解消しゲインを創出する

Wazeは単なる音声ナビゲーショ
ンシステムではありません。交通
アルゴリズムで最適ルートを提示
してユーザーが渋滞を避けられる
ようにし、世界の数百万人のドラ
イバーにとって約束の時間に遅れ
るペインを解消します。

3. ユーザーを積極的に獲得する

ユーザー層を短期間に構築するた
め、Wazeはアプリを無料配布する
という戦略的選択をしています。
ユーザーは無料ツールに惹きつけ
られ、着実に改善される価値提案
（アルゴリズムの有効性）によって
留まりつづけます。

4. 価値提案でユーザーを利用する

ユーザーが貢献する方法は3通りあります。（1）
Wazeはすべてのユーザーから運転時間とGPSの
データを収集し、（2）アクティブユーザーは交通状
況の最新情報を投稿し、（3）ボランティアの編集者
集団が地図を更新し、各言語に翻訳しています。

5. 競争上の優位性を得る

新規ユーザーが1人増えるたびに、Wazeのアルゴリズムは
学習し、より魅力的な価値提案を既存および新規ユーザー
に提供します。Wazeの大規模かつアクティブなグローバ
ル・ユーザー層を競合他社が複製するのは困難です。

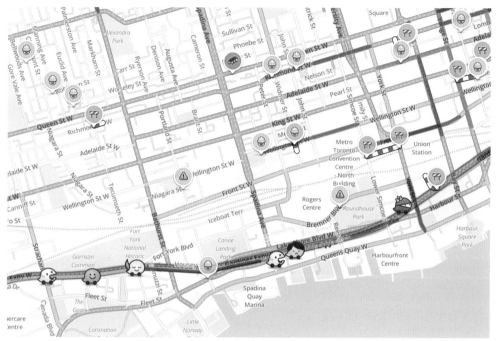

リアルタイムで更新されるWazeのトロントの地図。
ユーザー層から報告される情報によって生成されています。

ネットワーク効果

ネットワーク効果とは、製品やサービスの利用者が増えるほどユーザーにとってその価値が高まることです。

　直接ネットワーク効果は、製品やサービスのユーザー層の増加によって、ユーザー間の直接のつながりが増え、創出される価値が高まる時に発生します。例として、電話、WhatsApp、スカイプ、フェイスブックなどがあります。

アクティブユーザー2名
＝1のつながり

アクティブユーザー5名
＝10のつながり

アクティブユーザー12名
＝66のつながり

出典：アンドリーセン・ホロウィッツ

Waze ユーザー層[31]

単位：百万人

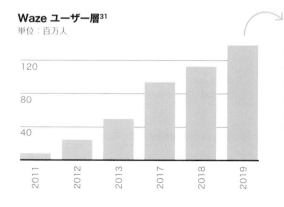

1,300万人

2019年の月間アクティブユーザー数。
Wazeのユーザー層は2011年の700万人から拡大[32]。

2016年にWazeが確認したボランティア編集者数：

42万人 [33]

滴滴出行（DiDi）

2012年、滴滴出行（DiDi）は配車サービスを立ち上げ、業界最多数のドライバーと乗客を急速に獲得し、競合他社の追随を許さない状態を作り出しています。

中国版ウーバーといえるDiDiは、北京の深刻な交通渋滞と交通機関の問題を解消することを狙って誕生しました。配車サービス導入以前の中国では、混雑した都心でタクシーの取り合いや闇タクシーに請求された法外な運賃をめぐって乗客が口論している光景は日常茶飯事でした。ここに中国特有の問題がありました。膨大な人口がモバイルを通じてすでにつながっており、過密状態の都市は混雑緩和を必要としていました。

DiDiとは中国語でクラクションの「ブーブー」を意味し、絶え間ない交通渋滞をイメージしています。タクシー配車サービスとして設立されましたが、急速に配車プラットフォームに変化しました。

DiDiの優勢は積極的な買収戦略の成果です。DiDiは2大ライバル会社（ウーバー・チャイナと快的打車）を買収し、今では国内最大級の乗客数と登録ドライバー数を誇ります。

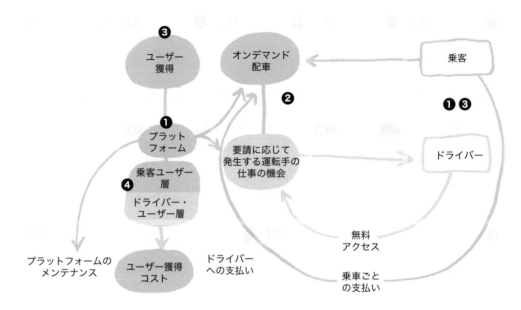

1. プラットフォーム経由で2つのグループをつなげる方法を特定する

DiDiは、乗客とドライバーのマッチングによって個人の移動手段を改善する機会を見出しました。当初、DiDiはタクシー配車サービスとして始まりましたが、急速に拡大して臨時ドライバーも増やすことで配車台数を拡張しました。

2. 各グループへの価値提案を創出する

DiDiは登録ドライバー数の多さ、一定料金、待ち時間の短縮、WeChatやAlipayとの統合によって乗客を惹きつけています。ドライバーは、乗客数の多さ、待機時間の短縮、各種割引（ガソリン代や保険料など）に魅力を感じています。

3. 両方のグループを積極的に獲得する

DiDiは乗客数とドライバー数を伸ばすため非常に積極的な戦略を追求しており、その最たるものが2大ライバル会社（ウーバー・チャイナと快的打車）の買収です。2019年1月の時点で、DiDiは3,100万人を超える登録ドライバーが5億5,000万人の登録乗客に対応しています。

4. 競争上の優位性を得る

2つの相互依存する顧客グループの大きさこそがDiDiの競争上の優位性をもたらしており、中国の交通部門で他のどの会社も競争に参入することは困難です。

5億5,000万人
の登録ユーザー[35]

👤 = 1,375万人のユーザー

3,000万件
の1日あたり配車件数

（中国では1分間に1万7,000回の配車依頼がDiDiで行われている[35]）

ネットワーク効果

あるグループのユーザーによる使用量増加が別のグループのユーザーに対する補完財の価値を高める場合、両面ネットワーク効果が発生します。例として、DiDi、ウーバー、Open Table、Airbnb、eBay、Craigslistがあります。

2,300万台
自家用車

300万台
カープール（相乗り）

300万台
タクシー

34万台
ハイヤー

3,100万人
の登録ドライバー[36]

110億回
の乗車

2018年、DiDiは推定110億回の配車に対応。2017年の74億回から増加[34]。

488億km

2018年のDiDiユーザーの走行距離。

8億km

そのうち8億kmは乗り合いのため、4,300万リットルの燃料と9万7,000トンのCO_2排出を削減できました[36]。

ダイソン

1993年の掃除機から始まり、ダイソンは幅広い製品の技術的な課題に独創的なアプローチで取り組んでいます。研究開発に重点的に投資し、革新的で最高級の製品を打ち出していますが、これらは高額商品として販売され、特許によって保護されています。

1980年代、ジェームズ・ダイソン氏は画期的な紙パック不要のサイクロン掃除機のテクノロジーを開発しました。これを掃除機メーカーにライセンス供与しようとしましたが、どの会社にも断られました。テクノロジーが優れているのは間違いありませんが、この製品では紙パックとフィルターの販売によるリカーリング収益が得られないからです。

　ダイソン氏はあきらめずに1993年に自社製品として掃除機を製造しました。ここにたどり着くまでに数件の特許侵害訴訟にも勝ち抜いてきました。その後、ダイソンのビジネスポートフォリオは特許取得済みIPからさらに優れた製品を製造しつづけることで拡張を続けています。ハンドドライヤー、扇風機、空気清浄機、ヘアドライヤー、ロボット掃除機、さらには電気自動車にまで進出しています。どの製品もテクノロジーの飛躍的発展（と特許取得済みIP）の成果です。

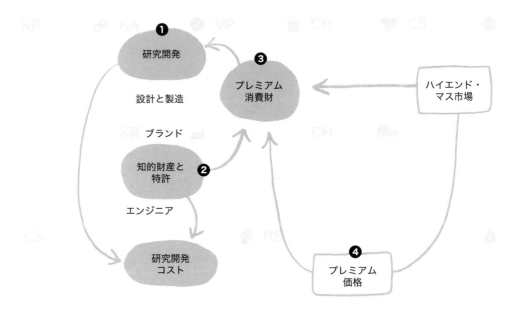

1. 研究開発に多額投資する

ダイソンの狙いは、進出する各製品レンジにおいて最高級品だけを目指すことです。同社は売上高の約20%を研究開発に再投資しています。

2. 積極的に特許を取得する

ダイソンは製品のイノベーションを多数の特許で保護しています。スーパーソニック・ヘアドライヤーの開発では、7,100万ドルを投じて100件の特許申請をしています。ダイソンは年間650万ドル以上を特許訴訟に費やしていると言われています[37]。

3. 最上級の製品やサービスにより差別化する

ダイソンは各カテゴリにおいて競合他社に対抗するため、IPを使用した最上級製品を創出しています。たとえば掃除機は、競合他社の製品にはかつて採用されたことのないテクノロジーを搭載しています。

4. プレミアム価格で販売する

ダイソンの家電はプレミアム価格で販売されています。コードレス掃除機が700ドルというダイソン製品は、最安値の製品が40ドルの掃除機市場では最も高額です。

＋ ブランド

ダイソンが開発した強いブランドにより、活気のなかった家電市場が、最新テクノロジーと洗練されたインダストリアルデザインを採用した製品がしのぎを削る市場へと生まれ変わりました。完璧さを追求した上で製品を市場投入するダイソンは、しばしば「家電業界のアップル」と称されます。

6倍 →

競合他社と比較
した研究開発へ
の平均投資額[38]。

平均的な競合他社の投資額　　ダイソンの研究開発投資額

1億台
の製品

2017年時点でのダイソ
ンの製造台数。製造ペー
スは1日8,000台[39]。

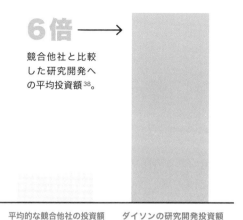

ウェッジウッド

1765年、ジョサイア・ウェッジウッド氏は王室にその陶器の品
質を認められ、「Potter to Her Majesty（女王陛下の陶工）」を拝
命します。英国王室御用達という強く揺るぎないブランドを築き
上げ、「クイーンズウェア」の名称で売り出された陶磁器は現在
の価値で34億ドルという莫大な収益をもたらしました。

歴史的なケース

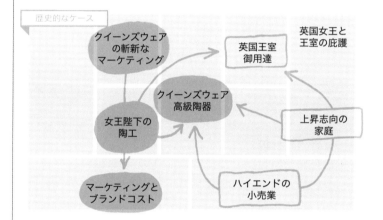

ウェッジウッドは王室御用達という看板を利用し、
上流階級のように紅茶を楽しみたいが、高級な陶器
を購入する機会がなかった上昇志向の一般消費者を
ターゲットとしました。それまで存在しなかった分
野にブランドを創出したのです。

　ウェッジウッドはまた消費者に、陶器を実用品と
してだけでなく装飾品として購入することもアピー
ルし、ブランドの強みを活かして競合他社から自社
のビジネスを数十年にわたって守りつづけました。

245年

ウェッジウッドのジャスパーシリーズ
の花瓶は1774年から絶えることなく
生産されつづけています[40]。

活動の差別化要素

活動の構成を
改善する

どの活動を実行するか、どのように組み合わせて価値を創出して顧客に提供するかを根本的に変えます。活動の差別化を基に革新的な価値提案を創出します。

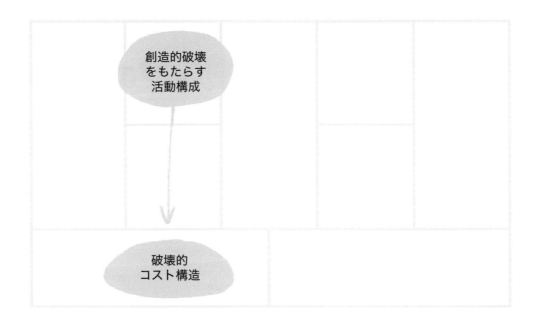

トリガーとなる質問
新しい活動の実行、または活動の斬新な構成によって顧客に対して（著しく大きな）価値を創出できるか？

評価のための質問
破壊的イノベーションを起こすような方法で活動を実行して構成することにより、顧客にとって顕著な価値を創出しているか？

成果が比較対象の組織と同様あるいはそれ
より劣る従来の活動を実施している。

当社の主な活動は今後数年間にわたり容易に
再現または模倣できないため、競争において
著しく有利である（費用対効果、規模など）。

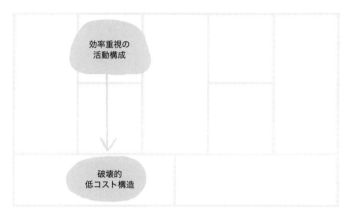

効率化による破壊型：効率性を大幅に引き上げるため、どの活動を実施するか、どのように構成するかを抜本的に変更。これを使って破壊的に低コストの構造を創出します。コスト削減を顧客に還元する場合としない場合があります。

トリガーとなる質問
破壊的コスト構造と競合するため、活動の組み合わせを抜本的に変更するにはどうすればよいか？

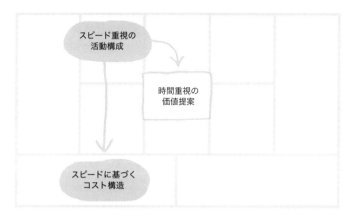

スピードの達人型：スピードを重視した斬新な活動構成を構築します。時間重視の新しい価値提案を作り、市場投入までの時間を短縮します。

トリガーとなる質問
スピードを活動構成の中心に据えて時間重視の新しい価値提案を開発するにはどうすればよいか？

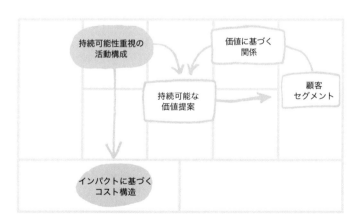

持続可能性の達人型：たとえコストが高くなっても、環境保護と社会支援に役立つよう活動を調整します。ベネフィットを増す活動に従事する一方で、環境破壊につながる活動は廃止します。

トリガーとなる質問
環境と社会にプラスの影響をおよぼすには、活動をどのように再構成できるか？

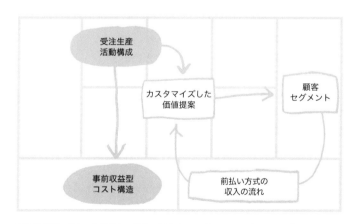

受注生産型：顧客の希望通りの仕様で製品やサービスを構成します。注文を受けた時にのみ実行するよう活動を調整します。

トリガーとなる質問
注文確認と支払いの後で初めて生産を開始する受注生産に対応するため、どのように活動を再構成できるか？

173

フォード・モデルT

1913年、ヘンリー・フォード氏が自動車製造に組立ラインを導入し、製造コストを3分の1に大幅削減して業界に創造的破壊をもたらしました。

1900年代初頭、自動車は富裕層の道楽という位置付けで、あまりにも操作が複雑すぎるために熟練の運転手が必要になるようなものでした。ヘンリー・フォード氏は安全で手ごろな価格の自動車を一般大衆向けに製造することを決心し、そのための生産の効率化策を探っていました。フォードは別の業界も視察し、それが組立ラインの発明につながりました。

　組立ラインの導入により、自動車1台の組み立ての所要時間が12時間超から90分にまで短縮されました。従業員に組立ラインの1つの作業だけを訓練させることで、スキルの低い作業員の雇用が可能になり、さらにコスト削減につながりました。モデルTの生産は1日100台から1,000台（現代の工場とほぼ同等）にまで伸び、価格は850ドルから300ドルにまで引き下げることができました[41]。

　フォードのモデルT出荷数が1,000万台に到達したのは、組立ラインの利用開始からわずか10年後のことです[42]。

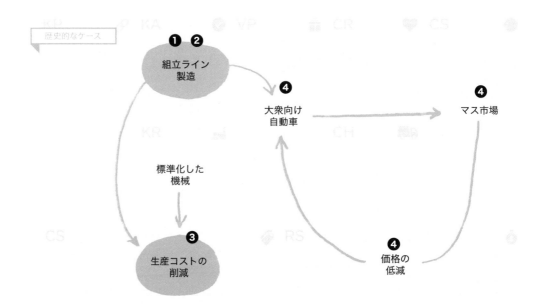

歴史的なケース

❶❷ 組立ライン製造

標準化した機械

❸ 生産コストの削減

❹ 大衆向け自動車

❹ マス市場

❹ 価格の低減

1. 革新的な効率重視の活動構成のため他の業界を偵察する

フォードは、当時の製粉工場や醸造所、缶詰工場、食肉加工業者で用いられていた連続フロー生産方式にヒントを得ました。こうした作業フローを自動車業界に応用できると考えたのです。

2. 別業界のアイデアを自業界に応用する

フォードは組立ラインを自動車産業に導入しました。車の組立工程を標準化し、84のステップに細分化しました[44]。作業員は1つの持ち場で1つの作業に集中し、車のほうが機械化されたラインを流れていきます。1台の車を1つのチームで組み立てる従来の方法とはまったく異なるアプローチです。

3. 利益を得る

この新しい作業方法で自動車生産コストは瞬く間に削減され、生産性は上がりました。標準化された機械は品質向上につながり、生産コストは安定しました。作業員は1台の車を約90分で組み立てられるようになりました。12時間以上かかっていた従来の方法との差は歴然です[43]。

4. 業界に創造的破壊を引き起こす

1914年にフォードの1万3,000人の作業員は約30万台の車を生産しました。これは、300社近い競合他社が6万6,350人の従業員を使って達成した生産台数を上回っています[45]。生産コストの削減とともに、自動車の価格も850ドルから300ドル未満へと引き下げ、自動車産業に創造的破壊を起こしました。

ザラ

1980年代にザラは、サプライチェーンを抜本的に再構成し、ファストファッションというカテゴリを創出してファッション業界に創造的破壊を起こしました。サプライチェーンの垂直統合によって、ファッションのトレンドにほぼ瞬時に対応できます。

ザラはグローバルなファッション小売業として、リードタイムの短縮とトレンドへの瞬時の対応によって成功を収めています。ザラは、世界有数の規模を誇るファッショングループ、インディテックスの傘下です。

ザラは従来の常識に挑戦することを恐れず、サプライチェーンを垂直統合し、生産拠点をヨーロッパに移しました（ニアショアリング）。ファッション業界の多くの企業がアジアの低コストの工場に生産を外注する時代にもかかわらずこの選択をしました。

ザラがファッション業界に起こした創造的破壊は、製品開発時間を着想から販売まで3週間未満に短縮したことです。ザラは手ごろな価格のファストファッションという新しいカテゴリを創出しました。このビジネスモデルは競争の激しいファッション業界でザラを有力企業へと変身させました。2018年時点で、ザラはオンラインと96カ国で事業展開し、2,238店の実店舗を経営し、年間売上高は189億ユーロに達します[46]。

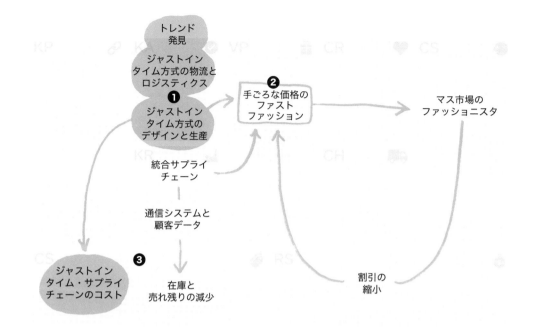

1. スピードのための活動を抜本的に見直す

ザラは、自社のファッションアイテムの半数以上を現地の自社工場で生産することでスピードを実現しました。当時、大半の大手アパレル企業はコスト面からアジアに生産を外注していました。この活動の差別化によってザラはファッショントレンドに瞬時に対応できるスピードを実現できたのです。

2. 時間重視の価値提案を開発する

ザラの価値提案は移り変わりの速いファッショントレンドに後れをとらないことを重視しています。活動構成はトレンドを見つけてから3週間足らずで新製品を発売することを可能にしています。競合他社が発表するのは1年につき2コレクションで、アイテムが店頭に並ぶまで9カ月以上を要します。

ザラは1つのスタイルにつき各店舗に数点のアイテムしか出荷しないため、在庫は常に少ない状態です。このためコレクションは常に変化し、顧客はそのアイテムがすぐになくなるため「見つけたら買う」ようになります。

3. 新しいコスト構造を受け入れる

高い人件費は、デザインと生産のプロセスにおける柔軟性、全面管理、スピードを確保するための代償です。ザラは工場の生産能力の85％をシーズン中の調整に充て、衣類の50％以上はシーズン半ばにデザインされ生産されたものです[47]。

+ **トレンド、データ、通信**

ザラは小売店従業員に、顧客の好みやリアルタイムの売上データを効果的な通信システムを使ってデザイナーに伝達するよう研修を行っています。最新のデザインと生産予測もそれに応じて調整されます。ザラは限定された点数のアイテムのみを生産供給するため、過剰在庫や頻繁な値下げなどに対応する必要はありません。

+ **価格決定力**

各店舗は各スタイルのアイテムについて限定的な在庫しか持たず、需要に応じて補充されます。最新トレンドに基づく新しいスタイルの商品が定期的に到着します。その結果、ザラは多くのファッション小売店と異なり、めったに商品の割引をしません。

パタゴニア

1973年、イヴォン・シュイナード氏が設立したアウトドア・アパレル会社は、環境保護の視点から活動を構成しています。

パタゴニアは1973年にイヴォン・シュイナード氏がロッククライマー向けの衣類と登山用品を製造する会社として設立しました。シュイナード氏自身が熱心なクライマーとして、できる限り環境に負荷を与えないクリーンなクライミングを信条としていました。

創業時からパタゴニアは創業者の個人的な倫理観を反映して、明確な環境保護重視の姿勢を保っています。カリフォルニア州で初めて自社施設の電力に再生エネルギーを使用した企業であり、カタログ印刷にリサイクル紙を採用した先駆けでもあります。パタゴニアは1994年に100%有機栽培のコットンに切り替え、ウールの生産過程から塩素を排除しました。

パタゴニアは商業的成功によって、人々に認知されるアクティビスト企業になることができました。2018年にはミッションステートメントを改正し、「私たちは、故郷である地球を救うためにビジネスを営む」としました。また、草の根運動の団体に支援や資金も提供しています。

パタゴニアにとって成長が最終目標ではありませんが、差別化と環境重視の姿勢が同社の成長を持続可能なものにしています。

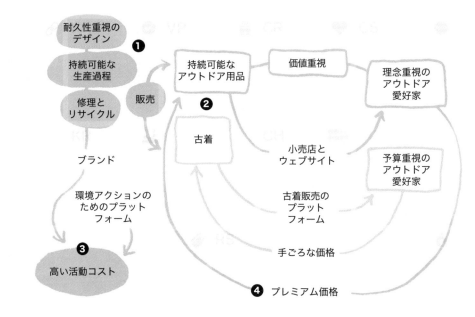

1. 活動を環境保護の目的に合わせる

パタゴニアは環境保護の目的に合わせて、アウトドア向け衣料や用品のデザインと生産において耐久性という強い制約を課しています。目標は消費と廃棄物の削減です。さらに、オーガニック素材やリサイクル素材を最大限に使用し、傷んだ衣類は修繕し、サプライチェーン全体で厳しい環境保護基準を順守することにより、環境負荷を制限しています。

2. 持続可能な価値提案を創出する

パタゴニアは、環境保護に貢献していると顧客に実感してもらうため、高品質なアウトドア向け衣料や用品の機能性価値提案を超えた価値提案を提示しています。パタゴニア製品を購入することで、顧客は最も高い環境保護基準に貢献していると実感できます。パタゴニアは古着販売の取り組みも立ち上げ、環境フットプリントを制限して自社製品をより広い市場に手の届くものにしています。

3. 高い活動コストを受け入れる

パタゴニアの高い持続可能性基準はコストの上昇につながります。コストの高いオーガニックコットンを使用し、資材リサイクルのインフラを開発し、一般市民の教育を行っています（フットプリント・クロニクル）。さらに、サプライヤーにも持続可能な事業実践について研修を行い、サプライチェーンをさらに環境負荷の少ないものにするためのコストも負担しています。

4. プレミアム価格を適用する

パタゴニアがプレミアム価格をつけることができるのは、環境保護を重視した生産工程にはコストがかかることを顧客が受け入れているからです。同社の顧客は価格より環境を重視します。

デルコンピュータ

1984年、デルは受注生産の高品質低価格マシンを顧客に直接販売することでパソコン市場に創造的破壊を起こしました。

1984年、マイケル・デル氏は大学の寮の一室で会社を立ち上げました。コンピュータに精通した購入者が求めているのは、カスタマイズした高品質なマシンを手ごろなコストで入手することだと気付いたからです。そういう商品は、当時市場を独占していたIBMからは購入できないものでした。

デルは、カスタマイズしたマシンを受注生産で提供することでユーザーを獲得しようとしました。顧客はフリーダイヤルの番号に電話して、自分の希望する内容で注文し、あとは商品が郵送で届くのを待つだけです。

デルは従来のパソコン販売モデルを覆す受注生産と直接販売を採用しました。カスタマイズした高品質の手ごろな価格のパソコンで、店舗の設置や営業員が顧客に手厚い対応をする販売方法を避け、在庫と在庫償却コストを最小化することによってパソコン業界の創造的破壊は起こりました。

デルは、1984年に寮の一室でパソコンを組み立ててからわずか5年で3億ドルのビジネスへと急成長しました[48]。

歴史的なケース

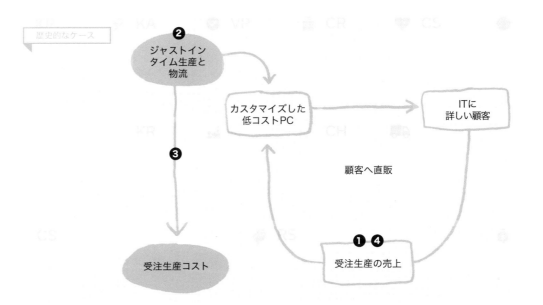

1. カスタマイズ注文を受けて支払いを受ける

1984年、デルはカスタマイズPCの注文を電話で受け始めました。購入者は希望する仕様を決め、各種PCコンポーネントから選びます。1996年、デルは直販モデルをウェブに移し、受注生産を自動化しました。

2. 製品を組み立てる

デルは部品をPC機器の卸売業者から購入し、顧客の注文に応じてカスタマイズしたマシンを自ら組み立てました（ジャストインタイム生産）。これでマシンのコストを1,000ドル未満に抑えることができました。

3. ジャストインタイム方式でサプライチェーンを管理する

従来のパソコンメーカーと異なり、デルは在庫管理、小売、ロジスティクスのコストの増大を回避しています。製品は受注生産であるため、デルはジャストインタイム方式のサプライチェーンと生産という新しい活動で卓越性を伸ばす必要がありました。

4. コスト削減を顧客に還元して市場に創造的破壊を起こす

デルの受注生産モデルは売れ残りのパソコンと価値の低下を防ぎます。その上、デルの直販モデルと卸売部品の購入は生産と物流のコストをさらに削減します。これにより、高品質パソコンの市場を破壊するような価格に設定することができます。

拡張

成長を
促進する

競合他社がもはや規模を拡大できないビジネスモデルから抜け出せずにいる分野で、拡張（スケール）する斬新な方法を見つけましょう。

ビジネスモデルをさらに拡張するには、ほかに何ができるか（リソースや活動のボトルネックを排除するなど）？

評価のための質問
リソースや活動を大幅に追加（インフラの構築、人材の発掘など）せずに、ビジネスモデルをどれだけ迅速かつ簡単に成長させることができるか？

自分たちのビジネスと顧客層の拡大はリソース集約的であり（例：人手がかかる）、多大な労力（拡大できない活動）を要する。

自分たちの収益と顧客層は、多くの追加リソースと活動を必要とせずに、容易に成長や拡大ができる。

委任型： これまで、自社で行っていた主な活動（無料）のいくつかを他者に任せることにより、拡張を可能にします。

例
IKEA、フェイスブック、ツイッター、インスタグラム、レッドハット

トリガーとなる質問
自分たちがコストをかけずに価値を創出するために、顧客やサードパーティーを活用できる分野はどこか？

ライセンス供与型： 製品の製造や商品化など、価値を生み出す活動の大部分をライセンシーに実行させることで、拡張を可能にします。

例
ARM、ディズニー

トリガーとなる質問
自社のビジネスモデルをより拡大できるようにしたり、知的財産（ブランド、特許など）を収益化するために、ライセンス供与をどのように利用すればよいか？

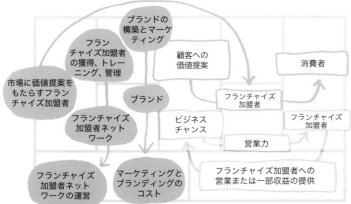

フランチャイズ型： ビジネスコンセプト、商標、製品、サービスを、フランチャイズ店を経営するフランチャイズ加盟者にライセンス供与することにより拡張を可能にします。

例
ハーパー、リッツカールトン、マクドナルド

トリガーとなる質問
ビジネスモデルの拡張を可能にし、マーケットリーチを拡大するには、フランチャイズをどのように活用すればよいか？

IKEA

1956年、IKEAは「フラットパック」方式を導入することで、従来は家具製造のバリューチェーンの一部だった作業をコストのかからない顧客の作業へと転換しました。顧客は店舗でバラバラの部品状態の家具を購入し、自宅に帰ってDIY方式で組み立てます。

IKEAは「優れたデザインと機能を兼ね備えた幅広い日用品をできるだけ多くの人の手に届くような低価格で」提供することをビジョンとして掲げ、1943年に創業しました 。

　1956年、IKEAの店舗では「フラットパック」方式を導入しました。家具を部品の状態で販売し、顧客が自宅で組み立てます。運送、組み立て、在庫にかかるコストを削減することで、IKEAは大胆な拡張が可能になり、顧客ニーズによってどこにでも出店してきました。

　IKEAは顧客に作業をさせるという方式で世界の49市場で433店舗を展開するまでに成長し、顧客数は9億5,700万人を超え、小売収入は2019年に413億ユーロに達しました[49, 50]。

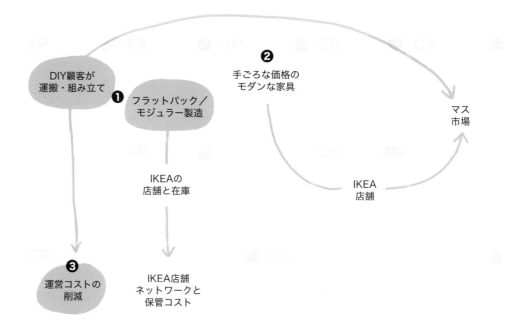

1. 自社の価値の創出を第三者が無料で生み出すことが可能となる方法を特定する

1956年、IKEAは工場から小売センターまでの運搬が容易で安価にできるフラットパックの組み立て式家具を採用しました。ここでIKEAは、顧客にバリューチェーンの一部を担ってもらうという機会を見つけます。

2. 価値提案を発展させる

フラットパックにより、IKEAは家具の在庫を増やすことができ、競合他社より手ごろな価格で商品を提供できるようになりました。顧客は購入したい組み立て前の家具をIKEAの店舗で見つけ、自宅に持ち帰って組み立てます。

3. 他者に作業を委託して運営費を節約する

IKEAは顧客に作業の一部を委ねることで、運営費を大幅に節約することができました。店舗が倉庫の役割も果たすため、顧客は家具を選び、フラットパックを探し出し、運搬して組み立てるまですべて自分自身で行います。

＋ モジュラーデザインと製造

フラットパック、価格の差別化、そして顧客による組み立ては、世界的にIKEAの代名詞となったモジュール式のシンプルですっきりした、ミニマリストなデザインを極めることに拍車をかけ、さらに製造過程も簡素化されました。

＋ フラットパックによる全体的な経費削減

フラットパックは単に顧客に作業を委ねることでコスト削減ができただけでなく、家具の製造、保管、工場から店舗までの大量運送にかかる経費全体を削減しました。

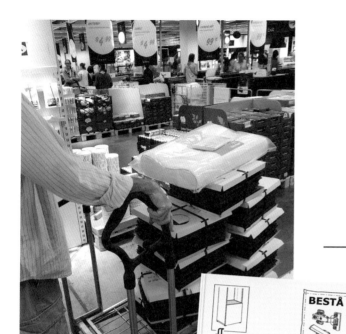

米国内でのソファ1台の運搬費（サイズと輸送距離により異なる）。

$20

トラック1台分のIKEAのソファを運搬した場合のソファ1台分のコスト[51]。

2010年、IKEAはエークトルプ・ソファのデザインを変更し、フラットパックのサイズを

50%

縮小し、販売価格も14%下げました[52]。

米国の調査対象となった家庭のうち、

16%

が過去10年間で家具の

以上をIKEAから購入[53]。

バックステージの破壊

レッドハット

レッドハットはソフトウェア会社として1993年に設立されました。主な価値提案は、無料で入手できるLinuxオープンソースオペレーティングシステムに基づいています。Linuxのようなオープンソース・ソフトウェアの特徴は、開発者のコミュニティによって制作され、誰でも無料で利用できることです。

レッドハットは、オペレーティングシステムがより複雑になったことで、Linux上にビジネスモデルを構築する方法を見つけました。Linuxが複雑化したことで、法人ユーザーがこれを採用しづらくなっていることに気付いたのです。そこで、Linuxのテスト、認証、サポートをサブスクリプションサービスとして提供することで、法人ユーザーがLinuxを利用しやすくしました。

レッドハットはLinux開発者コミュニティが行った作業を効果的に収益化し、レッドハットと開発者コミュニティの双方に利益が出るような方法を見つけたのです。

2019年、IBMはレッドハットを340億ドルで買収しました[54]。

ARM

1990年、ARMはコンピュータメーカーからスピンオフし、シリコンチップの設計と知的財産のライセンス供与を専門に行う会社として設立されました。現在、世界中のスマートフォンとタブレットのほぼすべてにARMの設計が組み込まれています。

ARMホールディングスはシリコンチップに使用される知的財産（IP）を開発しています。1990年に英国のコンピュータメーカーのエイコーン・コンピュータのスピンオフとして設立されたARMの設計が初めて採用された携帯電話は、1994年のNokia 6110でした。

半導体メーカーはARMのIPを自社のIPと組み合わせてチップ設計を完成させます。今日のモバイルデバイスのほとんどは、ARMのIPを採用した消費電力の低いチップによって駆動しています。2014年の時点で世界の人口の60%がARMチップを搭載したデバイスを日常的に使用していました[55]。2012年には、スマートフォンとタブレットに採用されたチップの95%がARMの設計でした[56]。

ARMはIPを1,000社以上のグローバルパートナー（サムスン、アップル、マイクロソフトなどを含む）にライセンス供与しています。インテルやAMDなどの半導体メーカーとは異なり、ARMはチップの製造・販売はしていません。

ソフトバンクはARMを2016年に243億ユーロで買収しました[57]。

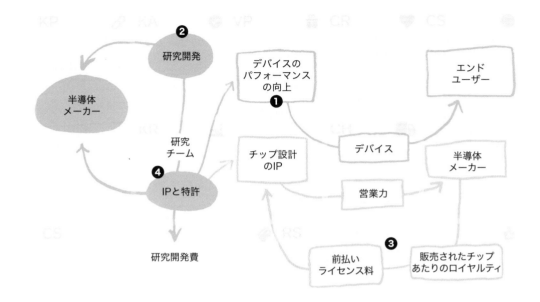

1. 困難な課題を特定して解決する

ARMは、タブレット、ノートパソコン、スマートフォンがテクノロジーの次の波だと認識していました。ポータブルデバイスにとって魅力的なチップとIPを生み出すために、ARMは処理速度の高速化、低電力消費、低コストを目指しました。

2. 研究開発へ重点的に投資する

2018年、ARMは研究開発に7億7,300万ドルを投資しています（2018年の売上高の42%）[58]。ARMは収益があがる何年も前から研究開発費を負担することが可能です（平均で8年前）。2008年のARMの研究開発支出は8,700万ユーロ、売上高の29%にのぼりました。支出は時間の経過とともに増えつづけています[59]。

3. 賢明にライセンス供与する

ARMはIPをパートナーに供与した時に固定の前払いライセンス料を受け取り、さらにARMのIPを採用したチップが1枚出荷されるごとにパートナーから変動型のロイヤルティを得ます。ライセンス料は推定100万ドルから1,000万ドルまで幅があります。ロイヤルティは通常、チップの販売価格の1〜2%です。

4. 製造せずに拡張する

ライセンス供与によってARMはビジネスを効率よく拡張することができます。設計は何度も販売が可能であり、複数の用途で再利用もできます（たとえば、モバイルデバイス、消費者向けデバイス、ネットワークデバイスなど）。ARMには一切製造コストがかかりません。

+ 長期間にわたってロイヤルティが発生する成長基盤

ライセンス供与とロイヤルティ料は複数年にわたって収益を生みます。特に、売上に応じて生じるロイヤルティは一種のリカーリング収益となります。既存IPに基づき生み出される新規IPからのライセンス料とロイヤルティは強力な長期収益エンジンを創出します。

+ スマートフォン産業の隆盛

ARMの技術を使用したチップは消費電力が低いため特にモバイルデバイスに最適です。これにより、ARMはモバイル業界の急成長の波に乗ることができました。

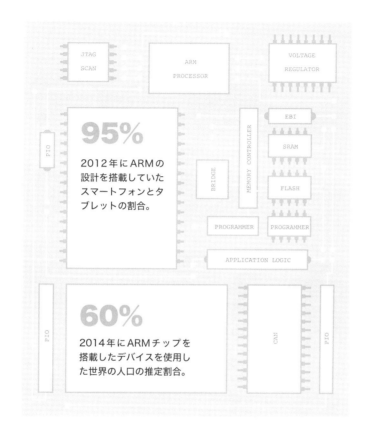

95%

2012年にARMの設計を搭載していたスマートフォンとタブレットの割合。

60%

2014年にARMチップを搭載したデバイスを使用した世界の人口の推定割合。

**2018年の
ARM売上高[60]**

- **60%**
  売上に応じた
  ロイヤルティ
- **30%**
  固定前払い
  ライセンス料
- **10%**
  ソフトウェアまたは
  サポート

90%

売上高のうちロイヤルティとライセンス料の割合。

42%

売上高のうち研究開発に再投資された割合。

ディズニー

ウォルト・ディズニー氏がミッキーマウスを生み出したのは1928年。早くも1930年にはこの象徴的なキャラクターのライセンス供与が行われ、メモ帳の表紙に登場しています。1929年、ディズニーはスタジオ制作から商品化事業を独立させてウォルト・ディズニー・エンタープライズを設立しました。

上位10点のうち6点

ウォルト・ディズニー・カンパニーは2017年の世界上位10点のエンターテイメント商品化フランチャイズのうち6点を所有[61]。

ディズニーは、玩具、人形、時計のライセンス供与から始めました。次に1934年にはミッキーマウスがシリアルの箱に登場した最初のライセンス供与キャラクターとなりました。ウォルト・ディズニー・エンタープライズは実質的にディズニー・コンシューマー・プロダクツの前身と言えます。

ディズニー・コンシューマー・プロダクツは成長を続け、特にプリンセス関連のフランチャイズ（1999年設立）は著しい伸びを見せています。今日のライセンス供与は従来の子ども向け、玩具、書籍に限定されません。ディズニーは食品、アパレル、日用品など、「すべての年齢の子どもたち」をターゲットに商品を販売しています。

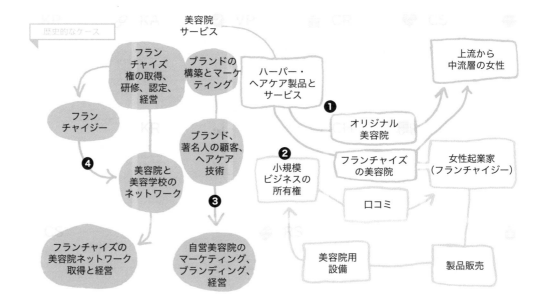

ハーパー

1891年、マーサ・マチルダ・ハーパー氏は、女性起業家がハーパー・ブランドの下で美容院を自営できるように現代的なフランチャイズシステムを作り上げました。

マーサ・マチルダ・ハーパー氏が最初の美容院を開店したのは1888。顧客へのサービスと満足度を重視した経営方針はビジネスの初期の成功へとつながりました。ハーパー氏はサロンのネットワークを作り上げることで現代的なフランチャイズシステムを創設し、自らのビジネスを拡張しながら女性起業家にも自立する力を与えました。

ハーパー氏の顧客には婦人参政権活動家や社交界の著名人が名を連ね、口コミによってマーケットリーチが築かれました。やがて女性たちから全米に支店を開いてほしいという要望があがりました。

ハーパー氏は、自分のような労働階級の女性が所有し経営するフランチャイズのネットワークを作ろうと決心しました。1891年までに、最初の2店舗がオープンしました。1930年代には世界で500店舗にまで拡大し、系列の美容学校も展開されました[62]。

1. 参考となるビジネスを成功させ価値提案を創出する

ハーパー氏は自らヘアケアサービスと製品を提供する美容院の1店舗から始めました。1号店は成功し、他の美容院に対する需要が急速に高まりました。

2. 起業家にフランチャイズ化の機会を創出する

ハーパー氏はこの需要を活かして自分のような労働階級の女性が経営する美容院のネットワークを展開しました。フランチャイズのオーナーを支援するため、起業ローン、マーケティング支援、ハーパー式美容メソッドの研修を用意しました。

3. ブランドに投資する

ハーパー・ブランドは、大物政治家、ハリウッドのスター、英国王室などが得意客に名を連ねたことで注目を浴び、有名になりました。ブランドの一貫性を担保するために、ハーパー氏はフランチャイズ各店に定期的なサロンの検査と更新講習を受けるよう要請しました。

4. フランチャイズを通じて拡張する

フランチャイズ・モデルによってハーパーは急速に拡大できました。収益を生むため、1930年代のピーク時にはヘアケア製品や美容院用設備を世界500店の美容院に販売しました。

＋ ヘアケアのイノベーション

ハーパー氏はヘアケアに関する既存の習慣や社会通念に創造的破壊をもたらしました。ヘアケアに科学的アプローチを採用したのです。リクライニング式サロンチェアの発明や顧客サービス重視の姿勢は、自宅以外の場所で髪の手入れをしてもらうことに対する後ろめたさを取り除き、美容院市場の拡大の引き金となりました[63]。

$360

1888年に1号店を開店するまでに貯蓄していた金額[64]。

ハーパー氏は貧しい召使いとして育ち、顧客には著名な婦人参政権活動家もいました。最初の100店舗は自分のような女性が所有し経営できるサロンを目指すことで、女性に力を与えようと決心しました。出店者を支援するため、起業ローンと独自のヘアケア法や顧客サービスの研修も提供しました[65]。

ハーパー氏のフランチャイズのプロフィール

ジョブ:
– 経済的自立の実現
– 家庭や工場以外の場所で専門職を得る

ペイン:
– スキルと教育の不足
– 就業機会の欠如

ゲイン:
– 女性のエンパワメント
– 経済的自立

ハーパー氏は自分の有名な長い髪を、髪の健やかさと自社製品の効果を実証するマーケティングツールとして利用しました。

500店
世界の店舗数

1930年代の事業の最盛期には美容院のネットワークを世界500店舗にまで拡大しました。

フランチャイズ方式

フランチャイズ方式は今も業界セクターや地理的境界を越えた事業拡張の手法としてよく使われます。2018年には米国だけで74万店のフランチャイズ加盟店で760万人が雇用され、経済効果は8,000億ドルに達します[66]。

フランチャイズは経済の成長と安定に欠かせません。新規ビジネスの50%が最初の5年で失敗するなか、フランチャイズの場合は5年経過後も経営を続けている確率がぐっと高くなります。

1900年以降の全米の
フランチャイズ店舗数

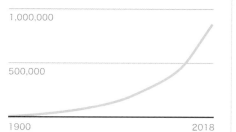

1,000,000	
500,000	
1900	2018

75万店舗

760万人の雇用

8,000億ドルの経済効果

バックステージの破壊

リーダー向けの質問

発
明

リソースの城郭

トリガーとなる質問
模倣困難なリソースをビジネスモデルの支柱にするにはどうすればよいか？

評価のための質問
当社には、顕著な競争上の優位性をもたらすような模倣が困難または不可能な主なリソースがあるか？

主なリソースは競合他社のリソースに比べ大きく見劣りする。

当社の主なリソースは今後数年間にわたり容易に複製または模倣できないため、競争において著しく有利である（知的財産、ブランドなど）。

活動の差別化要素

トリガーとなる質問
新しい活動の実行、または活動の斬新な構成によって顧客に対して（著しく大きな）価値を創出できるか？

評価のための質問
破壊的イノベーションを起こすような方法で活動を実行して構成することにより、顧客にとって顕著な価値を創出しているか？

成果が比較対象の組織と同様あるいはそれより劣る従来の活動を実施している。

当社の主な活動は今後数年間にわたり容易に再現または模倣できないため、競争において著しく有利である（費用対効果、規模など）。

拡張

トリガーとなる質問
ビジネスモデルをさらに拡張するには、ほかに何ができるか（リソースや活動のボトルネックを排除するなど）？

評価のための質問
リソースや活動を大幅に追加（インフラの構築、人材の発掘など）せずに、ビジネスモデルをどれだけ迅速かつ簡単に成長させることができるか？

-3 -2 -1 0 +1 +2 +3

自分たちのビジネスと顧客層の拡大はリソース集約的であり（例：人手がかかる）、多大な労力（拡大できない活動）を要する。

自分たちの収益と顧客層は、多くの追加リソースと活動を必要とせずに、容易に成長や拡大ができる。

利益方程式の破壊

収入とコストの面で利益をあげる方法の革新的な変化。

収益の差別化要素

収益を
押し上げる

価値を獲得し、これまで収益の出なかった市場を開拓し、大幅な収益増加につなげる革新的な方法を発見します。

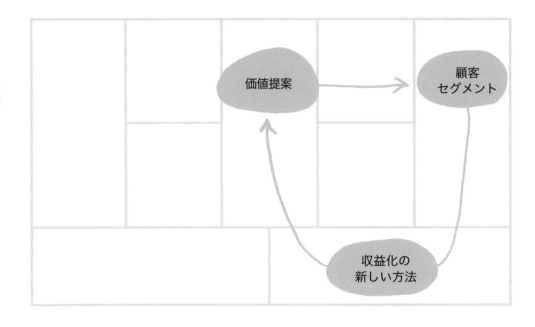

顧客からより多くの価値を獲得する、または収益の出ない市場を開拓するには、どういった新しい収入の流れまたは価格設定メカニズムを導入すればよいか？

評価のための質問
強力な収入の流れと価格設定メカニズムを使って顧客に対する価値創出を収益化しているか？

主に常時販売コストが必要となる予測不能な取引収益に依存している。

予測可能なリカーリング収益を得ており、1回の販売で数年間の収益につながる。

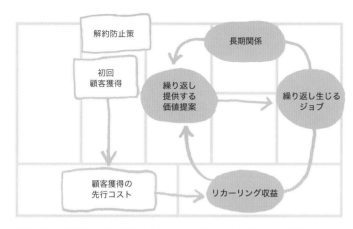

リカーリング収益型：1回の販売からリカーリング収益が発生します。メリットには、複利的収益の成長（新規収益が既存収益の上に積み重なる）、販売コストの低下（一度販売すると経常的に収益があがる）、予測可能性があります。

トリガーとなる質問
取引ごとに得られる収益より長期的なリカーリング収益を生むにはどうすればよいか？

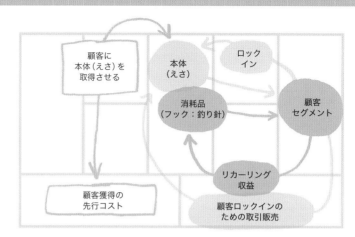

えさと釣り針型：本体（えさ）で顧客をロックインし、それを利用するために継続的に必要とする消耗品（釣り針）からリカーリング収益を得ます。

トリガーとなる質問
本体と消耗品でリカーリング収益を生むにはどうすればよいか？

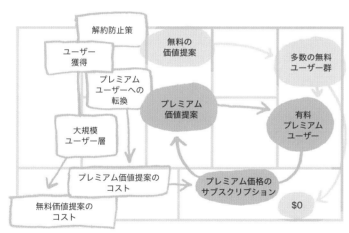

フリーミアム提供型：基本的な製品やサービスを無料で、プレミアムの製品やサービスの上位機能を有料で提供します。最も優れたフリーミアムモデルは大規模な顧客層を獲得し、高い割合で有料ユーザーに転換させることができます。

トリガーとなる質問
価値提案を無料版とプレミアム版に分割するにはどうすればよいか？

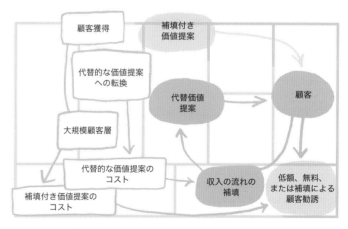

補填型：強力な代替的な収入の流れを通じて補填することにより、価値提案全体を無料または低額で提供します。これは、基本的な製品やサービスへの無料アクセスのみを提供するフリーミアムとは異なります。

トリガーとなる質問
代替的な収入の流れを十分に生むことで、メインの価値提案を無料提供するにはどうすればよいか。

ゼロックス

1959年、ゼロックスは最初の普通紙コピー機のゼロックス914を発売します。単に機械を販売するのではなく、コピーの1枚1枚から長期的なリカーリング収益が生まれました。

1959年、ゼロックスは初の普通紙コピー機であるゼロックス914の発明と商品化によって情報アクセスに革新を起こしました。914は10年以上の開発期間と莫大な研究開発費用を注いで誕生した製品です。

このコピー機がどれほど画期的だったかというと、当時の平均的なビジネス用コピー機の能力の100倍に相当する1日平均2,000枚のコピーが可能になったのです[67]。

914は高価だったため、リースモデルを採用して手に届く価格にしました。顧客は15日前までに通知すればリースをキャンセルすることができました。これはゼロックスの価値提案に対する自信の表れです。

ゼロックスはコピー依存となる状態を収益化するためコピー従量制プランを追加しましたが、最初の2,000枚までは無料でコピーできるようにしました。この革新的なビジネスモデルのおかげで、単に機械を販売した場合をはるかに凌ぐ収益になりました。

1962年に商用コピー事業が10年前の4,000万ドルから4億ドル相当にまで拡大する頃には、「ゼロックス」という言葉が「コピーをとる」という意味で使われるようになっていました[68]。

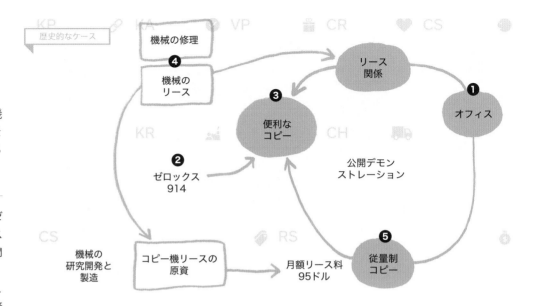

歴史的なケース

1. 繰り返し生じるジョブを特定する

特許事務所の従業員、チェスター・カールソン氏は書類のコピーという面倒な仕事に手を焼いていました。当時、平均的なビジネス用コピー機は1日に15〜20枚のコピーがやっとでした。

2. 継続的収益化のための資産を創出する

この課題に対応するため、カールソン氏はゼログラフィという新技術を発明して特許を取得しました。後にゼロックスとなる会社とともに、カールソン氏は初の普通紙コピー機であるゼロックス914を発明しました。このコピー機は1日に平均2,000枚のコピーが可能でした。

3. 価値提案をデザインする

ゼロックスは、労働者がコピー機の処理能力を知れば、その便利さに甘えてこれまで以上にコピーをとるようになると確信していました。そこで最初の2,000枚までコピーを無料にし、その後は従量制プランにしました。

4. 顧客を獲得する

ゼロックスは、コピー機が一般に浸透するには高価で斬新すぎると認識していました。そこでリースモデルを採用し、コピー機を手の届く価格にしてオフィスに置いてもらえるようにしました。コピー機を1台2万9,500ドルで販売するのではなく、月95ドルで顧客にリースしました[69]。

5. リカーリング収益を獲得する

コピー機にはカウンターがついており、毎月の使用量を集計します。最初の2,000枚をすぎると、コピー1枚ごとに4セントを顧客が支払います。これでゼロックスはリカーリング収益を通じて価値提案を継続的に収益化することが可能になりました。

+ **採用率を高める公開デモンストレーション**

ゼロックス914は大型で運搬が難しく、その技術の高さを納得してもらうには実際に見てもらうしかありません。そのためゼロックスは従来の営業モデルではなく公開デモンストレーションを開催することを選びました（会場はニューヨーク市のグランドセントラル駅など）。こうしたイベントでコピー機の生産性を実際に示すことにより、採用率が高まりました。

10万枚

914の平均月間コピー枚数。当初の設計では1万枚を想定していました[70]。

125万ドル

914の開発コスト（現在の価値で1億1,000万ドルに相当）。これはゼロックスの1950年から1959年までの総売上高を上回ります[71]。

295kg

発売当初の914モデルの重量。ほとんどのオフィスではドアを通るために斜めにして押し込むように運び入れる必要がありました[71]。

ゼロックスの売上高[72]
単位：100万米ドル

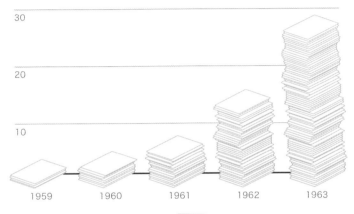

30
20
10

1959　1960　1961　1962　1963

サブスクリプションによるリカーリング収益の増加

リカーリング収益を生み出す方法としてより一般的なのはサブスクリプションです。もともとこのビジネスモデルは新聞の定期購読契約によって知られるようになり、のちに無数の分野へと広まりました。

15%
オンラインショッピングをする人の15%が1つ以上のサブスクリプション契約をして製品を定期的に受け取っています[73]。

特に、インターネットの普及とともにサブスクリプションモデルも急成長しました。2018年にインターブランド社が実施した分析では、上位100ブランドの合計価値の29%がサブスクリプションベースのビジネスであり、2009年の18%から大きく伸びています[74]。

顧客は無数の補充製品やキュレーションのサービス（食品、ファッションなど）、所有権に代わりアクセス権を得るサービス（software-as-a-service [SaaS]、ファッション、エンターテイメントなど）をサブスクリプションで利用できます。サブスクリプションモデルは消費者市場のみならずB2Bや工業分野をも席巻しています。

193

利益方程式の破壊

コダック

1900年、コダックは顧客に安価なカメラという「えさ」を撒いて、利幅の大きいフィルム販売と写真現像から膨大な継続収益を生みました。

ジョージ・イーストマン氏がコダックを1888年に創設した時の目標は、「カメラを鉛筆のように便利なものにすること」でした。1900年に導入した安価なカメラ、ブローニーによってまさに成功したと言えるでしょう。ブローニーによってコダックはカメラを一般市民にも手の届くようにし、手ごろな値段で持ち運びのできる使いやすいものにしました。

コダックはアマチュア写真家市場を作り出し、ほぼ20世紀を通してその市場における支配的な地位を占めていました。1999年のデジタルカメラの登場にはコダックも一役買っていますが、皮肉にもコダックの写真市場における主導権の終焉を招くものになりました。

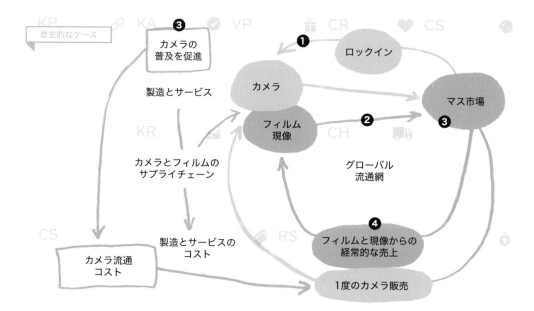

1. 本体を「えさ」とし、顧客をロックインする

1900年、コダックは初のマス市場向けカメラであるブローニーを発売しました。たった1ドル（2019年の価値では30ドル相当）で売り出され、一般消費者にアマチュア写真の楽しみを紹介しました[75]。

2. 消耗製品とサービスで顧客を「釣り針」にかける

ブローニーにはあらかじめフィルムが入っています。フィルムを使い切ると、アマチュア写真家たちは現像のためコダックにそのフィルムを送ります。写真家は夢中になり、その趣味を継続するために、何度も戻ってくることになります。

3. 顧客を獲得する

1900年に写真は非常に新しいものでした。コダックはブローニーに低価格を設定し、女性や子どもまで含むアマチュア写真家をターゲットに重点的なマーケティングキャンペーンを展開して顧客獲得を促進しました。販売台数は初年度だけで25万台に達しました[76]。

4. 消耗品によるリカーリング収益を得る

当時、フィルムは1本15セントでした。さらに10セントを写真代、40セントを現像と郵送費として支払うと、ユーザーはフィルムをコダックに送って現像に出すことができます。フィルム購入と現像を繰り返すことで、コダックには大きなリカーリング収益が生まれました。

フィルムと現像の バックステージを構築

コダックは、フィルム製造の複雑な工程を支えるバックステージを構築しました。コダックは処理用化学薬品などの原材料まで含むサプライチェーンの大部分を所有することで、市場参入の大きな障壁を生み出しました。

物流とブランド

数十年をかけてコダックは販売業者のグローバル流通網を築き、強力なブランドと多額のマーケティング投資によって支えました。

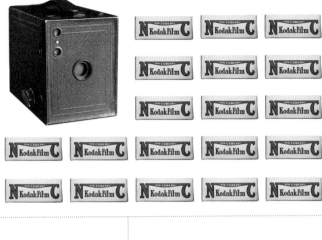

第5位

世界で最も価値あるブランドランキング（1996年度）[79]。

1980年代のコダックが享受していたフィルムの利幅[77]。

1976年の米国のフィルム売上のうちコダックが占めた割合[78]。

1年間に撮影された写真枚数
■ 全写真　　■ アナログ写真

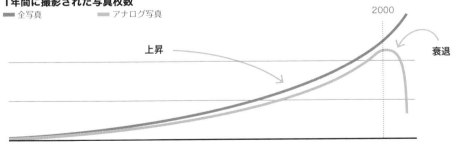

上昇

衰退

2000

1826　　　1918　　　2011

イノベーターによる創造的破壊

コダックは2012年に破産申請しました。コダックのビジネスモデルがデジタルカメラやスマートフォンによって破壊されたためです。コダックの主な収益エンジン（アナログフィルム）は過去の遺物になってしまいました。皮肉なことに、1975年に初のデジタルカメラを発明したスティーブン・サッソン氏はコダックのエンジニアでした。

コダックはカメラと、フィルムを基盤とするビジネスモデルを時代に適応させることに失敗しました。2001年、コダックはOfotoという写真共有サイトを買収しました。広告ベースのビジネスモデル（フェイスブックのような）ではなく、コダックはOfotoをデジタル画像をプリントする人を増やすためのツールとして位置付けましたが、すでにプリント市場は競争が激しく停滞気味でした。

米国消費者による写真プリント
■ デジタルプリント　　■ フィルムプリント

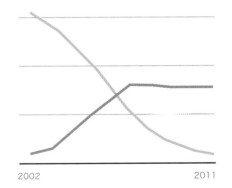

2002　　　　　　　　　2011

Spotify

2006年、Spotifyは無料で入手できる海賊版音楽への対抗手段として、無料オンライン音楽サービスを立ち上げました。主な収益源はプレミアム版サブスクリプションにアップグレードするユーザーです。

Spotifyは音楽ストリーミングプラットフォームとしてユーザーに膨大な曲数の音楽へのアクセスを提供します。フリーミアム収益モデルを用いて、機能が限定的で広告が再生される基本サービスを無料で提供し、サブスクリプション料金を払ったユーザーには無制限のプレミアムサービスを提供します。

Spotifyはプレミアム体験を充実したものにするため、音楽アルゴリズムとユーザーおよびアーティストのコミュニティに大きく依存しています。プレミアム版ユーザーの割合は2011年に全ユーザーの10%だったのが2018年には46%にまで拡大しています[80]。

サービス開始当初からSpotifyは自社のサービスを、海賊版音楽やiTunesでの有料の楽曲購入に対する合法の代替案とみなしていました。Spotifyは収益の大きな割合を音楽レーベルへのロイヤルティという形で支出しています。2006年のサービス開始以来、ロイヤルティの支払いは100億ドル近くに達します[81]。

同社は音楽のダウンロードからストリーミングへの転換を加速し、その過程でApple iTunesに対する創造的破壊を起こしました。

Spotifyが会社設立以降初めて黒字化したのは2019年のことです[82]。

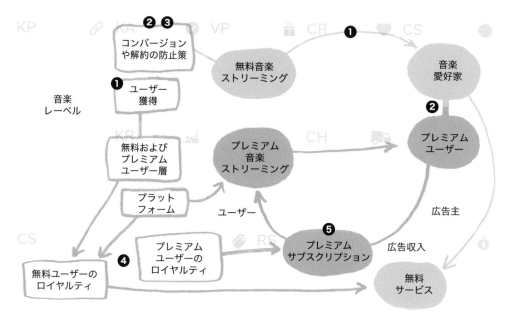

1. 無料サービスで大規模なユーザー層を惹きつける

Spotifyの無料音楽ストリーミングサービスでユーザーは数百万曲にアクセスできます。無料サービスは基本機能を備え、ユーザーは無料サービスを一部補助している広告主からのメッセージを聞かなければなりません。

2. 無料ユーザーをプレミアム版価値提案へ転換させる

Spotifyは無料ユーザーを有料ユーザーに転換することに著しい成功を収めています。プレミアムサービスは機能が追加され、広告は再生されません。2018年にはSpotifyユーザーの46%がプレミアムユーザーであり、総収益の90%を生み出しています。

3. 顧客維持と解約率を管理する

他のサブスクリプションモデルと同様に、ユーザーの生涯価値 (LTV)、つまりSpotifyが1人のユーザーから契約期間中に得られる収入額は、ユーザーを維持できる期間が長いほど多くなります。そのため、ユーザーを維持するために解約防止策を講じます。2019年上半期にSpotifyのプレミアムサービス契約者の解約率は4.6%という記録的な数値にまで下がっています[83]。

4. 無料とプレミアムのコストのバランスをとる

Spotifyはレコードレーベルに各ストリームから発生した収入の約52%を支払っています。Spotifyが提供している音楽の85%以上が4大レコードレーベルであるソニー、ユニバーサル、ワーナー、マーリンに所有されています。2018年、Spotifyはロイヤルティとしてプレミアムユーザーについて35億ユーロ、無料ユーザーについて5億ユーロを支払っていますが、これは総コストの74%に相当します[84]。

5. プレミアムサービスからの収入の流れですべてを賄う

フリーミアムモデルの特色は、無料と有料のユーザーのコストを賄えなければならないという点です。Spotifyのユーザー層は2019年に2億4,800万人以上にまで成長していますが、これについてロイヤルティを支払う必要があります。これらのユーザーのうち、54%が (制限付きで) 音楽を無料で利用しています[85]。

第1位
米国内で最もダウンロードされた音楽ストリーミングアプリ

2018年のApp Store内の順位[86]。

米国オンデマンド楽曲ストリーミング回数[87]
単位：10億回

1,000

400

2017　　　　　　　2019

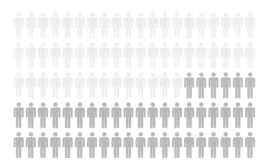

46%
のユーザーが
有料サービスに
転換

比較対象として、
Slackは30%、
Evernoteは4%、
Dropboxは4%、
Googleドライブは0.5%[88]。

フォートナイト

2017年、エピックゲームズは「フォートナイト：バトルロイヤル」をリリースしました。これは無料のマルチプラットフォーム対応オンラインビデオゲームであり、アプリ内のデジタルグッズ購入によって収益が補填されています。

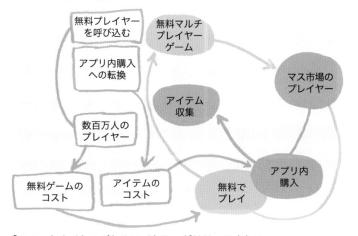

「フォートナイト：バトルロイヤル」がリリースされると社会現象を引き起こしました。無料でプレイできるマルチプレイヤービデオゲームとして、数百人のプレイヤーが島で死闘を繰り広げます。

　エピックゲームズはアプリ内購入で収益化しています。プレイヤーはコスチュームやダンスの振り付けなどのアイテムを購入できますが、それによってゲームで有利になる戦略的なメリットは一切提供されません。フォートナイトは2017年7月に40ドルの有料版でリリースされたことが始まりですが、その後は無料版に転換し、アプリ内課金で収益を補っています[89]。

フェスティバル

補填型の仕組みを利用することが多いのはフェスティバルです。一部のフェスティバルでは無料の入場料を飲食の売上で補填します。有料のフェスティバルによりオフフェスティバルや無料フェスティバルを補填する場合もあります。スイスで開催されるモントリオール・ジャズフェスティバルがその好例です。

コストの
差別化要素

コストを
排除する

単に活動やリソースの合理化だけでなく、創造的破壊を起こすような新しい方法で物事を進めることで、斬新なコスト構造のビジネスモデルを構築します。

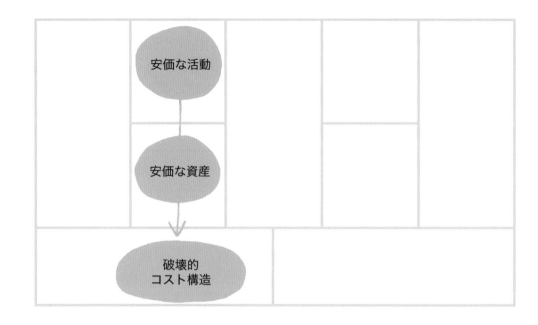

トリガーとなる質問
内容も構成も異なる別のリソースと活動で価値を創造して提供することにより、コスト構造を大幅に変更できるか？

評価のための質問
当社のコスト構造は従来型か、創造的破壊型か？

従来型コスト構造で、業績は比較対象の会社と同等かそれ以下である（例：2分の1以下）。

斬新な創造的破壊型コスト構造で、業績は比較対象の会社とは形が異なり大幅に上回る（例：2倍）。

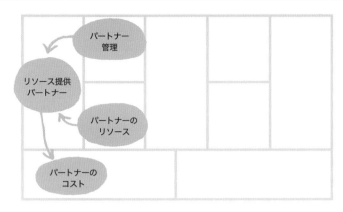

リソース回避型：最もコストがかかる資本集約型のリソースをビジネスモデルから排除し、斬新なコスト構造を創出する。

例
Airbnb、Uber、パーティ・エアテル

トリガーとなる質問
リソース負荷が小さいビジネスモデルを創出し、最もコストがかかる資本集約型のリソースを排除するにはどうすればよいか？

テクノロジー型：テクノロジーを斬新な方法で利用して斬新なコスト構造を創出する。

例
WhatsApp、スカイプ

トリガーとなる質問
テクノロジーを利用して活動とリソースを置き換え、斬新なコスト構造を創出するにはどうすればよいか？

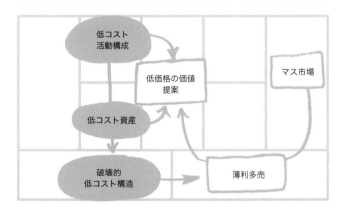

低コスト型：活動、リソース、パートナーの抜本的に新しい組み合わせによる価格破壊で斬新なコスト構造を創出する。

例
イージージェット、ライアンエアー、トレーダージョーズ

トリガーとなる質問
活動、リソース、パートナーの組み合わせを抜本的に見直し、コストと価格を大幅に下げるにはどうすればよいか？

Airbnb

2008年、Airbnbが立ち上げたプラットフォームは一見ホテルチェーンのようですが、同社は物件を所有していません。旅行者と遊休資産の所有者を結ぶ役目を果たします。

Airbnbは2008年に、旅行先の地元ならではの宿泊場所を求める旅行者と貸し出し可能な空き部屋を持つホストをつなぐオンラインマーケットプレイスとして設立されました。Airbnbはこの2つの独立した顧客セグメントをマッチングさせる仲介者の役割を果たします。

同社のコスト構造が競合相手のホテルチェーンより桁違いに軽いのは、ウェブサイトに並ぶ部屋を所有しておらず、大勢のスタッフの管理もしていないからです。Airbnbのメインコストはプラットフォームの管理とマーケティングであり、これほど迅速に拡張できた理由もそこにあります。

Airbnbのビジネスモデルの成功は、リソース負担が小さいビジネスモデルを基盤にしている点にあります。Airbnbが見つけ出した斬新な方法とは、遊休資産（空き部屋）の所有者とパートナーを組み、マッチングのプラットフォームを介してその資産を収益化できるようにするというものです。

Airbnbがbooking.comやhotels.comなど他のマッチングサイトと異なるのは、掲載された物件や部屋をユーザーがAirbnbブランドと結び付けていて、伝統的なホテルチェーンのように認識している点です。

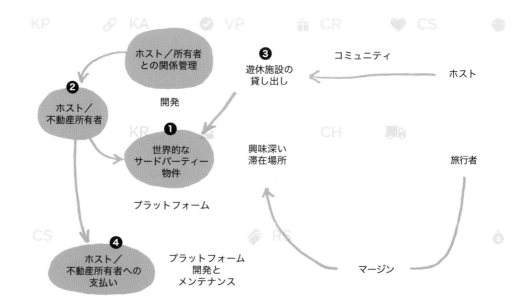

1. ビジネスモデルや業界で最もコストのかかるリソースを特定する

ホテル業界で最もコストがかかる要素は不動産、メンテナンス、スタッフ、そしてサービスです。また、ホテルの部屋が一晩貸し出されずにいると、サンクコスト（埋没費用）となります。ホテル業界は非常に資本集約的な構造です。

2. 必要なリソースを提供できる資産所有者を特定する

Airbnbは、多くの不動産所有者が遊休資産（未使用のベッドルーム、アパート、ビーチハウスなど）を持っているものの、個人がそれを継続的に短期貸しすることは困難であることを認識していました。

3. パートナーからリソースを取得する斬新な価値提案を開発する

Airbnbは物件所有者に、ホストになって追加収入を生み出す機会を提供します（2017年は平均で月924ドル）[90]。

Airbnbはホストがプラットフォームを通じて旅行者へアクセスできるようにし、不動産所有者にとって最大のペインの1つを軽減します。

4. 新しいコスト構造で競争する

Airbnbはホテルより格段に負担の軽いコスト構造で競争しています。所有するホテルもなく、クリーニングやサービスのスタッフも雇用していないからです。Airbnbの運営コストは主にプラットフォーム管理、マーケティング、プロモーション、その他ホストと旅行者のサポート活動の費用です。

+ 両面プラットフォーム

Airbnbをホストにとって魅力的にするには多数の旅行者による利用が必要です。この「プラットフォームの反対側」を開発することがホストへの価値提案の主要な成功要因です。

＋ ラブマークブランド

Airbnbが非常に強力なブランドを築き上げたこの特殊な旅行体験は、社会規範や習慣を根底から変えました。今ではあたりまえのサービスですが、2008年には自ら希望して見知らぬ人の家で寝泊まりするなど聞いたこともないシステムだったのです。

＋ コミュニティとシェアリングエコノミーの重要性

グローバルなAirbnbコミュニティを築き上げるため、Airbnbはホテルでの宿泊体験に比べてより人と人とのつながりが感じられるようにホストと旅行者を結び付けます。こうしたつながりは、協調型消費とも呼ばれるシェアリングエコノミーを生み出しました。

700万件
世界での登録

Airbnbは2019年初頭の時点でプラットフォームに登録されている世界の有効物件数は700万件とうたっており、これは世界の5大ホテルの合計部屋数を上回ります[91]。

200万人
以上

2019年の一晩あたりのAirbnb平均宿泊者数[91]。

ゼロ

Airbnbの所有物件数。

Airbnbを利用する旅行者の割合 [92]
米国および欧州のレジャーおよびビジネス旅行者の割合

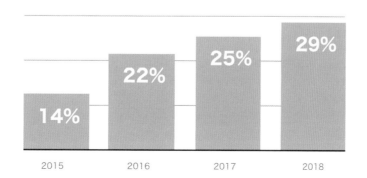

2015	2016	2017	2018
14%	22%	25%	29%

20%

2018年の米国消費者の宿泊支出に占めるAirbnbの割合 [93]

WhatsApp

2009年、WhatsAppはデバイスを問わない無料メッセージングサービスとプラットフォームを立ち上げ、携帯メールや無料メッセージングサービスに創造的破壊をもたらしました。

WhatsAppは2009年、最初はステータス更新アプリとして誕生し、その後、無料の無制限メッセージングサービスに生まれ変わりました。同社のターゲットはインターネット接続ができるスマートフォン所有者全員であり、デバイスや所在地を問いません。

　WhatsAppの登場は、非常に競争の激しいメッセージング市場に創造的破壊を起こしました。テキストメッセージングは通信事業者による有料の携帯メールと、Yahoo! Messenger、MSN Messenger、スカイプなどの無料メッセージングサービスによって独占されていました。

　WhatsAppはソフトウェアとインターネットを利用してハードウェアとプロプライエタリ（専有）インフラのコストを外部化しています。このコストは通信事業者が携帯メールサービスを提供するために負担しているものです。これによりWhatsAppは世界的なスマートフォンユーザーの増加の恩恵を受け、劇的に低いコスト構造で運営が可能になり、コスト削減を無料サービスの形でユーザーに還元しています。2013年2月の時点で、WhatsAppは2億人のアクティブユーザーに対してわずか50名のスタッフで対応していました。同年12月にはユーザー数が4億人に達しました[94, 95]。

　2014年、フェイスブックがWhatsAppを190億ドル超で買収しました[96]。

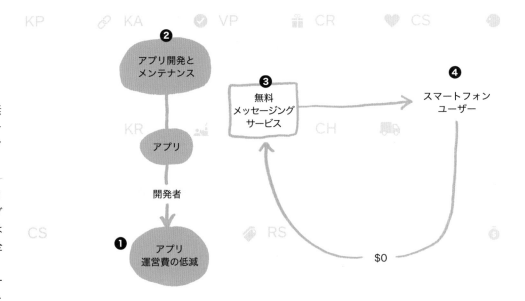

1. テクノロジーで創造的破壊が起こせる業界のコストと収益の構造を特定する

通信事業者は携帯メールで推定6,000%の利幅を得ています。WhatsAppはこの収入の流れを無料サービスで破壊しています[97]。

2. テクノロジーを構築する

2009年前半、ジャン・コウム氏はこれまでにないインターネットベースのiPhoneメッセージングアプリの開発に取り組み始めました。通信事業者のネットワークインフラを使用する携帯メールと異なり、WhatsAppはユーザーのスマートフォンのネット接続を利用してメッセージを無料で送受信します。

3. 根本的に異なるコスト構造で創造的破壊を起こす

WhatsAppはユーザーが送信するメッセージに対して変動費も固定費も負担しません。主なコストはソフトウェア開発であり、インフラではありません。ほんの数人のソフトウェア開発者だけで数百万人のユーザーにサービスを提供し、それによって通信事業者にとって数十億ドルもの利益が出る携帯メールの収益を破壊しました。

4. 利益を得る

WhatsAppはコスト構造を大幅に拡大させることなく、驚異的なスピードで成長しています。2013年12月の時点でWhatsAppはアクティブユーザーが4億人に達したとしていますが、それに対応するエンジニアはわずか35人でした。

＋ スマートフォンの成長

WhatsAppは何よりモバイルに集中し、スマートフォン市場の急速な成長の恩恵を受けました。WhatsAppは複数のプラットフォームやデバイスで利用できますが、競合相手の無料メッセージングサービス（Yahoo! Messenger、MSN Messenger、スカイプなど）とは異なり、WhatsAppの主な焦点は常にモバイルに置かれています。

月間アクティブユーザー
単位：百万人

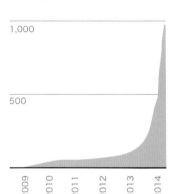

15億人
2019年の世界ユーザー数[98]。

650億件
2018年の1日あたりのメッセージ送信件数[98]。

米国のモバイルメッセージング規模[99]
単位：10億ドル

340億ドル
2013年にWhatsAppなどのチャットアプリにより通信事業者が失った携帯メールからの収益[100]。

190億ドル
2014年2月にフェイスブックが設立5年後のWhatsAppの買収に支払った金額。

低コスト型
1995 〜 2002年

イージージェット

1995年、イージージェットは余計なサービスを省いた低コストの航空体験でヨーロッパの旅行業界に創造的破壊を起こしました。

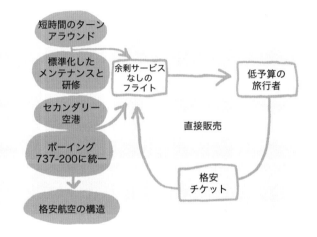

イージージェットは1995年に設立され、ヨーロッパ市場で格安航空会社のモデルを一般化しました。イージージェットのビジネスモデルは、2002年に多角化するまで、下記の低コスト構想に基づいていました。

- 低予算の旅行者向けの余計なサービスのない航空体験。
- **セカンダリー空港**：なるべく空港施設使用料が安いセカンダリー空港で離着陸する。
- **旅客機の標準化**：航空機を1モデルに絞り、シンプルな客室構造でメンテナンスと研修のコストを削減。
- **短時間のターンアラウンド**：旅客機が地上にいる時間は収入を生まないため短縮。
- **直接販売**：顧客に直接販売して旅行会社の手数料を省略。

203

利益方程式の破壊

マージンの達人

マージンを拡大する

競合他社より大幅に高いマージン（利幅）を達成するため、顧客が最も進んで対価を支払うものに注力し、コスト構造は常に抑制します。市場占有率より収益性を優先します。

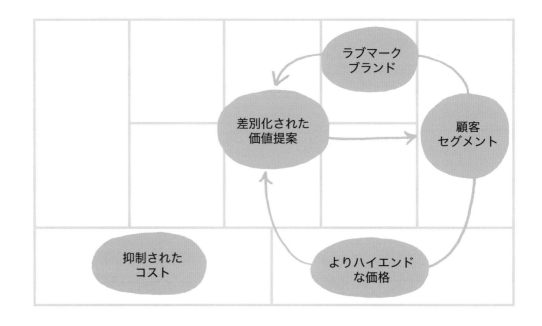

トリガーとなる質問
顧客にとって最も価値があり、進んで高い料金を払う部分を重視する一方で、ビジネスモデルの最もコストが高い側面を排除する斬新な方法を見つけるにはどうすればよいか？

評価のための質問
低いコストと高い料金で大きなマージンを得ているか？

コスト構造と脆弱な価格決定力によりマージンが非常に少ない（競合他社に比べ50%以上低い）。

最適化されたコスト管理と強力な価格決定力によりマージンが非常に大きい（競合他社に比べ50%以上高い）。

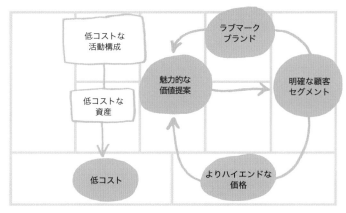

逆行型：大幅にコストを削減し、同時に価値も高めます。たとえ価値提案を制限することになっても、最もコストのかかるリソース、活動、パートナーをビジネスモデルから排除します。それを埋め合わせるため、明確な顧客セグメントが存在し、進んで対価を支払うが、比較的安価で提供できる価値提案に注力します。

例
citizenM、シルクドソレイユ、任天堂Wii

トリガーとなる質問
ビジネスモデルと価値提案のコストがかかる要素のうち削減することができ、非常に価値が高いが手ごろな要素で埋め合わせができるものは何か？

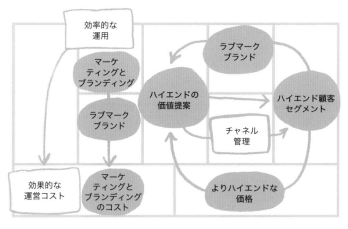

ハイエンド型：ハイエンド市場で製品やサービスを創出し、幅広いハイエンドユーザーに提供します。これを利用してマージンを最大化し、高級品のニッチ市場のような小規模で極端なコスト構造は避けます。

例
iPhone

トリガーとなる質問
当社のビジネスモデルにおいて、顧客価値と価格を大幅に高めながらコスト構造は大幅に拡大しないよう修正できるものは何か？

citizenM

2005年、citizenMはコストを抑制しながら「モバイル市民」にとって価値を高めるホテルのコンセプトを立ち上げました。

2005年、citizenMの創業者は、世界を飛び回る旅行者の趣味嗜好や習慣は大きく変化しているにもかかわらず、現代のホテル産業が数十年も旧態依然のままであることに気付きました。

citizenMが注目したのは、頻繁に旅行し、モバイル技術に依存している「モバイル市民」と呼ばれる人たちです。citizenMは、世界を飛び回る旅行者が進んで料金を支払うのは数えられる程度の基本的な設備とぜいたくなサービスであり、他の従来のアメニティは必ずしも必要としていないことを確認しました。

こうしたインサイトを基に、創業者はアムステルダムのスキポール空港にホテルを開設して、コストを最小化し、モバイル市民にとって価値を最大化し、チープさを感じさせないというコンセプトを具現化しました。citizenMは少ないコストで多くを創出する方法を発見し、1部屋あたりの利益率を高く維持することができました。

2019年時点で、非上場のcitizenMは3大陸13都市で20軒のホテルを運営し、さらに10軒が開業予定です。

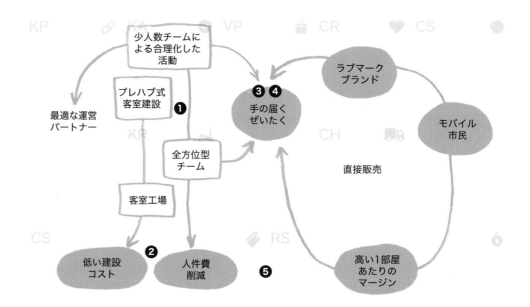

1. 最もコストのかかる、あれば望ましいが顧客にとって不可欠ではない要素を削減する

citizenMはアムステルダムで2008年に開業しました。高級ホテルの最もコストのかかる要素のうち、ターゲットとするモバイル市民にとって不可欠ではないものを排除しました。高級レストラン、スパ、高級ジム、ミニバー、ルームサービスはありません。

2. チープさを感じさせずにコストを削減する

citizenMは建設とメンテナンスのコストを大幅に抑制するため、高度に標準化された14m²の客室を工場で組み立て、コンテナのように積み上げてホテルを完成させます[101]。人件費は少数精鋭のクロスファンクショナル（職能横断型）チームによって抑制します。

3. 顧客が重視するものの価値を低コストで高める

citizenMは寝心地のよいマットレス、枕、防音仕様の客室などモバイル市民が本当に重視するものに焦点を当てます。少人数のスタッフに課されたタスクはたった1つ、顧客を満足させることだけです。ロビーは活気があり、調度品はデザイナーズ家具、食べ物と飲み物は24時間用意されています。

4. 少ないコストで価値を高める新しい要素を創出する

citizenMは自社の客室工場を設立し、低コストでアムステルダムからニューヨークや台北への進出を実現しました。清掃とリネンの費用は新しい運営パートナーと組むことで合理化しています[102]。客室では無料のブロードバンドWiFiとオンデマンド映画配信を利用できます。

5. 低コストで高い価値を創出するメリットを享受する

citizenMの1m²あたりの収益性は比較対象の高級ホテルの2倍に達します[103]。ホテルビジネスの最もコストのかかる要素を排除しつつ、顧客のモバイル市民にはチープさを感じさせないことでこれを実現しています。

+ モバイル市民に最適化

開業当初から、citizenMはモバイル市民に合わせてホテル体験を最適化しています。モバイル市民は、文化、ショッピング、エンターテイメント、あるいは仕事のために1つの都市を1～3日間訪れる旅行者です。ホテルは主に宿泊と市内移動の拠点として利用します。他のホテルに組み込まれているサービスの大部分を必要としていません。

+ 自主裁量権のある従業員、強い顧客との関係、ラブマークブランド

citizenMは顧客重視の姿勢が徹底している人材を採用し、優れたゲスト体験を提供できるよう自主裁量権を与えています。社員離職率は業界最低レベルを誇ります。さらに、citizenMはラブマークブランドを確立するため、チームに顧客との強い関係を築くよう奨励しています。

A. 建設

B. 組み立て

C. 利用

99%

1つの客室のうち工場で完成する部分の割合[104]。

2倍
の収益率

citizenMの1m²あたりの収益性は比較対象の高級ホテルの2倍。

7,000室　30ホテル　三大陸[105]

利益方程式の破壊

iPhone

2007年、アップルはiPhoneを発売し、インターネットブラウザ、音楽プレイヤー、携帯電話を1台の端末に搭載しました。キーボードがなく、マルチタッチ画面を備えたハイエンドの端末です。これがスマートフォン時代の幕開けとなりました。

2007年、アップル創業者のスティーブ・ジョブズ氏がマックワールド2007で行った有名な講演で、「すべてを変える」革命的な端末、iPhoneが発表されました。発売当時の価格は499ドルと高額でしたが、最初の週末で27万台、生産初年度だけで600万台が売れました[106, 107]。

アップルのiPhoneはスマートフォン時代の幕開け、モバイルが主役で常時接続があたりまえの世界の到来を告げ、モバイル技術が日常生活を支配し、変えていく道筋を作りました。アップルのiPhoneは常に競合他社の端末より高額ですが、新しい機能と技術を詰め込みつづけ、コモディティ化を回避しています。

高額であるにもかかわらず、アップルはサプライチェーンで生産コストを厳しく管理し維持しています。この抑制されたコストとハイエンドの位置付け、さらに継続的な技術イノベーションの組み合わせによって、過去10年間にわたって60〜70%の売上総利益率を維持しています[108]。

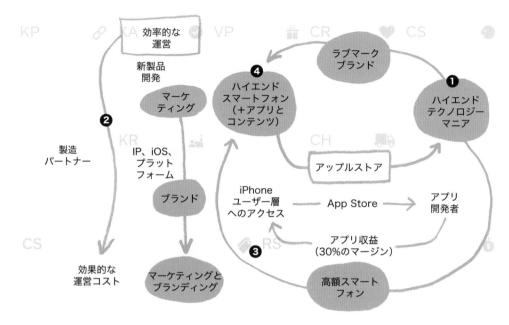

1. 市場のハイエンドに喜びとサプライズを

アップルは、市場の大部分にとって手の届かない価格になっていることを承知の上で、iPhoneをハイエンドに位置付けています。この端末は憧れの気持ちにデザイン、テクノロジー、シンプルさを組み合わせ、ラブマークブランドをフル活用しています。

2. コストを抑制する

アップルはiPhoneの製造をしていませんが、サプライチェーンを管理することで生産コストを低く抑えています。端末の人気のおかげで、アップルはサプライヤーにできるだけコストを低く抑えさせ、端末に関する機密情報の秘匿を徹底させています。

3. ハイエンド市場の占有により利幅と利益を最大化する

iPhoneの利幅は過去10年間に60〜70%を維持しています。ピーク時にはスマートフォン業界の売上に占める割合はわずか14.5%であったにもかかわらず、利益の94%を確保していました[109]。

4. 継続的な改革でハイエンド市場の期待を上回りつづける

2007年以来、アップルは13世代のiPhoneを発売しています。iPhoneのテクノロジー・イノベーションの多くは必ずしもアップルが最初に開発したものではありませんが、最高のものを提供しているのはアップルであることが多々あります。マルチタッチ画面、デュアルカメラ、Apple Pay、Siri、iMessage、FaceTime、顔認証などです。

＋ App Store

iPhoneの初回発売時にApp Storeはまだ存在せず、500点のアプリケーションを揃えて2008年に開設されました。2019年時点で、ストアには180万点のアプリがあります。利用可能なアプリと開発者の数は、プラットフォームの城郭型（p.168〜169）に示すように、アップルに競争上のさらなる優位をもたらしています[110]。

22億台

2018年11月時点の
iPhone販売総数[111]

60〜70%の利幅

過去10年間の
iPhoneの利幅

14.5%

総売上のわずか
14.5%にも
かかわらず……

スマートフォン市場の
総売上

94%

2015年のピーク時に
アップルは業界のス
マートフォン市場の総
利益の94%を確保。

スマートフォン市場の
総利益

iPhoneのコスト（米ドル）[108]

部品コスト　　　　小売価格

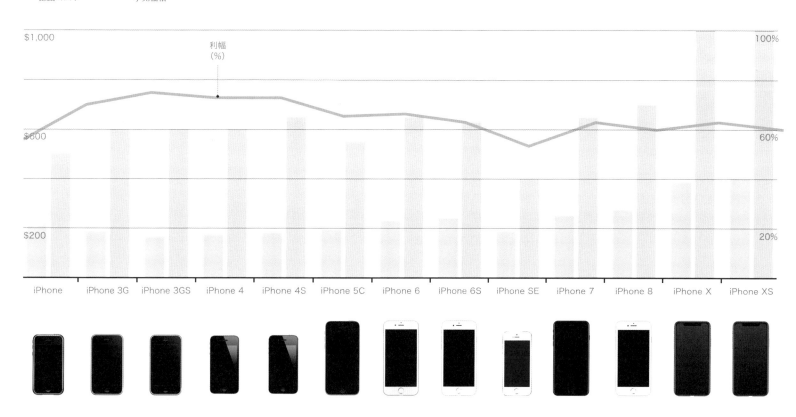

| | $1,000 | | | | | 利幅(%) | | | | | | | | 100% |

$600 — 60%

$200 — 20%

iPhone　iPhone 3G　iPhone 3GS　iPhone 4　iPhone 4S　iPhone 5C　iPhone 6　iPhone 6S　iPhone SE　iPhone 7　iPhone 8　iPhone X　iPhone XS

209

利益方程式の破壊

リーダー向けの
質問

発明

収益の差別化要素

顧客からより多くの価値を獲得する、または収益の出ない市場を開拓するには、どういった新しい収入の流れまたは価格設定メカニズムを導入すればよいか？

評価のための質問
強力な収入の流れと価格設定メカニズムを使って顧客に対する価値創出を収益化しているか？

主に常時販売コストが必要となる予測不能な取引収益に依存している。

予測可能なリカーリング収益を得ており、1回の販売で数年間の収益につながる。

コストの差別化要素

トリガーとなる質問
内容も構成も異なる別のリソースと活動で価値を創造して提供することにより、コスト構造を大幅に変更できるか？

評価のための質問
当社のコスト構造は従来型か、創造的破壊型か？

従来型コスト構造で業績は比較対象の会社と同等かそれ以下である（例：2分の1以下）。

斬新な創造的破壊型コスト構造で比較対象の会社とは異なる方法で業績は大幅に上回る（例：2倍）。

マージンの達人

トリガーとなる質問
顧客にとって最も価値があり、進んで高い料金を払う部分を重視する一方で、ビジネスモデルの最もコストが高い側面を排除する斬新な方法を見つけるにはどうすればよいか？

評価のための質問
低いコストと高い料金で大きなマージンを得ているか？

コスト構造と脆弱な価格決定力によりマージンが非常に少ない（競合他社に比べ50%以上低い）。

最適化されたコスト管理と強力な価格決定力によりマージンが非常に大きい（競合他社に比べ50%以上高い）。

リーダー向けの
評価用の質問

既存および新規のビジネスモデルをリーダー向けの評価用の
質問でチェックします。強みと弱みをビジュアル化し、その
結果によって機会を掘り起こします。満点のビジネスモデル
などありませんので、スコアの高い部分と低い部分はどこか
を意識し、トリガーとなる質問を改善のアイデアのヒントと
して常に利用しましょう。

リーダーのための評価用の質問

フロントステージ

	市場の探索者：ターゲットとしている未開拓の市場のポテンシャルはどれほど大きく魅力的か？	(−3)	(−2)	(−1)	(0)	(+1)	(+2)	(+3)
	チャネルの王者：末端顧客に対し、大規模かつ理想としては直接のアクセスができているか？	(−3)	(−2)	(−1)	(0)	(+1)	(+2)	(+3)
	求心力の創出者：顧客が離脱したり別の企業へ乗り換えたりするのはどの程度簡単（あるいは困難）か？	(−3)	(−2)	(−1)	(0)	(+1)	(+2)	(+3)

バックステージ

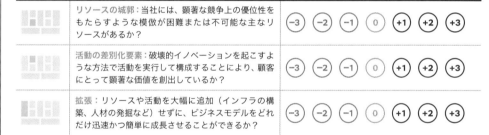

	リソースの城郭：当社には、顕著な競争上の優位性をもたらすような模倣が困難または不可能な主なリソースがあるか？	(−3)	(−2)	(−1)	(0)	(+1)	(+2)	(+3)
	活動の差別化要素：破壊的イノベーションを起こすような方法で活動を実行して構成することにより、顧客にとって顕著な価値を創出しているか？	(−3)	(−2)	(−1)	(0)	(+1)	(+2)	(+3)
	拡張：リソースや活動を大幅に追加（インフラの構築、人材の発掘など）せずに、ビジネスモデルをどれだけ迅速かつ簡単に成長させることができるか？	(−3)	(−2)	(−1)	(0)	(+1)	(+2)	(+3)

利益方程式

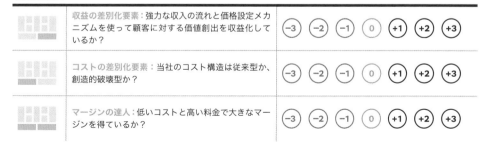

	収益の差別化要素：強力な収入の流れと価格設定メカニズムを使って顧客に対する価値創出を収益化しているか？	(−3)	(−2)	(−1)	(0)	(+1)	(+2)	(+3)
	コストの差別化要素：当社のコスト構造は従来型か、創造的破壊型か？	(−3)	(−2)	(−1)	(0)	(+1)	(+2)	(+3)
	マージンの達人：低いコストと高い料金で大きなマージンを得ているか？	(−3)	(−2)	(−1)	(0)	(+1)	(+2)	(+3)

citizenM

citizenMはホテル体験全体を合理化して、モバイル市民と呼ばれる顧客層に重点を置いています。つまり、仕事やパーティー、文化、ショッピングのために1つの都市を訪れる短期旅行者です。コストを大幅に削減し、同時に顧客満足を高めるという難易度の高い技を達成しています。

発明

評価

citizenMのビジネスモデルはコストの差別化で極めて優れた成果を出し、収益の差別化にも優れ、全体として非常に利幅の大きいビジネスモデルを実現しています。弱みは、顧客スイッチングコストが低く、投下資本と建設の規模が大きいためビジネスを拡大しづらい点です。スイッチングコストが低く、必要とされる投下資本が大きいということは、citizenMがビジネスモデルを適切な状態で維持するには顧客満足度の推移に注意していなければならないことを意味します。

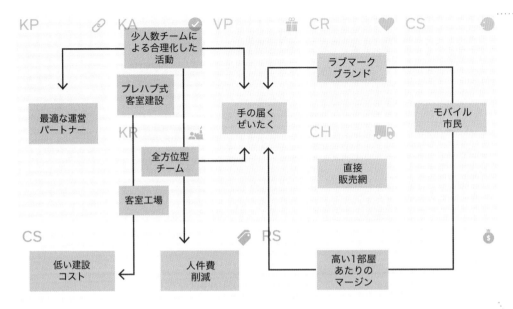

citizenMのビジネスモデル

4つのアクション・フレームワーク
出典：W・チャン・キム他『ブルーオーシャン戦略』（ダイヤモンド社）

取り除く（−）
– ミニバーとルームサービス
– 格式ある高級レストラン
– 従来の星（格付け）重視
– フィットネス、大浴場、スパ

増やす（↗）
– 満室率と客室あたり収益
– スペースの有効利用
– 限定的な顧客セグメントの重視
– 利幅
– 顧客満足度とサービス評価
– 標準化
– 無料ブロードバンドWiFiとオンデマンド動画

減らす（↘）
– 建設コスト
– メンテナンスコスト
– 人件費と運営費

創出する（＋）
– 裁量権を与えられた全方位型スタッフ
– モバイル市民という新たな顧客セグメント
– 客室工場とプレハブ式建設

リーダーのための評価用の質問

フロントステージ

項目	-3	-2	-1	0	+1	+2	+3
市場の探索者：ターゲットとしている未開拓の市場のポテンシャルはどれほど大きく魅力的か？			✗				
チャネルの王者：末端顧客に対し、大規模かつ理想としては直接のアクセスができているか？						✗	
求心力の創出者：顧客が離脱したり別の企業へ乗り換えたりするのはどの程度簡単（あるいは困難）か？		✗					

バックステージ

項目	-3	-2	-1	0	+1	+2	+3
リソースの城郭：当社には、顕著な競争上の優位性をもたらすような模倣が困難または不可能な主なリソースがあるか？					✗		
活動の差別化要素：破壊的イノベーションを起こすような方法で活動を実行して構成することにより、顧客にとって顕著な価値を創出しているか？						✗	
拡張：リソースや活動を大幅に追加（インフラの構築、人材の発掘など）せずに、ビジネスモデルをどれだけ迅速かつ簡単に成長させることができるか？			✗				

利益方程式

項目	-3	-2	-1	0	+1	+2	+3
収益の差別化要素：強力な収入の流れと価格設定メカニズムを使って顧客に対する価値創出を収益化しているか？						✗	
コストの差別化要素：当社のコスト構造は従来型か、創造的破壊型か？							✗
マージンの達人：低いコストと高い料金で大きなマージンを得ているか？							✗

citizenMは顧客のロックインが弱いです。別のホテルチェーンに乗り換える際に妨げになるものがほとんどありません。土地の確保や建設のコストが大きいため、ビジネスモデルの拡張がやや困難です。

citizenMの高い満室率とスペースの有効利用により、客室あたりおよびm²あたりの収益は競合他社より高いです[112]。

革新的な活動構成と極めて高度な標準化により、citizenMは建設およびメンテナンスのコストを極めて低く抑えることに成功[113]。少数精鋭のホテルスタッフは人件費を驚異的な低さに抑えていますが、サービスに対する顧客の評価は高いです[114]。

コストの低さと客室あたりの収益の高さにより、ホテル業界で前代未聞の利幅レベルを実現。

OneConnect

2015年、金融サービスコングロマリットの中国平安グループはOneConnectを立ち上げ、社内で利用しているテクノロジーを他の金融機関へ販売しています。

OneConnectは中国最大の銀行保険コングロマリットの子会社です。OneConnectは社内スタートアップとして立ち上げられ、最先端のエンドツーエンド金融テクノロジーソリューションを中小規模の金融機関へ売り込んでいます。2019年6月30日時点で、OneConnectは中国で600を超える銀行と80社の保険会社にサービスを提供していました[115]。

OneConnectがクライアントに販売するテクノロジーとプラットフォームは、当初中国平安の社内利用のため開発されたものです。OneConnectは技術力では業界リーダーであることを自負し、クライアントが金融業界のデジタル革新に乗り遅れないようにすることに焦点を当てています。ソリューションは信用審査や銀行間取引からバイオメトリクスサービス、商品販売、リテールバンキングのモバイルアプリまで幅広く対応しています。

中国での立ち上げに成功した後、2018年にOneConnectは子会社を香港、シンガポール、インドネシアに設立し、現地の金融機関にサービスを提供しています。OneConnect[116]はさらに他のフィンテク機関と提携してSaaS（software-as-a-service）をグローバル市場にも提供しています[117]。

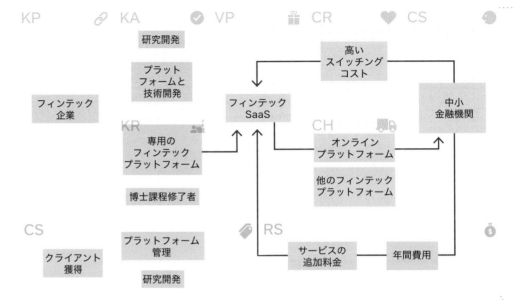

KP 🔗 KA ✓ VP 🎁 CR ♥ CS

研究開発

プラットフォームと技術開発

フィンテック企業

KR

専用のフィンテックプラットフォーム

博士課程修了者

CS

クライアント獲得

プラットフォーム管理

研究開発

高いスイッチングコスト

フィンテックSaaS

中小金融機関

CH

オンラインプラットフォーム

他のフィンテックプラットフォーム

RS

サービスの追加料金

年間費用

OneConnectのビジネスモデル

評価

OneConnectは強力なSaaSビジネスモデルを構築し、複数の分野で成果をあげています。トップレベル開発者の採用、フィンテック研究開発の実施、プラットフォームの構築と保守に対する多額の投資は、顧客ロックイン、サービスの拡張性、リカーリング収益、ビジネスモデルの強力な保護によって相殺されています。

リーダーのための評価用の質問

フロントステージ

質問	-3	-2	-1	0	+1	+2	+3
市場の探索者：ターゲットとしている未開拓の市場のポテンシャルはどれほど大きく魅力的か？	-3	-2	-1	✗	+1	+2	+3
チャネルの王者：末端顧客に対し、大規模かつ理想としては直接のアクセスができているか？	-3	-2	-1	0	+1	✗	+3
求心力の創出者：顧客が離脱したり別の企業へ乗り換えたりするのはどの程度簡単（あるいは困難）か？	-3	-2	-1	0	+1	+2	✗

バックステージ

質問	-3	-2	-1	0	+1	+2	+3
リソースの城郭：当社には、顕著な競争上の優位性をもたらすような模倣が困難または不可能な主なリソースがあるか？	-3	-2	-1	0	+1	+2	✗
活動の差別化要素：破壊的イノベーションを起こすような方法で活動を実行して構成することにより、顧客にとって顕著な価値を創出しているか？	-3	-2	-1	0	+1	✗	+3
拡張：リソースや活動を大幅に追加（インフラの構築、人材の発掘など）せずに、ビジネスモデルをどれだけ迅速かつ簡単に成長させることができるか？	-3	-2	-1	0	+1	+2	✗

利益方程式

質問	-3	-2	-1	0	+1	+2	+3
収益の差別化要素：強力な収入の流れと価格設定メカニズムを使って顧客に対する価値創出を収益化しているか？	-3	-2	-1	0	+1	✗	+3
コストの差別化要素：当社のコスト構造は従来型か、創造的破壊型か？	-3	-2	-1	✗	+1	+2	+3
マージンの達人：低いコストと高い料金で大きなマージンを得ているか？	-3	-2	-1	✗	+1	+2	+3

OneConnectのテクノロジープラットフォームを採用した金融機関は、これをやめるには多額のスイッチングコストを負担することになります。別のプラットフォームに移行するとクライアントにかなりのダウンタイムと再研修費用が発生します[118]。他のSaaSと同様に顧客ロックインは非常に大きな意味を持ちます。金融業界ではセキュリティ上の理由、データの機密性、規制などの関係上、さらにスイッチングコストが高額になります。

OneConnectの専有技術は模倣が極めて困難であり、常にイノベーションを続けています。初期のプラットフォームは中国平安の社内用に構築されましたが、これを活用してOneConnectのサービスとして社外クライアントに提供することが決定されました。OneConnectは親会社の中国平安を含む数百の金融機関にサービスを提供することで、高度な知的財産およびインフラストラクチャに多額の投資をすることができました。

同社は多数のデータサイエンティストを雇用し、数千件の特許を取得しています。常に時代を先取りするため、テクノロジーとプラットフォームは絶えず開発してアップデートしています。OneConnectは精度99.8％を誇る世界最高峰のバイオメトリクス認証システムを有しています[119]。

SaaSのビジネスモデルはプラットフォームが実際に稼働するまでに莫大な先行投資を必要とします。しかし初期投資の段階以降は、OneConnectを比較的低額の投資で新しい地域へ容易に拡張することができます。OneConnectの数百の製品は世界中のどこにでも展開することが可能です[120]。

セールスフォース

1999年、セールスフォース・ドットコムはインターネット経由でサービスとしての顧客管理（CRM）を提供することにより、CRM分野に創造的破壊をもたらしました。セールスフォースは新しい市場を開拓し、新たなイノベーションでビジネスモデルを継続的に強化しています。

セールスフォース・ドットコムは1999年に「エンタープライズソフトウェアをamazon.comなどのウェブサイトのように使いやすくする」ことを目指して設立されました。セールスフォースはCRMツールとしてのSaaS（software-as-a-service）のパイオニアです。さらにそれに留まらず、サービスとビジネスモデルを常に改善しつづけています。ここではビジネスモデルをおおまかに2つに分け、1999年の初期のビジネスモデルと、2005年に始まった拡大フェーズのビジネスモデルの2つを検討します。

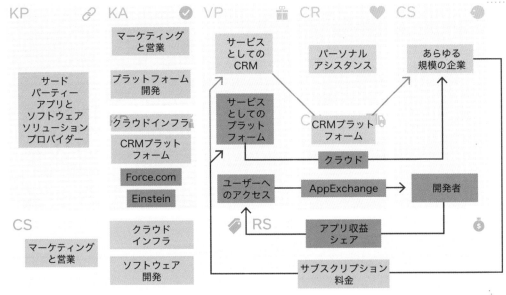

セールスフォース・ドットコムのビジネスモデル

評価

セールスフォースはSaaSモデルのパイオニアとして複数のビジネスモデル分野で優れた成果をあげ、いくつかある弱点をほぼ補っています。プラットフォームを一度導入すると、サービスの拡張は容易であり、顧客と常時直接の関係を維持できます。サブスクリプションモデルは予測可能なリカーリング収益を生み、顧客生涯価値が高まります。これがインフラコストに起因する利幅の低さを相殺しています。

　セールスフォースは2005年にビジネスモデルを拡張し、初期の弱点だったスイッチングコストが比較的低い点や、ビジネスモデルがあまり保護できていない点に対処しました。

初期のビジネスモデル（1999年）：ソフトウェアなし

セールスフォースのプラットフォームはCRM業界特有のもので、インフラ投資をせずに迅速にサービスを展開できます。顧客は従来のCRMプロバイダーのようなハードウェア投資やソフトウェアのインストールが不要です。セールスフォースの顧客はクラウド経由でCRMサービスにアクセスし、定額のサブスクリプション料金を経常的に支払います。

■ 拡大フェーズのビジネスモデル：AppExchange、Force.com、Einstein

セールスフォースはSaaSモデルを開拓しただけでは止まりません。引き続きビジネスモデルの進化と強化を進めています。

リーダーのための評価用の質問

✕ = 初期のビジネスモデル
✖ = 拡大フェーズのビジネスモデル

フロントステージ

市場の探索者：ターゲットとしている未開拓の市場のポテンシャルはどれほど大きく魅力的か？

-3	-2	-1	0	+1	+2	+3
						✖

チャネルの王者：末端顧客に対し、大規模かつ理想としては直接のアクセスができているか？

-3	-2	-1	0	+1	+2	+3
					✕	

求心力の創出者：顧客が離脱したり別の企業へ乗り換えたりするのはどの程度簡単（あるいは困難）か？

-3	-2	-1	0	+1	+2	+3
			✕			✖

バックステージ

リソースの城郭：当社には、顕著な競争上の優位性をもたらすような模倣が困難または不可能な主なリソースがあるか？

-3	-2	-1	0	+1	+2	+3
			✕			✖

活動の差別化要素：破壊的イノベーションを起こすような方法で活動を実行して構成することにより、顧客にとって顕著な価値を創出しているか？

-3	-2	-1	0	+1	+2	+3
					✕	✖

拡張：リソースや活動を大幅に追加（インフラの構築、人材の発掘など）せずに、ビジネスモデルをどれだけ迅速かつ簡単に成長させることができるか？

-3	-2	-1	0	+1	+2	+3
						✖

利益方程式

収益の差別化要素：強力な収入の流れと価格設定メカニズムを使って顧客に対する価値創出を収益化しているか？

-3	-2	-1	0	+1	+2	+3
					✖	

コストの差別化要素：当社のコスト構造は従来型か、創造的破壊型か？

-3	-2	-1	0	+1	+2	+3
		✕				

マージンの達人：低いコストと高い料金で大きなマージンを得ているか？

-3	-2	-1	0	+1	+2	+3
		✕		✖		

セールスフォースはクラウドのポテンシャルを予見した先見者であり、SaaSのパイオニアとしてCRMサービスの市場をフォーチュン500に入る大企業を対象にしたものからあらゆる規模の組織を対象とするものへと広げました。

顧客はセールスフォースにクラウド経由で直接アクセスするため、永続的な顧客関係を維持することができます。セールスフォースは常にアップグレードと新機能を顧客層全体に行き渡らせることが可能です。

セールスフォースはサービスをクラウドで提供しているため、拡張も容易で最小限のコストで可能です。

セールスフォースは従来型のライセンス販売モデルから、リカーリング収益を得られるサブスクリプションモデルへと転換しました。顧客1件あたりの顧客生涯価値も向上しました。

セールスフォースの売上純利益率は従来型の競合他社よりはるかに低いです。サービスとしてのCRMを提供するには、ホスティング、モニタリング、カスタマーサポート、アカウント管理への投資が必要です。しかし、他の分野での強みがこの弱みをほぼ相殺しています。

2008年、セールスフォースがリリースしたForce.com（現在のLightning Platform）では、顧客がプラットフォーム上で独自のカスタムアプリケーションを構築できます。これにより、顧客の粘着性（スティッキネス）は格段に高まり、スイッチングコストも高くなりました。さらに粘着性を高めたのはEinsteinの立ち上げです。このサービスは人工知能（AI）機能を提供して開発者によるアプリ構築を可能にしました。

2005年、セールスフォースは同社のCRMと統合するサードパーティーソフトウェア向けのプラットフォームAppExchangeを立ち上げました。コピー困難なサードパーティーソフトウェアを多数揃えたライブラリーを構築し、単一サービスプロバイダーからプラットフォームの城郭へと転換しました。

発明

業界	創造的破壊者
メッセージング	WhatsApp、WeChat
自動車	テスラ
小売	アマゾン、アリババ
ホテル	Airbnb
タクシー	Uber、DiDi
テレビ映画	ネットフリックス
携帯電話	アップル、Xiaomi
音楽	Spotify
通信	スカイプ
人事採用	LinkedIn
旅行予約	エクスペディア
ベンチャーキャピタル	アンドリーセン・ホロウィッツ

今後の破壊対象

銀行業
製薬
法律業
教育
製造
医療
保険
不動産
建設
エネルギー生産流通
運輸配送

あなたの業界は？

改善

ビジネスモデルの移行

ビジネスモデルの移行とは、衰退するビジネスモデルからより競争力のあるビジネスモデルへの転換を指します。たとえば、製品からサービスへの移行などがそうです。ただし、状況によっては、反対にサービスから製品への逆移行が有効な場合も考えられます。

移行パターンのライブラリー

価値提案移行

フロントステージ
主導型移行

バックステージ
主導型移行

利益方程式
主導型移行

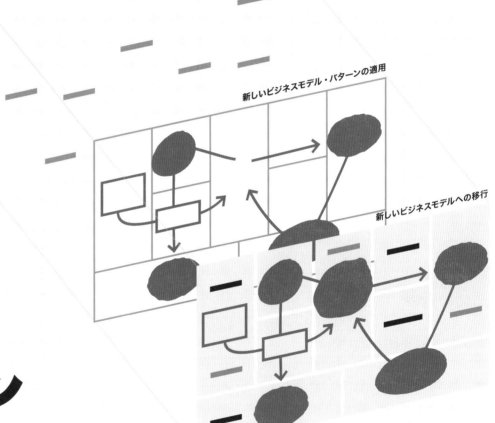

もともとのビジネスモデルから

新しいビジネスモデル・パターンの適用

新しいビジネスモデルへの移行

移行パターン

もともとのビジネスモデルから……

この章で取り上げる企業は、いずれも既存のビジネスモデルを出発点にしています。これらの既存のビジネスモデルは、すでに時代遅れで衰退していることが多く、全面的見直しが必要です。

新しいビジネスモデル・パターンの適用

既存のビジネスモデルを大幅に改善し、強化するために大手企業が適用できる12種類の移行パターンを取り上げています。それぞれのパターンを解説しているので、パターン集として活用してください。

……新しいビジネスモデルへの移行

各事例ではパターンの実践例を詳しく解説します。企業のビジネスモデル全体を描くのではなく、どのように特定のパターンを適用して古いビジネスモデルから新しい競争力のあるビジネスモデルへ移行したかについて解説します。実際のビジネスモデルは多数の構築ブロックによって成り立っていますが、ここでは移行に焦点を当てるために省略しています。

凡例

- もともとの
  ビジネスモデルから

- 新しいビジネスモデル・
  パターンの適用

- 新しいビジネス
  モデルへの移行

- パターンの
  構築ブロック

- 任意のパターン
  構築ブロック

- もともとの
  ビジネスモデル・ブロック

- その他の
  ビジネスモデル・ブロック

改善

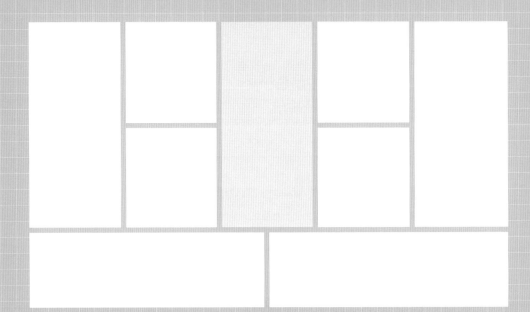

価値提案移行

顧客向けに創出された価値の
大胆な移行。

製品から
リカーリングサービスへ

戦略的考察

製品を販売するのではなくリカーリングサービスを提供することで、どのように予測可能なリカーリング収益を伸ばすことができるでしょうか？

製品の製造（および／または購入）と販売からリカーリングサービスの提供への移行です。取引ベースでの製品販売は、販売ごとに継続的な努力が必要であり、多くの場合は予測不能です。リカーリングサービスは、継続的な収益につながる顧客獲得の先行コストが必要です。継続的に成長する顧客層の上に構築されるため、収益は予測しやすくなり、指数関数的に成長します。

顧客獲得のための先行コストは高くなるかもしれませんが、収益は予測しやすくなり、LTV（顧客生涯価値）も多くの場合は上昇します。製品やテクノロジーのイノベーションは新しいサービスの基盤となることも多いものです。

例
ヒルティ

231

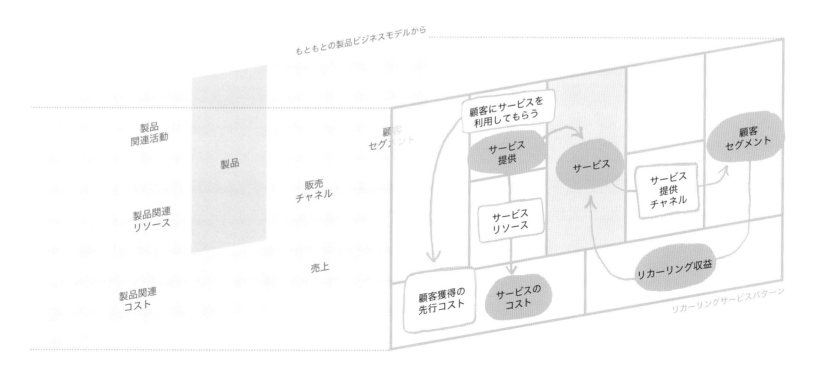

ヒルティ

ヒルティは建設会社に高品質の工具を販売していましたが、主要顧客から生産性向上のための工具を管理する包括的なシステムの要望があがったため、「フリートマネジメント」という工具のリース契約の提供へと移行しました。

2000年、ヒルティの顧客の1社から工具を管理する包括的なソリューションの要望がありました。これによりヒルティは、顧客企業は工具を所有することではなく、常に作業員の生産性向上を求めている点に気付きました。ヒルティは工具をリース契約で提供する「フリートマネジメント」の試験運用をスイスで開始し、その後2003年に世界でサービスの運用を開始しました。

フリートマネジメントによって作業員の非生産的な時間を短縮し、より多くの顧客のジョブ（工具修理など）を引き受けるというゲインも追加したため、建設会社にとってヒルティの存在感が増しました。

ヒルティは、顧客がこれまで購入した数よりもさらに多くの工具を進んでリースすることも分かりました。なかには工具の故障による非生産的な時間のロスを完全にゼロにするため、ヒルティ製以外の工具もヒルティのサービスに加えるよう要望する企業もありました。

2008年の金融危機が建設業界を襲った際には、多くの企業が新しい機器の購入を停止しました。しかし、ヒルティのビジネスモデルは、製品販売からリカーリングサービスへ移行していたため、危機を乗り越えて成長を続けています。

改善

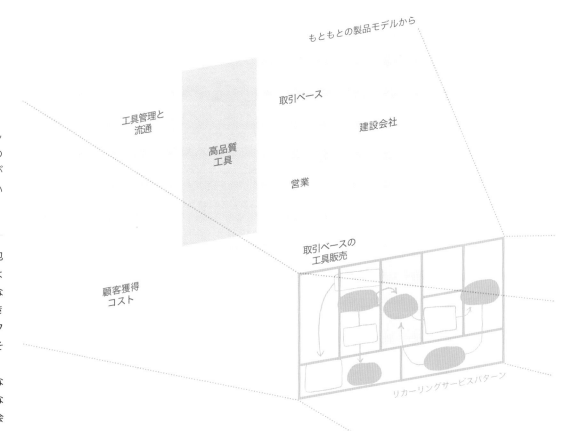

もともとの製品モデルから

工具管理と流通

高品質工具

取引ベース

建設会社

営業

顧客獲得コスト

取引ベースの工具販売

リカーリングサービスパターン

1. 製品からリカーリングサービスと継続的な収益へ

建設会社の管理職には、工具購入以外にも頭を悩ませることが山積しています。ヒルティは2000年にその点に気付き、クライアントの工具のモニタリング、修理、交換、アップグレードを包括的に管理するサービスを開始しました。顧客は適切にメンテナンスされ信頼性の高い最適な工具が常に手元にあることで生産性が向上します。あらかじめ全額支払うのではなく月額サブスクリプションで工具をリースできるため、建設会社の管理職はコストの予測が可能になり、ヒルティはリカーリング収益が得られます。

2. 製品関連の活動からサービス提供へ

ヒルティは主な活動を製造と販売コアから、工具のモニタリング、修理、交換、アップグレードを可能にするフリートマネジメントの活動へと進化させています。

3. 販売チャネルからサービス提供チャネルへ

ヒルティは営業部隊にプロジェクトマネージャーではなく経営層に、また工具ではなくロジスティクスと効率化について説明するよう再教育しました。従来の販売チャネルに新たなオンラインサービスチャネルを追加し、サービスの認知度を高め、フリートマネジメントの顧客が在庫へオンラインでアクセスできるようにし、工具に問題が発生した場合には容易にヒルティに連絡できるようにしています。

4. 製品からサービスコスト構造へ

ヒルティのコスト構造は、フリートマネジメント関連コストを含め、サービス提供への移行に合わせて変化しました。今日までにこの移行によってヒルティの貸借対照表には売掛金として10億スイスフラン以上が計上されました。建設会社の管理職との営業および契約プロセスの長期化により顧客獲得コストは増加しています。ただそれは1回限りのコストであり、長期の顧客関係によりリカーリング収益と追加収益の機会をもたらしています。

150万点
の工具

ヒルティは2015年の時点で150万点の工具をフリートマネジメントの対象にしています[1]。

20億
スイスフラン

2018年のフリートマネジメント対象の全工具の合計契約金額[2]。

「リカーリングサービスによる継続的な収益という大きなメリットは、ほとんどの建設会社が機器の新規購入を控えた（世界金融）危機の最中でも事業の安定に大いに貢献していました」

クリストフ・ローズ

ヒルティCEO

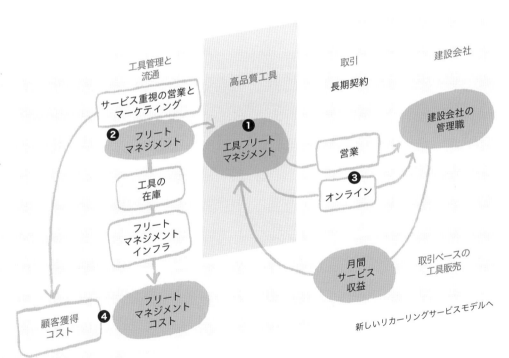

工具管理と流通

高品質工具

取引

長期契約

建設会社

サービス重視の営業とマーケティング

❷ フリートマネジメント

❶ 工具フリートマネジメント

建設会社の管理職

営業

❸ オンライン

工具の在庫

フリートマネジメントインフラ

月間サービス収益

取引ベースの工具販売

顧客獲得コスト ❹

フリートマネジメントコスト

新しいリカーリングサービスモデルへ

ローテクからハイテクへ

多くの場合、労働集約型のローテクな価値提案からテクノロジーベースの価値提案への移行を指します。これは、リーチの拡大と価格の上昇を可能にし、収益の増大につながります。価格と収益の引き上げは新たに発生するテクノロジー関連コストを相殺し、多くはマージンの増加へとつながります。

戦略的考察

ローテクな価値提案からハイテクな価値提案へ移行することにより、リーチを拡大し、価格を上げ、収益を増大するにはどうしたらよいでしょうか？ この移行を実現するため、新しいテクノロジーに関連した活動、スキル、リソースのうち必要となるものはどれですか？ これにより新しいテクノロジーコストは発生しますか？ その結果生じるマージンはどの程度魅力的ですか？

例
ネットフリックス

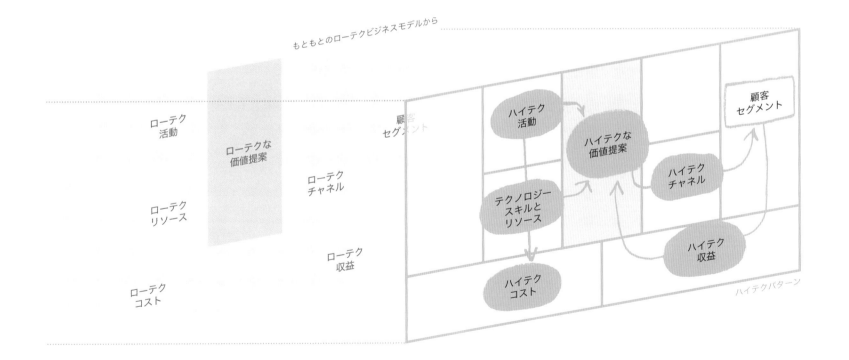

234

販売からプラットフォームへ

バリューチェーン活動および製品販売から、サードパーティー製品向けプラットフォームや付加価値サービスになる製品への移行を指します。顧客は単に製品を購入するだけでなく、プラットフォームのエコシステムを受け入れることになるため、顧客にとって価値は高まります。サードパーティーの製品やサービスを提供する側にとっての価値とは顧客層へのアクセスです。プラットフォームはリソースの城郭のネットワーク効果を生み出すため、単純な製品よりも破壊が難しくなります（p. 164参照）。

戦略的考察
顧客とサードパーティーの製品やサービスの提供者をつなぐプラットフォームとしての地位を確立することで、競争上の優位性をどのように獲得できるでしょうか。
これにより、顧客の価値を高め、サードパーティーの製品やサービスの提供者のエコシステムを構築できます。プラットフォーム・エコシステムは単なる製品のコピーより模倣が難しくなります。

例
iPhone と App Store

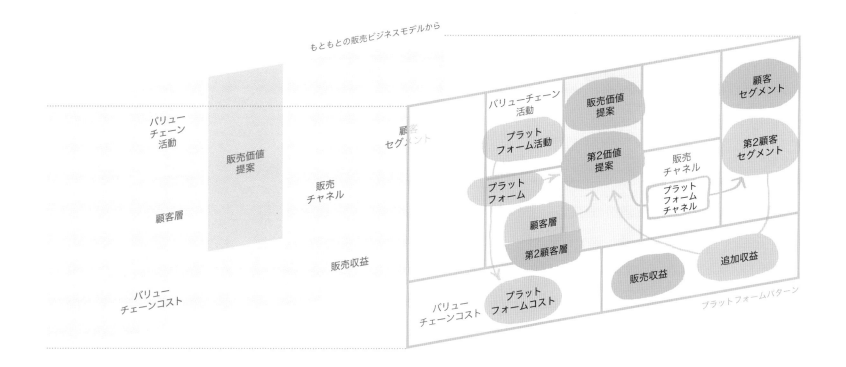

ネットフリックス

ネットフリックスは2007年に郵送型DVDレンタル会社からオンラインのストリーミングプラットフォームに移行しました。この年にようやくインターネットの通信速度と消費者の機器の性能がリード・ヘイスティングス氏の「インターネットで映画を」というビジョンに追いついたためです。

1998年、リード・ヘイスティングス氏とマーク・ランドルフ氏はネットフリックスをオンラインDVDレンタル・サービスとして立ち上げました。当時のインターネットの速度ではそれが最適な製品とサービスだと考えたのです。

しかし設立当初から2人はすでに動画ストリーミングプラットフォームのビジョンを描いていました。ネットフリックスは収益の1〜2%をダウンロードサービスに投資し、ビジネスモデルをストリーミングに移行するためにインターネットの帯域幅が広がるのを辛抱強く待っていたのです[3]。

2007年、ネットフリックスはローテクからハイテクへの移行に成功し、主な収益源を物理的なDVDからオンラインストリーミングへと移行させました。

物理的なDVDの配送では規模拡大が難しいですが、その制約がなくなったことで、その後10年間で収益は10倍に増加しました。2018年には収益の96%がストリーミングから発生しています。ネットフリックスはビジネスモデルを2013年に再び修正し、オリジナルコンテンツの制作を開始しました。2019年、ネットフリックスは推定150億ドルをコンテンツに費やしています[4]。

236

改善

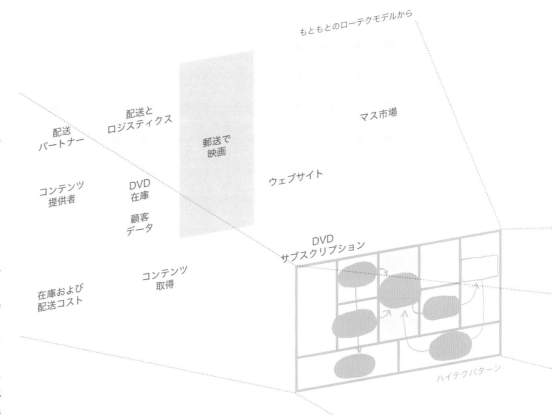

もともとのローテクモデルから

マス市場

配送と
ロジスティクス

配送
パートナー

郵送で
映画

ウェブサイト

コンテンツ
提供者

DVD
在庫

顧客
データ

DVD
サブスクリプション

在庫および
配送コスト

コンテンツ
取得

ハイテクパターン

1. ローテクからハイテクな
価値提案へ

ネットフリックスは1998年にオンラインDVDレンタル事業として立ち上げられましたが、インターネットの通信速度が対応できるレベルになればすぐにストリーミングに移行しようというビジョンがありました。2007年にそのビジョンが現実となり、オンラインでのコンテンツストリーミングへと移行しました。

2. ローテクからハイテクへの活動

ストリーミング配信は、ネットフリックスの主な活動に大きな変化をもたらします。配送やロジスティクスという労働集約型の活動から、ストリーミングプラットフォームの開発やメンテナンスなどテクノロジー主体の活動へと移行しました。ネットフリックスはまた、コンテンツのライセンス供与と制作にも事業を拡大しました。

3. ローテクからハイテクの
スキルとリソースへ

ストリーミングは主なリソースの大幅な変更を招き、DVDの在庫に代わってストリーミングプラットフォームが主なリソースになりました。ソフトウェアとネットワークのエンジニアリングスキルが中核になりました。顧客視聴データと推奨アルゴリズムは、ストリーミングへの移行によってさらに重要度を増しました。データのおかげでどんなコンテンツに投資するか決定することができ、顧客は興味のあるコンテンツを見つけることができます。

4. ローテクからハイテクコストへ

活動とリソースの大幅な変化に伴い、ネットフリックスは物流会社のコスト構造からソフトウェアやプラットフォーム会社のコスト構造へと進化しました。主なコストは今やプラットフォーム開発とメンテナンスとなっています。今後ネットフリックスはコンテンツのライセンス供与とオリジナル作品の制作への投資も増やしていきます。

5. ローテクからハイテク収益へ

ネットフリックスは複数のサブスクリプションプランを実験しています。2007年には成長の起爆剤として、ストリーミングプランの料金を月額9.99ドルへ引き下げました（2004年のDVDサブスクリプションは月額19.95ドル）。顧客あたりの収益は減少しますが、アクセスの容易さとグローバルリーチの拡大で高い顧客増加率を実現し、価値提案のハイテク化により収益が増大しました。

10%
米国のテレビ視聴に占める割合

ネットフリックスは現在米国のテレビ視聴時間の10%を占めています。ネットフリックスによれば米国ではテレビ画面へのストリーミングは1日1億時間に達します[5]。

1億 5,800万人

2019年9月時点での世界の有料サブスクリプション契約者[6]。

価値提案移行

「DVDは近い将来も大きな利益を生みつづけるでしょう。ネットフリックスは少なくとも今後10年間は上位に君臨しつづけます。しかしインターネットでの映画配信が実現しつつあり、いずれかの時点で巨大ビジネスになるでしょう」

リード・ヘイスティングス、2005年の発言
ネットフリックス創業者

配送とロジスティクス
コンテンツのライセンス供与

郵送で映画

❷ ストリーミングプラットフォーム開発とメンテナンス

❶ コンテンツストリーミングプラットフォーム

グローバルマス市場

ウェブサイト

配送パートナー

DVD在庫
顧客データ

❸ ストリーミングプラットフォーム

オンラインストリーミング

コンテンツ提供者

ソフトウェアとネットワーク・エンジニア

❺ ストリーミングサブスクリプション

在庫および配送コスト

❹ ストリーミングプラットフォーム開発とメンテナンス

コンテンツのライセンス供与

コンテンツ取得

新しいハイテクモデルへ

App Store

アップルは、2008年の App Store のリリースにより、ハードウェアと音楽の販売から、数百万のアプリ開発者と iPhone ユーザーをつなぐプラットフォームビジネスにビジネスモデルを移行しました。これにより顧客価値は大幅に向上し、ロックインが形成され、強力なネットワーク効果が生まれました。

アップルは2007年に iPhone を発売し、スマートフォンアプリのプラットフォームである App Store を 2008年にリリースしました。

スティーブ・ジョブズ氏は当初、サードパーティーの開発者を App Store に参入させることに否定的でしたが、その方針を変更したのは最終的に iPhone に価値を付加するという自らのビジョンにぴたりとはまるためです。App Store は iPhone にとって魅力的で補完的な価値提案となりました。iPhone と App Store をセットで販売促進を行い、2009年には有名なキャッチフレーズ、"There's an App for That."（そのためのアプリがあります）が生まれました。

App Store によってアップルはビジネスモデルを携帯電話の販売からプラットフォームの管理へと移行することができました。このプラットフォームは非常に強力だったため、2019年には米国連邦最高裁がアップルに対する独占禁止法違反訴訟の継続を認めました（アップルが App Store を実質的に独占しているという前提に基づく）。

もともとの販売モデルから

スマートフォンの
バリューチェーン

ハイエンドの
スマートフォン

スマートフォン
購入者

小売
（アップルストア）

ブランド

スマートフォン
売上

ハードウェア
設計と製造

プラットフォームパターン

1. あるセグメント向けの単一製品の価値提案から別のセグメント向けの第2プラットフォームの価値提案へ

iPhone 発売から1年後、アップルが App Store をリリースして単なる携帯電話販売からプラットフォームの提供へと移行すると、以下の2つの結果が生じました。

1. App Store にゲーム、ユーティリティ、エンターテイメントのアプリが1つ追加されるごとに iPhone の魅力性が増す。
2. アプリに進んで対価を支払うアップルの多数の iPhone ユーザーがアプリ開発者を惹きつける魅力的な価値提案になる。

アップルは消費者とアプリ開発者を世界規模で結び付けるモバイルファースト・プラットフォームへと移行した最初の携帯電話メーカーです。

2. 販売チャネルからチャネルとしてのプラットフォームへ

アップルは販売からプラットフォームへの移行でチャネルも拡張しました。App Store は iPhone ユーザーとアプリ開発者を結び付ける継続的プラットフォームチャネルになり、携帯電話を購入する際に利用する小売店のアップルストアは、取引ベースの販売チャネルとしての役割を強めました。

**3. バリューチェーン活動から
プラットフォーム活動へ**

アップルはスマートフォン向けバ
リューチェーン活動の管理を続けて
いますが、さらに App Store の開
発とメンテナンスなどの主な活動を
追加してプラットフォームビジネス
を可能にしました。

**4. 存在しないものから
強力なネットワーク効果へ**

App Store はアップルのビジネスモデ
ルの中核部分となり、強力なネットワー
ク効果を生み出します。iPhoneユー
ザーが増えるほどアプリ開発者にとっ
て価値提案が魅力的なものになります。
アプリ開発者が増えるほど、プラット
フォーム上のアプリが増え、iPhone購
入者にとって価値提案の魅力が増す、と
いう循環が出来上がります。

5. 販売からさらなる収入の流れへ

App Store はアップルにとって新し
い収益源を生み出しました。App
Store 内で取得されたアプリやサブ
スクリプション1件ごとに15〜30%
の手数料がかかります。アップルは
のちに、このリカーリング収益のお
かげで、単純な取引ベースのハード
ウェア販売モデルから脱却して、よ
り多くのサービス収益を獲得できる
よう多角化することができました。

200万点

App Store の開設時は552点だったアプ
リ数は200万点にまで増加し、過去10年
間でダウンロードされたアプリ数は1,800
億点を超えます[7]。

1,200億ドル

App Store 開設以来アップルが開発者に支
払った金額[8]。

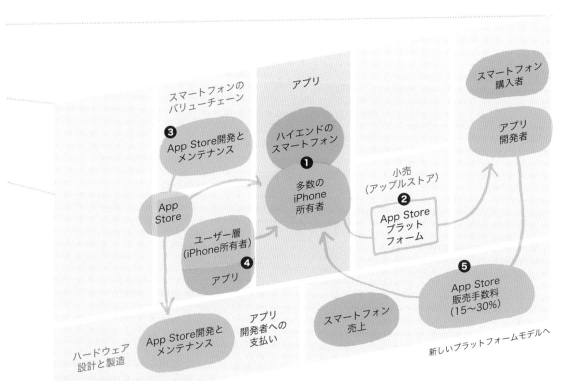

App Storeの
アプリ数 [9]

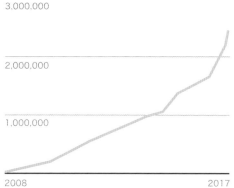

3.000.000

2.000.000

1.000.000

2008   2017

任天堂Wii

2000年代前半、任天堂にはハイテクゲーム機の競争に参入する手段がなくなっていました。2006年、その弱みを機会に変えたのがWiiの発売です。Wiiには高度な技術は搭載されていませんが、気軽にゲームをしたい消費者向けに大ヒットとなりました。

2003年、ゲームとゲーム機開発会社である任天堂の利益は38%減少しました。大手ゲーム開発会社数社が、当時の任天堂の主力機種であるゲームキューブに対するサポートから撤退したからです。任天堂は「危機的状態」に陥りました。この状態を打破するため、異なるアプローチをとる決断を迫られました。

　任天堂は高機能より遊ぶ楽しさという自社のコアミッションに再度焦点を合わせました。最低限のコストで最高のグラフィックスを実現する最高性能のゲーム機を構築するレースではもう勝てないことを認めました。その競争から降りて発表したのが2006年のWiiです。気軽にゲームをしたい消費者のマス市場をターゲットとしたシンプルなゲーム機です。

　Wiiの販売台数はゲームキューブの5倍に達しました。任天堂は、ハイテクゲーム機から既製の部品を使用したローテクゲーム機へ移行したことで市場の牽引役へと返り咲き、その後数年間はこの地位を維持しつづけたのです[10]。

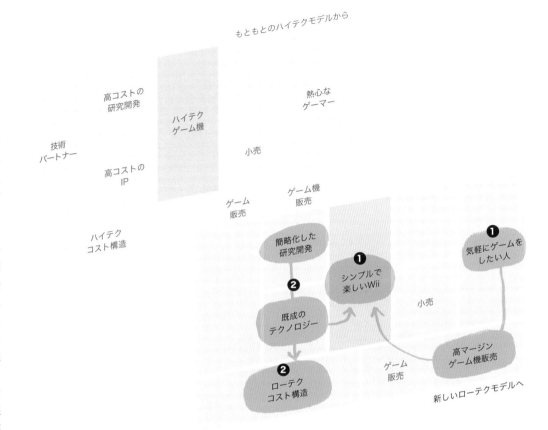

もともとのハイテクモデルから

高コストの研究開発

熱心なゲーマー

ハイテクゲーム機

技術パートナー

小売

高コストのIP

ゲーム機販売

ハイテクコスト構造

ゲーム販売

簡略化した研究開発

❶ シンプルで楽しいWii

❶ 気軽にゲームをしたい人

❷ 既成のテクノロジー

小売

❷ ローテクコスト構造

ゲーム販売

高マージンゲーム機販売

新しいローテクモデルへ

1. 従来の顧客セグメント向けハイテクから未開発の顧客セグメント向けローテクへ

任天堂はWiiでゲーム機市場の競争のルールを打ち破りました。筋金入りのゲーマー向けのテクノロジー性能競争から脱却して、気軽にゲームをしたい人向けの楽しさとモーションコントロール技術を追求し、なおかつ安価な既成のテクノロジーでそれを実現したのです。当時のWiiの主なライバルはマイクロソフトのXbox 360とソニーのPS3でしたが、どちらも画像処理能力は20倍、コンピューティング能力は4倍以上の性能を備えていました。しかし、独自のローテクなWiiは、気軽にゲームをしたい人という多数かつ未開発の市場に響いたのです。

2. ハイテクコスト構造からローテクコスト構造へ

任天堂がコストのかかるハイテクの活動とリソースから低コストへと移行したのは、Wiiでは処理能力と画質を下げているからです。Wiiは既製の部品を使用しているため、製造を大幅に簡素化し低コスト化を実現できました。コスト構造の抜本的変化によって任天堂はWiiの販売台数に比例して利益を伸ばすことができたのです。一方のソニーとマイクロソフトはゲーム機を販売するために、サービス契約と引き換えにゲーム機を値下げすることを必要としていました。

プラットフォームから販売へ
2007 〜〜 2009年

アマゾン・プライベートレーベル

2009年、アマゾンはプライベートレーベルを立ち上げてプラットフォームから販売へと事業を拡張しました。アマゾンのプラットフォームにない製品を調達してビジネスを成功させているサードパーティー販売業者を模倣しています。アマゾンはこれを自社製品ラインナップの創出機会ととらえました。

1999年、アマゾンはサードパーティー業者の販売サイトを立ち上げ、他の小売業者向けのeコマースプラットフォームとして異例の成功を収めました。2007年、アマゾンは自社のプラットフォームを使って自社製電子機器（Kindle電子書籍端末）の販売を開始し、Amazonベーシックブランドとしてプライベートレーベル製品へと事業を拡大しました。

　多くの会社が販売からプラットフォームへの移行を目指すなか、アマゾンはプラットフォームから販売へという逆移行を実行したのです。プライベートレーベル事業によってアマゾンはサードパーティーサプライヤーとの競争に参入したことになりますが、この競争相手はアマゾンのeコマースビジネスの顧客でもあります。

　アマゾンは引き続きプライベートレーベル製品の品揃えの拡充（電子機器からファッションや日用品まで）と低価格化に取り組んでいます。

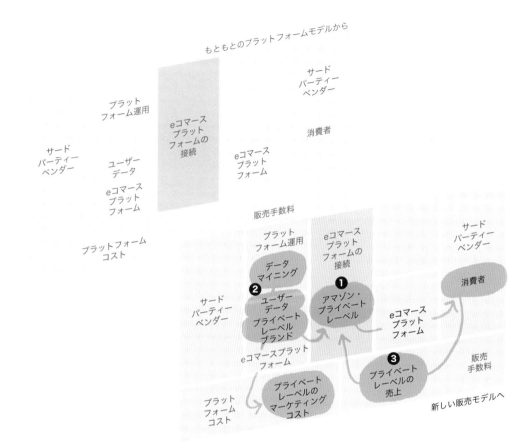

もともとのプラットフォームモデルから

新しい販売モデルへ

1. プラットフォームの価値提案から販売の価値提案へ

同社はAmazonマーケットプレイスで、サードパーティー製品向けの主要なeコマースプラットフォームを構築しました。2007年、自社ブランド製品の販売にも移行することを決定しました。その第一弾がKindle電子書籍端末です。2009年にはAmazonベーシックのブランド名でプライベートレーベル事業も立ち上げました。充電ケーブルや電池から数千点の日用品にまで販売品目を拡大しています。

2. プラットフォーム活動から販売重視の活動へ

アマゾンはプラットフォーム事業から得た消費者データを使ってプライベートレーベル事業の商品候補を特定しています。有望な商品候補があれば、Amazonベーシックのブランドで売り出します。製品はすでにアマゾンのプラットフォームで取引している小売業者から一括購入し、ブランド名を変更してeコマースプラットフォーム上でお勧め商品として販売するのです。

3. プラットフォームの収益から販売収益へ

アマゾンはプラットフォームから販売への移行によって、収入の流れも取引手数料から販売マージンへと移行しました。自社プライベートレーベル製品の販売から得た収益は、純粋な手数料ベースモデルにとって魅力的な追加収益です。

242

フロントステージ主導型移行

ターゲット顧客および製品やサービスの
提供方法に関する抜本的な移行。

ニッチ市場から
マス市場へ

ニッチ市場のプレイヤーからマス市場のプレイヤーへの移行を指します。より大きな市場に対応する
ために価値提案の簡略化が必要になることも少なくありません。そのような簡略化した価値提案では
価格の引き下げが必要になりますが、収益もマス市場によって拡大するため相殺されます。この移行
には、マス市場に合わせたマーケティング活動、チャネル、ブランドが必要です。

戦略的考察
ニッチ市場から脱却し、マス市場に適応
するために、価値提案をどのように簡素
化できるでしょうか？ マス市場にリー
チするにはマーケティングとブランドを
どのように変更すればよいでしょうか？
どうすれば価格低下とマーケティングコ
ストの増加をより大きなマス市場からの
収益増加で補うことができるでしょう
か？

例
TED

243

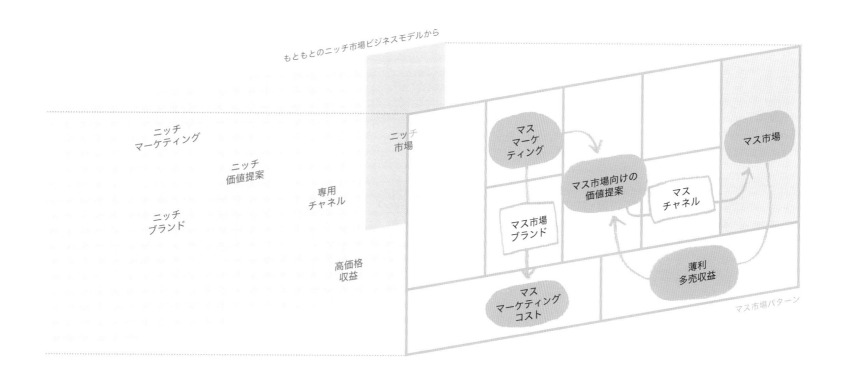

もともとのニッチ市場ビジネスモデルから

ニッチ
マーケティング

ニッチ
価値提案

ニッチ
市場

専用
チャネル

ニッチ
ブランド

高価格
収益

マス
マーケ
ティング

マス市場向けの
価値提案

マス
チャネル

マス市場

マス市場
ブランド

薄利
多売収益

マス
マーケティング
コスト

マス市場パターン

TED

TEDが6本のTED Talksをオンラインで公開したのは2006年。その成功は圧倒的でした。TEDは招待客限定のニッチな講演会を、知的好奇心の旺盛な人々を惹きつけるマス市場向けのサービスに移行しました。

TEDは1984年に知的好奇心の旺盛な人々に向けたテクノロジー、エンターテイメント、デザインなどのトピックに関する講演会として立ち上げられました。カリフォルニアで開催された最初の講演会は赤字になりしばらく再開できずにいましたが、第2回が開催された1990年以降は年に一度の恒例イベントになりました。

2001年、非営利団体がTEDを買収し、「地球上で最も興味深い人々を見つけ出し、その情熱を伝えてもらう」ことを改めてコミットメントとしました。TEDがマス市場の口コミで爆発的に広まったのは、2006年に6本のTED Talksをオンラインで無料公開してからです。

3カ月で視聴回数が100万回に達した後、TEDはウェブサイトを動画中心のデザインにリニューアルしました。2012年までにTED Talksの視聴回数は10億回に達しています[11]。

TEDは講演会からの収益およびスポンサー収入をオンラインプラットフォーム、コンテンツ開発、マスマーケティングといった活動に投入しつづけています。このようにして、現地のTED講演会で共有されたアイデアが録画版TED Talksによってマス市場へと公開されています。

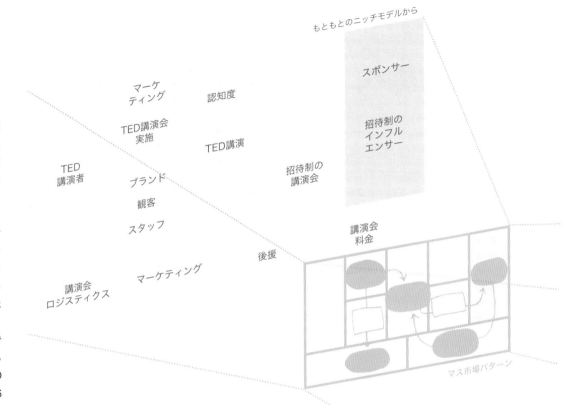

もともとのニッチモデルから

スポンサー

招待制のインフルエンサー

マーケティング

認知度

TED講演会実施

TED講演

TED講演者

ブランド

招待制の講演会

観客

スタッフ

講演会料金

後援

講演会ロジスティクス

マーケティング

マス市場パターン

1. ニッチからマス市場へ

数回の講演会の動画をオンライン投稿して成功した後で、TEDはカリフォルニアで年1回行われる限定的な講演会から、すべての講演会をオンラインで動画コンテンツとして提供する形へと移行しました。特定の場所で年間800人に影響を与えていただけだったのが、毎日数百万人にリーチできるようになりました。

2. 専門チャネルからマスチャネルへ

かつてのTEDは現地チャネルを使用して講演会の招待者限定入場券を販売していました。TED Talksの成功により、TEDはマスにリーチするデジタルインフラを開発しました。TED Talksはウェブサイトを通じて世界中に配信されています。

3. ニッチ活動からマスマーケティングへ

かつてTEDの活動は年に1回の講演会の運営とチケット販売に集中していました。TEDは活動を進化させ、「ideas worth spreading（広める価値のあるアイデア）」をスローガンにできるだけ多くの視聴者にリーチすることを目指しています。さらに世界レベルのコンテンツの獲得と配信のため世界レベルの動画制作にまで活動を拡大しています。

4. ニッチからマスブランドへ

TED Talksの視聴回数は2018年には1日に900万回を超え、TEDブランドはマス市場ブランドとして知的好奇心の旺盛な人々の間で有名になり、TEDの成長を支える資金調達に必要なスポンサーも惹きつけています。

100万回

最初にオンラインに投稿された6本のTED Talksは3カ月で視聴回数が100万回を超えました[12]。

3,200件以上
のオンライン動画

2019年12月時点で、3,200件のTED Talksがオンラインで無料公開されています[13]。

6,000回

1分間の新規動画視聴数[14]。

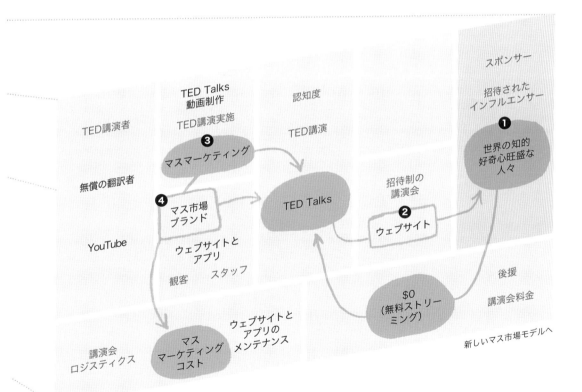

TED講演者　　TED Talks動画制作　　認知度　　スポンサー

TED講演実施　　TED講演　　招待されたインフルエンサー

❸ マスマーケティング

無償の翻訳者

❹ マス市場ブランド　　TED Talks　　招待制の講演会　　世界の知的好奇心旺盛な人々

YouTube　　ウェブサイトとアプリ　　❷ ウェブサイト

観客　　スタッフ

講演会ロジスティクス　　マスマーケティングコスト　　ウェブサイトとアプリのメンテナンス　　$0（無料ストリーミング）　　後援　　講演会料金

新しいマス市場モデルへ

「最初に数本の講演を実験的に公開した時の反響があまりにも大きかったため、組織そのもののあり方を覆して、『ideas worth spreading（広める価値のあるアイデア）』という考え方の基に一大ウェブサイトを構築しました。講演会がエンジンであることに変わりはありませんが、そのアイデアを世界に拡散しているのはウェブサイトです」

クリス・アンダーソン、2012年3月
TEDキュレーター

フロントステージ主導型移行

B2BからB2(B2)Cへ

消費者には見えないB2Bサプライヤーから、消費者が関心を持つブランドへの移行を指します。これは必ずしも仲介業者を完全に排除するわけではありません。多くの場合は消費者にとっての存在感を高めるためのブランドへの移行であり、消費者マーケティングに力を入れ、B2Cブランドの開発や拡張をすることになります。

戦略的考察

今は「隠れた」B2Bサプライヤーである場合、消費者にとっての存在感を高めることでどのように収益を増大させることができるでしょうか？ 消費者にとって価値を創出するためにどのように自社を位置付けますか？ またその位置付けによってどのようにB2B顧客にとって魅力が増大し、顧客の製品やサービスにおいて自分たちのブランドを可視化する動機付けとなるでしょうか？

例
Intel Inside

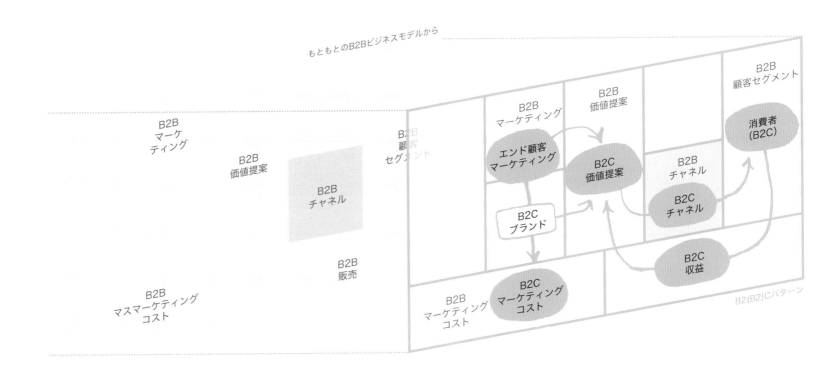

もともとのB2Bビジネスモデルから

B2B
マーケティング

B2B
価値提案

B2B
チャネル

B2B
顧客
セグメント

B2B
販売

B2B
マスマーケティング
コスト

B2B
顧客
セグメント

B2B
マーケティング

B2B
価値提案

B2B
顧客セグメント

エンド顧客
マーケティング

B2C
価値提案

消費者
(B2C)

B2B
チャネル

B2C
ブランド

B2C
チャネル

B2C
収益

B2B
マーケティング
コスト

B2C
マーケティング
コスト

B2(B2)Cパターン

246

ロータッチから
ハイタッチへ

標準化されたロータッチの価値提案からカスタマイズされたハイタッチの価
値提案への移行を指します。これは通常、人件費を増加させる人材集約型の新
たな活動を必要とします。しかし、付加価値の高いハイタッチの価値提案はプ
レミアム価格で提供され、収益の増大へつながります。

戦略的考察
標準化されたロータッチの価値提案をハ
イタッチの価値提案に変えることで、価
格と収益をどのように引き上げることが
できるでしょうか？ ハイタッチアプロー
チの規模の制限を受けることなく、標準
化のスケールメリットを維持するにはど
うすればよいでしょうか？

例
Apple Genius Bar

247

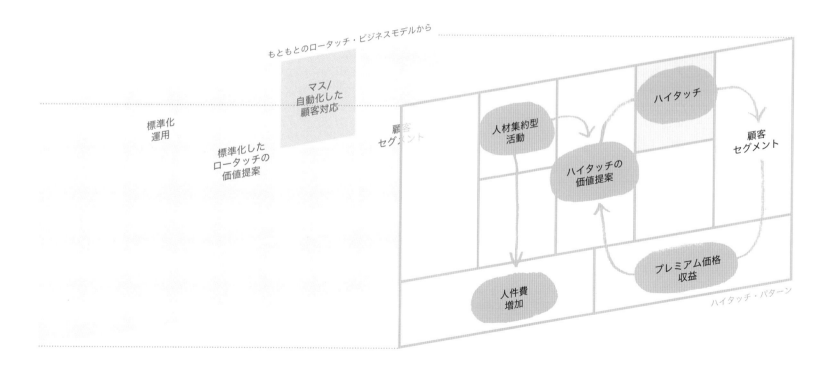

もともとのロータッチ・ビジネスモデルから

標準化
運用

標準化した
ロータッチの
価値提案

マス/
自動化した
顧客対応

顧客
セグメント

人材集約型
活動

ハイタッチの
価値提案

ハイタッチ

顧客
セグメント

人件費
増加

プレミアム価格
収益

ハイタッチ・パターン

Intel Inside

1990年代、パソコンと内部の部品は急速にコモディティ化が進みました。この脅威に対応するため、インテルは「Intel Inside（インテル入ってる）」キャンペーンを立ち上げ、表に出ない企業間取引（B2B）のマイクロチップサプライヤーから信頼のおける企業消費者間取引（B2C）ブランドへと移行しました。

インテルは1991年にIntel Insideマーケティングキャンペーンを実施し、自社のマイクロプロセッサ（とそれを搭載したパソコン）を市場に出回るほかの低品質のパソコンと差別化する手段としました。それまで、インテルはパソコン消費者と直接関係を持つことのないパソコンの部品メーカーにすぎず、主要部品の製造業者としてパソコンメーカーのみと取引をしていました。

インテルは、Intel Insideのロゴとステッカーをパソコン本体と梱包に貼付することをパソコンメーカーに求め、同意してもらえた場合は広告費を折半することに決めました。

Intel Insideステッカーは「品質の証」となり、消費者はプロセッサの機能を知らなくても、それが品質、信頼性、性能にかかわるものであることは分かるようになります。

インテルは実質的に、コンピュータ部品を製造するエンジニアリング会社から、性能レベルを保証する消費者製品企業へとうまく変革を遂げました。

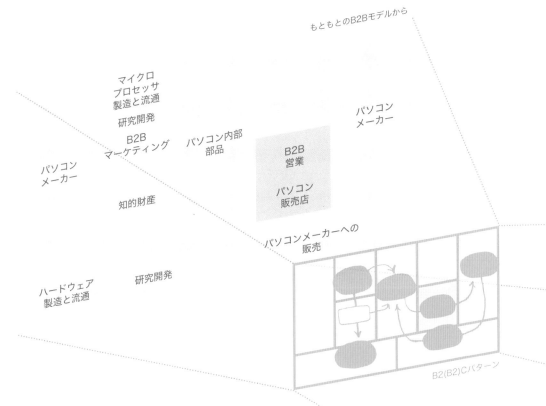

1. B2BからB2Cチャネルへ

1991年、インテルは消費者に直接リーチするB2Cチャネルとして Intel Inside広告キャンペーンを開始しました。これがインテルの認知度を飛躍的に高めます。また、パソコンメーカーにはマーケティングコストに大きく貢献する見返りとして「Intel Inside」のロゴをパソコン本体、梱包材、広告に載せるよう説得しました。インテルは裏方のB2Bマイクロチップサプライヤーから消費者へ直接アクセスするB2Cブランドへと移行しました。

2. B2Bマーケティングから エンド顧客マーケティングへ

エンジニアリング主導のB2B企業だった時代のインテルはマーケティングとほぼ無縁でした。消費者向けへ移行する上で、インテルは新しいエンドユーザーへのマーケティングスキルと強いB2Cブランドを開発する必要がありました。そして、品質、信頼性、性能に結び付く消費者にとっての必需品として地位を確立することに成功しました。

3. B2Cブランドの確立によって収益拡大へ

新たに獲得したB2Cのマスマーケット向けブランドの力によって、インテルは無名のマイクロチップサプライヤーとの差別化を図ることができました。パソコンメーカーはインテルの信頼性あるブランドを、消費者に高額なプレミアム料金を請求できる差別化要素として利用するようになりました。これがパソコンメーカーにとって売上と収益の増加につながり、インテルのマイクロプロセッサからの収益も拡大しました。

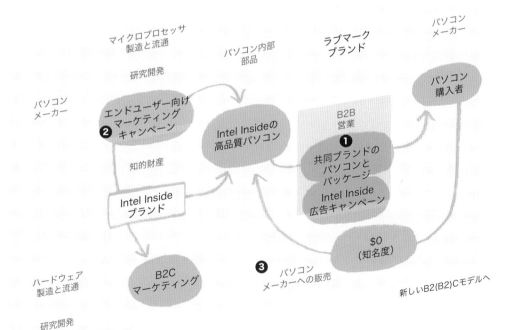

1億1,000万ドル

最初の3年間の広告キャンペーンコスト[15]。

第1位

1992〜2016年の半導体販売のマーケットリーダー。市場占有率は10〜15%[16]。

3,000ページ

最初の年度（1991年）、Intel Insideのロゴは3,000ページを超える顧客のOEM広告に登場[17]。

13万3,000件

1993年までに、13万3,000件のパソコン広告でIntel Insideのロゴが使用され、1,400社のOEMがプログラムに参加する契約を結びました[15]。

10億ドル

Intel Insideキャンペーンにより、インテルの純利益は1992年に初めて10億ドルを超えました[18]。

Apple Genius Bar

2001年、アップルはアップルストアの重要な要素としてGenius Barを発表しました。パソコンの購入とサポートという差別化がしにくく客にとっては気後れする体験を、真にハイタッチで高付加価値のコンシェルジュスタイルの顧客向けサービスに移行させたのです。

アップルストアを開設するまで、アップルはサードパーティー小売業者に販売とテクニカルサポートの両方を任せていたため、販売時と販売後のいずれも顧客対応にムラがありました。

　2001年、アップルはGenius Barを併設したアップルストアを開設し、小売戦略の重要な要素と位置付けました。

　Genius Barはひとりひとりに合ったフレンドリーなテクニカルサポートを提供し、製品の操作説明やトレーニングワークショップも行います。Geniusと呼ばれるスタッフはハイタッチの人間中心アプローチを用いて顧客が自分の端末を使いこなせるようにサポートします。Genius Barは、アップルストアまで出向いてサポートを依頼することに対し顧客が気後れしないようにするための仕掛けです。

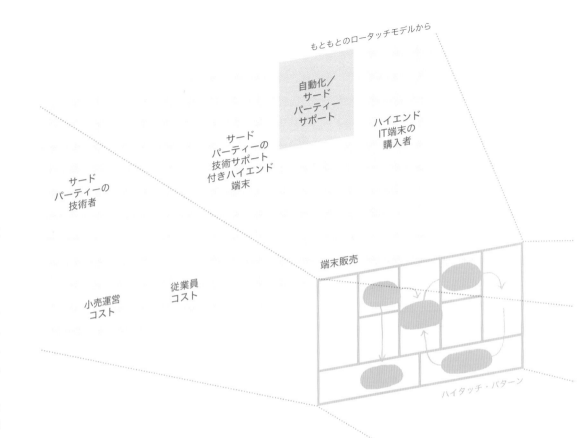

1. マス向け自動対応からハイタッチな対応へ

自分のデバイスに問題が発生した時、顧客はどうするでしょう？　通常はサードパーティーのコールセンターに電話をかけるか、パートナー経由で面倒な修理手続きをしなければなりません（マス向けの差別化できていないアプローチ）。2001年、アップルは新しいアップルストア内にGenius Barを併設し、製品の耐用年数にわたって顧客体験全体を管理できるようにしました。自分のアップル製機器に問題が発生したり、質問があったりする場合、顧客は最寄りのアップルストア内のGenius Barへ行けばよいのです。

2. 標準化運用から人材集約型活動へ

アップルは標準化されたバックオフィス型サポート体制（サードパーティーが関与することが多い）から新しい顧客対応活動へと移行しました。Genius Barは対面型テクニカルサポート、オンサイト修理、ソフトウェアのトレーニングとワークショップを提供しています。この移行を可能にするため、アップルはGeniusと呼ばれるこれまでなかった役割を担うスタッフの研修と認定を行いました。彼らは、パーソナライズされたサービスを提供する高級ホテルのコンシェルジュをモデルにしています。商品を売り込むことではなく、関係構築に重点を置いています。

3. 人件費の増加

ハイタッチアプローチの結果として、アップルはGenius Barの人件費と小売運営コストの増加を受け入れています。創出される付加価値のほうが小売コストの負担よりも重要だとみなしているためです。

4. プレミアム価格の収益

差別化のない低マージンのデジタル機器があふれるなか、アップルは顧客に専門性の高いサポートを提供することで際立つ存在となっています。このパーソナルサービスが世間に認知されているアップルの製品とブランドのメリットを裏付け、最終的にはアップルのプレミアム価格とマージンを正当化する上で役に立っているのです。

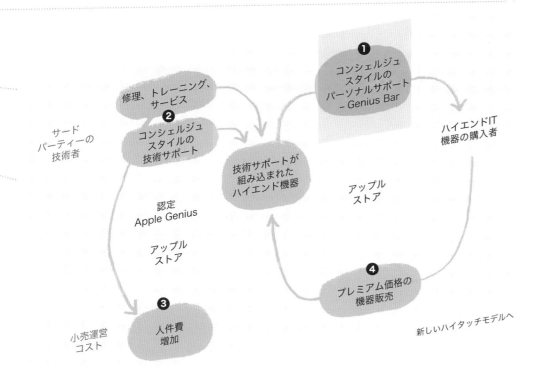

サードパーティーの技術者

修理、トレーニング、サービス

❷ コンシェルジュスタイルの技術サポート

❶ コンシェルジュスタイルのパーソナルサポート – Genius Bar

ハイエンドIT機器の購入者

技術サポートが組み込まれたハイエンド機器

アップルストア

認定 Apple Genius

アップルストア

❹ プレミアム価格の機器販売

小売運営コスト

❸ 人件費増加

新しいハイタッチモデルへ

「お客様とお手持ちの製品が最高の関係を結べるようお手伝いするために私たちがいます」

アップルストア・パロアルト店の主任Genius（2014年）

5万件

2014年の1日あたりの
Genius Bar予約件数[19]

D2C（Direct-to-Consumer）トレンド

改善

アップルストア

アップルは顧客体験全体を管理するため、独自の小売店を2001年に立ち上げました。それまでアップルは自社店舗で消費者に商品を販売したことがなく、常にサードパーティーの小売店を通していました。アップルストアは従来のパソコン販売店とはまったく違う体験によって瞬く間にヒットしました。アップルストアは明るいオープンスペースです。ここを訪れる顧客は機器を実際に触ってみたり、Genius Barでサポートを受けたりします。トレーニングワークショップやイベントによって、アップルストアはただの販売フロア以上の存在になっています。

ネスプレッソブティック

ポーション式コーヒーのハイエンドブランドとして有名なネスプレッソは、2000年に第1号のコンセプトストアをパリに開店しました。当時、ネスプレッソはすでにeコマース事業としては成功していましたが、ハイエンドブランドとしての地位を固めるには実店舗が必要でした。ネスプレッソブティックは着実に開店数を増やし、「究極のコーヒー体験」を顧客にデモンストレーションし、ブランドとしての期待に応えています。2017年末までに、世界主要都市の一等地に700店舗以上のネスプレッソブティックが開設されています。

オーデマ ピゲ

2013年、スイスの高級腕時計メーカー、オーデマ ピゲ（AP）CEOのフランソワ-アンリ・ベナミアス氏はサードパーティー小売業者と完全に関係を絶つことに決めました。APは2024年までにマルチブランドの小売パートナーとの関係をすべて終了する予定です。この大胆な移行によってAPは顧客体験、顧客データ、そしてブランドと顧客の関係について把握管理する力を取り戻すことができます。購入体験は、パーソナライズされたきめ細やかなサービスによって提供され、店舗（ラウンジ）よりも隠れ家的な場所、たとえば主要都市の高級マンションなどが使用されます。さらに、小売仲介業者を排除することでAPは小売販売のマージンをすべて獲得することができます。

ニッチの台頭

クラフトビール

クラフトビールの人気は過去数十年間にわたって上昇しつづけており、既存の大手企業さえクラフトビールの買収や流通に着手せざるを得なくなっています。

たとえば米国では、1980年代までにビールは特色も伝統も文化もほとんどない量産品となっていました。やがて消費者の関心は地方の小さな醸造所が作る濃厚な味わいのビールへと向き始めました。その結果、業界の大手企業もその市場に乗り込んできました。アンハイザー・ブッシュ・インベブ（バドワイザーのメーカー）は2011年から2017年までに米国の独立系クラフトビール醸造所を10社買収しています。

共同ブランド／アフィニティカード

クレジットカードといえばかつてはビザ、マスターカード、アメリカン・エキスプレスを指していました。現在では、銀行や金融機関よりも小売業者がカードの会員特典やお得な利用方法を提供しています。小売業者は1980年代から独自のカードを発行していましたが、共同ブランドにより新しいニッチ分野を掘り起こしました。たとえば、スターバックス、ウーバー、Amazonプライムはいずれもビザ特約カードを発行しています。2017年には共同ブランドのクレジットカードは米国消費者および小規模事業のクレジットカード購入金額の41％を占め、2018年には購入金額が9,900億ドルを超えました（Packaged Facts社調査）。

限定スニーカーの発売

ナイキやアディダスはニッチ市場をまったく新しいレベルへ引き上げました。特定の時間に専門小売業者で毎週発売される数量限定の独占リリースという形式です。スニーカーの製造数量は数百足から数十万足まで幅がありますが、この場合は自分だけのファッションアイテムとして、あるいはコレクターズアイテム（オンライン転売用）として商品を求めるスニーカーマニアをターゲットにしています。発売時の価格が120ドルだったスニーカーが、希少性や評判の高さによっては4,000ドルにまで跳ねあがることさえあります。

254

バックステージ主導型移行

価値創出方法の
抜本的な移行。

専用リソースから
多用途リソースへ

リソースを1つの価値提案に使用することから、同じリソースをまったく異なる価値提案に使用することへの移行を指します。これは、新しい顧客を対象としています。これにより相乗効果が増大し、まったく新しい収入の流れを生み出すことにもつながります。

戦略的考察
主なリソースのなかで最も重要なものを新しい顧客セグメントの新しい価値提案で収益化するにはどうすればよいでしょうか。既存のビジネスとの相乗効果により、ターゲットとする新市場に創造的破壊を起こすにはどうすればよいでしょうか？

例
富士フイルム

255

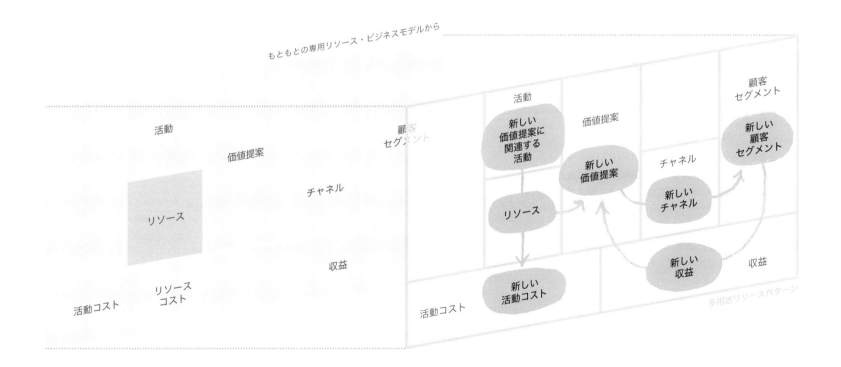

もともとの専用リソース・ビジネスモデルから

多用途リソースパターン

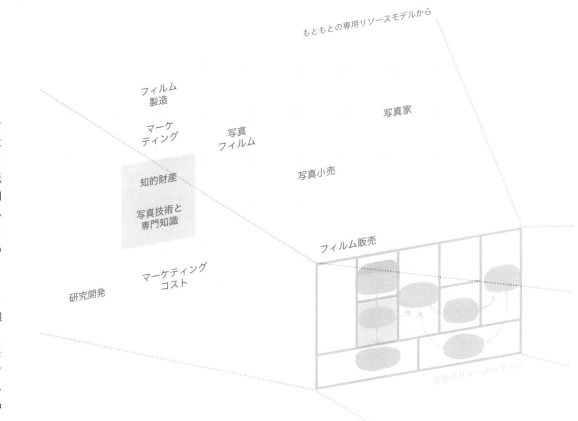

もともとの専用リソースモデルから

フィルム製造

写真家

マーケティング

写真フィルム

知的財産

写真小売

写真技術と専門知識

フィルム販売

研究開発

マーケティングコスト

多用途リソースパターン

専用リソースから多用途リソースへ
2003 〜〜 2006 年

富士フイルム

2000年代の写真のデジタル化により、富士フイルムはアナログフィルムからの継続的な収益にもはや頼れなくなったことに気付きました。古森重隆会長は富士フイルムの転換期の幕開けとして中期経営計画「VISION 75」を掲げました。2006年、富士フイルムは写真フィルムで培った知識を化粧品という新しい用途に移し、スキンケア製品のアスタリフトシリーズを立ち上げました。

256

改善

富士フイルムは中期経営計画「VISION 75」の一環として自社技術の革新的な用途を追求するため、2006年に富士フイルム先進研究所（研究開発）を設立しました。すぐにスキンケア製品のアスタリフトシリーズを開発し、このブランド名を冠した新しい化粧品を発売しました。既存の主なリソースを中心として新しいビジネスモデルの構築に成功した富士フイルムは、フィルムの急激な衰退からV字回復を果たしました。かつてのライバルであるコダックとは対照的です。

この成功は他のビジネス（高機能材料、医療機器など）を探索する足掛かりとなり、富士フイルムは多角的なテクノロジーコングロマリットへと生まれ変わりました。富士フイルムのイメージングソリューション部門は、2001年には同社の収益の54%を担っていましたが、2017年にはわずか15%にまで縮小しています。

1. 主なリソースの専用化から多用途化へ

富士フイルムは、コラーゲンがフィルムと皮膚の主要成分であり、写真技術とフィルム製造の知識をスキンケア製品の製造に応用できることに気付きました。長年の間に富士フイルムが写真フィルムで使用するために化合物ライブラリーで開発した2万点の化合物は、現在では医薬品とスキンケアに応用されています。

2. 1つの価値提案から新規顧客セグメント向けの新規価値提案へ

富士フイルムは、当初の世界中の写真家に向けた写真フィルムの価値提案から抜本的な変革を行っています。現在ではアジア圏の女性をターゲットにしたアスタリフトというハイエンドなスキンケアの価値提案を提示しています。

3. 従来型チャネルから新しいチャネルへ

写真フィルムとハイエンドのスキンケアは同じ小売チャネルを使用しないため、富士フイルムはアスタリフト事業のため化粧品専用小売チャネルを新たに開拓しました。

4. 従来型の活動から新しい価値提案に関連する新しい活動とコストへ

富士フイルムは先進研究所を設立し、写真技術の革新的な使用法を探しました。スキンケア事業に投資し、化粧品には強いブランド力が必要なためアスタリフトを重点的なマーケティングキャンペーンでバックアップしました。次にスキンケアの製造流通インフラを構築し、新しい価値提案を支えました。

5. 収益から新しい収益へ

2001年のピークを境に写真フィルムの需要は急速に低下し、10年も経たない間にほぼ消滅しました。フィルム収益の落ち込みを補うため、富士フイルムはハイエンドのスキンケアとサプリメントで新しい収入の流れを作り、2006年以降のヘルスケア部門の成長に貢献しています。

2倍

アスタリフトは富士フイルムのヘルスケア事業の収益を2008年の2,880億円から2018年の4,840億円にまで約2倍に成長させました。富士フイルムのアスタリフトの収益はヘルスケア部門に含まれています[20, 21]。

2万点 の化合物

富士フイルムが開発した2万点の化合物が化合物ライブラリーにあります。いずれも当初は写真フィルムに使用されていましたが今では医薬品に使用されています[22]。

フィルム製造

マーケティング

写真フィルム

写真家

化粧品製造とマーケティング

❶ 知的財産

❷ スキンケア製品（アスタリフト）

❸ 化粧品小売

アジアの化粧品購入者

❹

化粧品ブランド

写真小売

❶ 写真技術と専門知識

❺ スキンケア製品販売

フィルム販売

マーケティングコスト

化粧品製造とマーケティングコスト

新しい多用途リソースモデルへ

研究開発

富士フイルムとコダックの収益[23]
単位：百万米ドル

━ 富士フイルム　　コダック

30,000

20,000

10,000

2000 2001 2002 2003 2004 2005 2006 2007

アセットヘビーから
アセットライトへ

高い固定費と高い設備投資に基づくアセットヘビーのビジネスモデルから、変動費しかかからない
アセットライト（保有資産縮小）ビジネスへの移行を指します。この移行によって、資産の構築と維
持ではなくサービス提供と顧客獲得を重視することが可能になります。そこで浮いた資本とエネル
ギーは、成長促進と収益増加のために投資されます。さらに、サードパーティーが資産の構築と維持
のコストを複数のクライアントに分割できることも珍しくありません。これにより、自社で資産を構
築して維持する場合よりも単価を引き下げることができます。

戦略的考察
資産の構築と維持から資本とエネルギー
を解放し、サービス提供と顧客獲得に注
力するにはどうすればよいでしょうか？
その移行が顧客層の拡大と収益増加にど
のように役立つでしょうか？

例
バーティ・エアテル

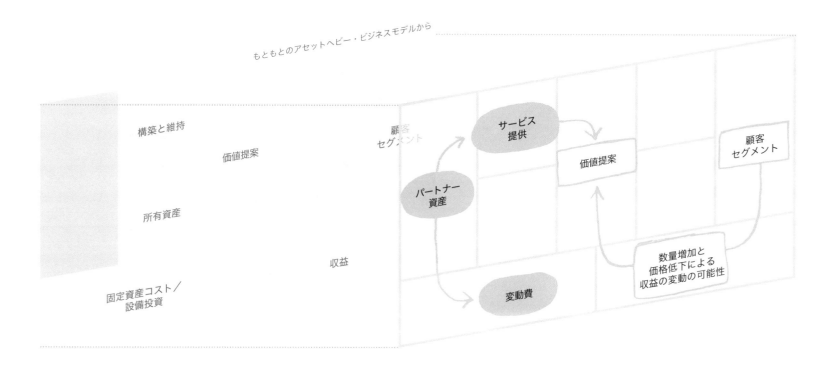

もともとのアセットヘビー・ビジネスモデルから

クローズドからオープンな
イノベーションへ

新しい価値提案をクローズドで開発するアプローチからオープンで開発するアプローチへの移行を指します。こうしたアウトサイド・イン・アプローチは外部の研究開発と知的財産（IP）をベースにしています。同じようなタイプに、内部の研究開発とIPを厳重に保護するやり方から、研究開発とIPを外部パートナーと共有するインサイド・アウト・アプローチへの移行もあります。

戦略的考察
外部の研究開発とIPをさらに活用する（アウトサイド・イン）か、内部の研究開発とIPを外部パートナーと共有する（インサイド・アウト）にはどうすればよいでしょうか？ いずれも新たに得た収益を通じて研究開発への投資効果を高めることにつながらなければなりません。

例
マイクロソフト

もともとのクローズド（イノベーション）ビジネスモデルから

バーティ・
エアテル

2000年代初頭、エアテルは通信インフラ
の拡充に必要な資金が不足していました。
そこで、通信業界では前代未聞の戦略を試
すことを決断しました。エアテルはネット
ワークインフラ全体とその運用の大半を外
注し、インフラ開発ではなくサービス提供
で勝負することにしたのです。

2000年代初頭、バーティ・エアテルはインドの通
信市場の成長から大きな分け前を獲得しようとし
ていました。ところが、必要とされるインフラに投
資するための資金が不足していました。

　競合他社のようにインフラで勝負するよりも、
エアテルはこのコストのかさむ資産を捨ててサー
ビスで勝負しようと決断しました。

　2003年、エアテルは主要通信事業者として初
めて、インフラとその事業運営の大半をパート
ナーに外注しました。

　これで同社のビジネスモデルから多額の資本コ
ストがなくなりました。この移行によって設備投
資費は顧客の使用量に応じて変動する運営費に変
わりました。エアテルはこの移行により節約でき
た資金を料金値下げと新しい価値提案に還元する
ことで、サブスクリプション契約者層の急速な増
加を支えました。

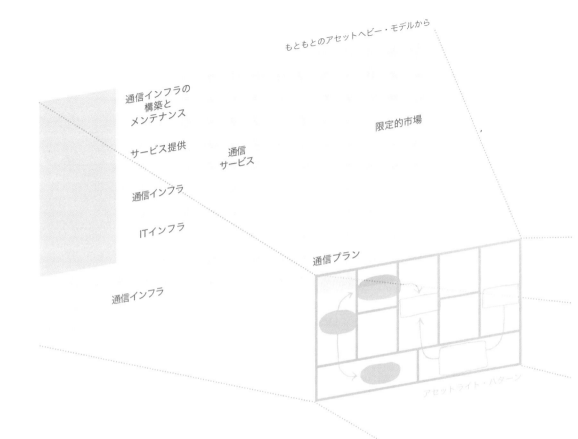

もともとのアセットヘビー・モデルから

通信インフラの
構築と
メンテナンス

限定的市場

サービス提供

通信
サービス

通信インフラ

ITインフラ

通信プラン

通信インフラ

アセット ライト・パターン

1. 主要資産の所有から
　 パートナー資産へ

2003年から2004年にかけて、
エアテルは物理的な通信インフ
ラの運営と保守、さらにITシス
テムの大半を複数年契約で4社
のグローバルベンダーに外注す
るという大胆な決断をしました。
これは、ネットワークを主な競
争上の強みと見る通信事業者に
とっては前代未聞の動きです。

2. 構築とメンテナンスの活動から
　 サービス提供活動へ

エアテルは浮いた資金的リソー
スを営業、マーケティング、顧客
サービスの拡張へ再配分しまし
た。こうした活動は急速な顧客
増加とサービス提供の品質向上
を可能にしました。

3. 固定費から変動費構造へ

エアテルは通信機器への出費やインフラ所有（固定費）が不要になりました。サービスの使用量と品質を基準とする支払いモデル（変動費）についてパートナーと交渉しています。

4. 限定的な収益から薄利多売収益へ

エアテルはインフラの外注化によって浮いた資金を通信プランの料金引き下げで顧客に還元しています。料金低下によって売上高は大幅に伸び、急速に拡大するインドの通信市場の波に乗っています。インフラによる成長の制約がないため、エアテルは移行後、急速に顧客層を拡大することに成功しています。

第3位
インド

2019年にはインド国内で第3位の大手携帯電話事業者に[24]。

3億
2,500万人

2019年のインド国内の契約者数[24]。

27.5%
市場シェア

2019年のインド国内の無線契約者総数に占める割合[24]。

120%
成長率

2003年から2010年まで売上高の年複利成長率が120%、純利益の成長率は1年あたり282%[25]。

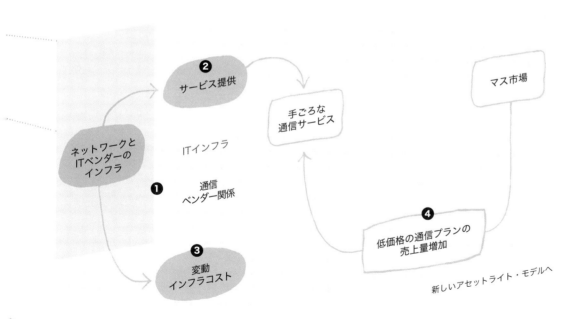

マイクロソフト

法人ユーザーと開発者はもうオペレーティングシステムに縛られたくないと考えています。この点を克服するため、マイクロソフトはオープンソースを受け入れ始めました。2001年にはオープンソースを「癌」と呼んでいたマイクロソフトが、2014年にはオープンソースのコミュニティに参加する方針へ移行したのです。

スティーブ・バルマーCEOの時代には、マイクロソフトはオープンソースを敵対視して酷評することで有名で、特許訴訟や知的財産盗用に対する露骨な威嚇など日常茶飯事でした。2012年、マイクロソフトはまずMicrosoft Open Technologiesの創設によって実験的にオープンソースに取り組みました。

2014年にCEOの座を引き継いだサティア・ナデラ氏はオープンアプローチへの移行を大胆に加速させました。マイクロソフトの焦点をプロプライエタリシステムのWindowsからオペレーティングシステムに依存しないクラウドソリューションへと移し、法人ユーザーと開発者の需要に応えました。

法人顧客のニーズを満たすため、マイクロソフトはクローズドからオープンなイノベーションへと移行しました。プロプライエタリ・ソフトウェア開発のみに頼らず、オープンソース・コミュニティに門戸を開いたのです。開発者がマイクロソフトのソフトウェアで作業をしやすくし、クラウドサービスのMicrosoft Azureの提供内容を改善しました。

改善

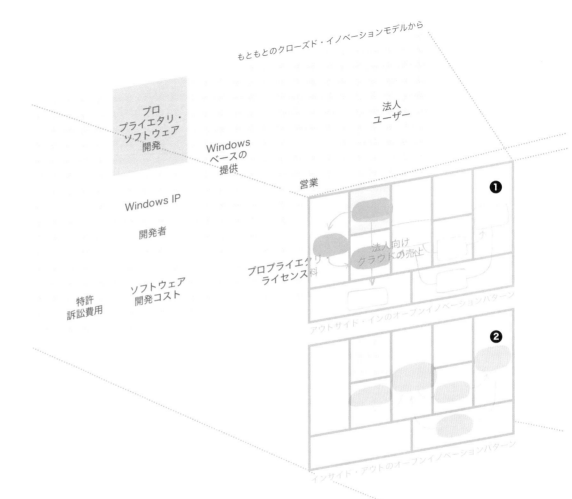

もともとのクローズド・イノベーションモデルから

プロプライエタリ・ソフトウェア開発

法人ユーザー

Windowsベースの提供

Windows IP

営業

開発者

プロプライエタリライセンス料

法人向けクラウドの売上

❶

ソフトウェア開発コスト

特許訴訟費用

アウトサイド・インのオープンイノベーションパターン

❷

インサイド・アウトのオープンイノベーションパターン

1. 内部の研究開発から外部の研究開発へ

マイクロソフトは、さらに多くの法人ユーザーにリーチするには、これ以上顧客にWindowsの利用を強制できないと気付きました。クローズドのソフトウェア開発（内部の研究開発）とWindowsの知的財産を重視する姿勢に基づくビジネスモデルは過去のものになったのです。2014年からサティア・ナデラ氏の指揮の下、マイクロソフトはオープンソース・コミュニティからの貢献に門戸を開くようになりました。法人ユーザーのニーズに応えるため、Azureクラウドサービスにはオープンソースコード（外部の研究開発）の採用を増やしました。

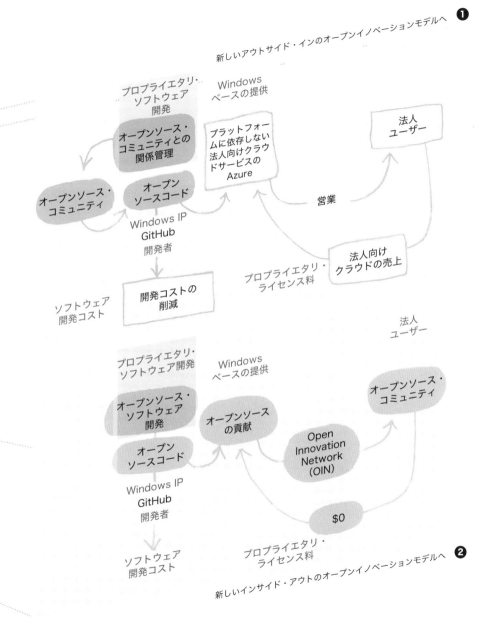

❶

新しいアウトサイド・インのオープンイノベーションモデルへ

プロプライエタリ・ソフトウェア開発

オープンソース・コミュニティとの関係管理

Windowsベースの提供

プラットフォームに依存しない法人向けクラウドサービスのAzure

法人ユーザー

オープンソース・コミュニティ

オープンソースコード

営業

Windows IP

GitHub 開発者

法人向けクラウドの売上

ソフトウェア開発コスト

開発コストの削減

プロプライエタリ・ライセンス料

プロプライエタリ・ソフトウェア開発

Windowsベースの提供

法人ユーザー

オープンソース・ソフトウェア開発

オープンソースの貢献

オープンソース・コミュニティ

オープンソースコード

Open Innovation Network (OIN)

Windows IP

GitHub 開発者

$0

ソフトウェア開発コスト

プロプライエタリ・ライセンス料

❷

新しいインサイド・アウトのオープンイノベーションモデルへ

6万件
の特許

2018年、マイクロソフトはOpen Innovation Network（OIN）参加時に6万件の特許をオープンソース化しました[26]。

75億ドル
GitHubの買収金額

マイクロソフトは世界有数のオープンソフトウェア開発プラットフォームGitHubを2018年に買収しました[27]。

第1位

マイクロソフトはGitHubの主要コントリビューターであり、2018年には4,550人以上の従業員が貢献しました[28]。

2. プロプライエタリIPから新しいIPベースの価値提案へ

マイクロソフトは2016年、The Linux Foundationに参加しました。これは、オープンソース開発を推進するオープンテクノロジー・コンソーシアムです。2018年には特許コンソーシアムのOpen Innovation Network（OIN）にも参加しました。マイクロソフトはOINに参加する際に、6万件を超える特許（プロプライエタリIP）をコミュニティに公開しました。

2018年、マイクロソフトはGitHubを買収しました。GitHubはオープンソース・コミュニティ向けのコラボレーションとソフトウェア・バージョンコントロールのためのプラットフォームです。マイクロソフトはすぐにGitHubに対する最大級のコントリビューターになりました（新しいIPベースの価値提案）。

23andMe

膨大なデータセットを分析したビッグデータは「専用から多用途へ」パターンを使って新たな成長機会を多数生み出しています。その好例が23andMeです。

1. 専用用途から：遺伝子検査

23andMeは2006年にDNA検査キットの直販を開始しました。祖先判定レポートと健康分析の両方を提供しています。23andMeはキットを購入する消費者に、「さらに大きなことの一員となるために」研究への参加を依頼します。平均で80％のユーザーが同意しています。キットが新たに1つ売れるごとに23andMeが有するユーザー、DNA情報、自己申告の行動データのデータベースは充実していきます。

2. 多用途へ：データベースへのアクセス

23andMeは自社のデータベースが科学研究の主なリソースになることを認識しています。データは匿名化し、データベースへのアクセス権を研究者（医療、政府、教育の分野）へ販売します。2018年には400万人を超える23andMeの顧客が、自分のDNAが研究に利用されることに同意しています。23andMeの平均的顧客は230件を超える研究に貢献しています。

3. 多用途へ：創薬

この豊富なデータによって23andMeは創薬への進出も可能になりました。この分野での探求は自社でも、また大手製薬会社とのパートナーシップを通じても行っています。2020年初頭、23andMeは自社の顧客データを利用して開発した新薬の権利を初めて売却しました。これで大きな新しい収入の流れへの道が開けました。

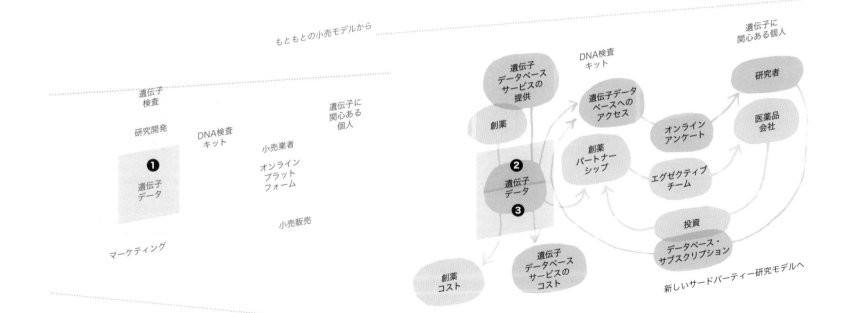

アセットライトから
アセットヘビーへ
1928 〜〜 1955年

ディズニー・
パーク＆リゾート

1930年代、ディズニー創設者ウォルト・ディズニー氏は、家族連れに映画のスクリーン上でも現実世界でも魔法のような体験を提供するという夢を描いていました。映画（ライトアセット）の成功に続いて、1955年にテーマパークとリゾート（ヘビーアセット）へと事業拡大しました。

ウォルト・ディズニー氏が最初のミッキーマウスの漫画を公開したのが1928年。4年後には家族連れ向けのアミューズメントパークの構想を描き始めていました。1955年、カリフォルニアにディズニーランドを開園し、最初の10週間で100万人の入園者を記録しました。1960年代にはこの数字が年間500万人にまで膨れ上がります。1971年にはディズニーワールドも開園し、両方のリゾートには観光客をもてなすホテルも開業しました。1983年、ディズニーは初の米国外のテーマパークを東京に開園し、1996年には豪華客船のディズニー・クルーズラインも開業しました。ディズニーのヘビーアセットの継続的な成長と投資は成果をあげています。一大メディア事業に次ぐ収益性の高いホスピタリティ事業を構築したのです。そしてディズニーは世界で最も価値の高いメディアブランドとして君臨しつづけています。今後2023年までにテーマパークへ240億ドルの投資が予定されています[29]。

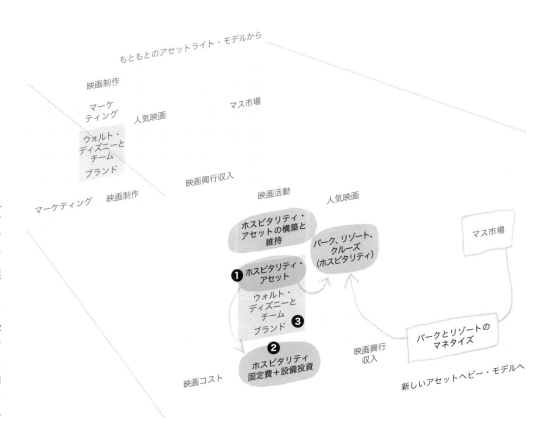

1. アセットライトからアセットヘビーへ

ディズニーの映画事業ではウォルト・ディズニー氏とクリエイティブチームのほかに必要な資産はほとんどありませんでした。ディズニーが現実世界の体験創出へと移行を決定した時に、ホスピタリティ分野でのヘビーアセットへの投資が必要になることを受け入れたことになります。ディズニーは最初のテーマパークであるディズニーランドを1955年に開園して以来、テーマパーク11カ所、リゾート51カ所、豪華客船4隻、私有島1つを主なリソースに加えています。

2. アセットライトから
アセットヘビーのコスト構造へ

映画	パーク
わんわん物語 3,810万ドル	ディズニーランド 1億6,200万ドル
ジャングル・ブック 3,060万ドル	ディズニーワールド 20億2,000万ドル
リトル・マーメイド 8,200万ドル	ディズニー・ハリウッド・スタジオ 8億2,400万ドル

3. アセットライトと
アセットヘビーが相互強化

ディズニーは映画フランチャイズとブランドを、パーク、リゾート、クルーズ、その他の商品のマーケティングに利用します。同時に、パークとリゾートは顧客とディズニーブランドとの結び付きを強化するチャネルにもなります。

266

利益方程式主導型移行

収入とコストという面で
利益をあげる方法の革新的な変化。

高コストから
低コストへ

コスト構造を大幅に縮小し、価格重視の顧客に低価格の価値提案を提供するため、より効率的な活動とリソース構成へと移行します。これによって、過去にこのような価値提案にアクセスしてこなかった新しい顧客セグメントを獲得できるようになります。

戦略的考察
低価格の価値提案で獲得できる可能性のある価格重視の新しい顧客セグメントはどれでしょうか？ 活動とリソースを再構築してコスト構造を破壊し、低価格を可能にするにはどうすればよいでしょうか？

例
ダウコーニングのザイアメター

267

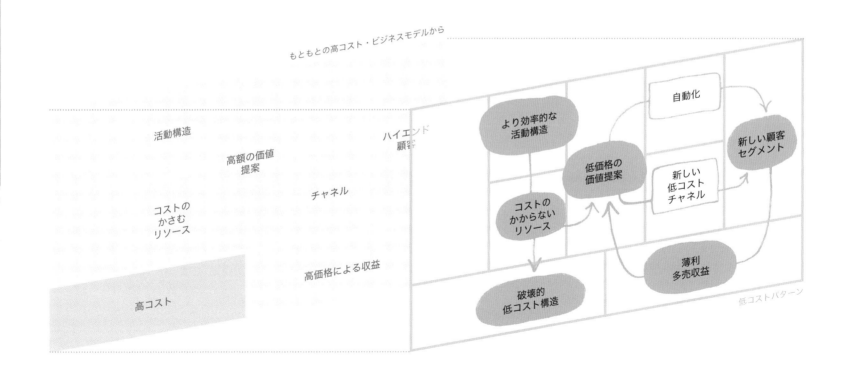

もともとの高コスト・ビジネスモデルから

活動構造

高額の価値
提案

ハイエンド
顧客

チャネル

コストの
かさむ
リソース

高価格による収益

高コスト

より効率的な
活動構造

自動化

新しい顧客
セグメント

低価格の
価値提案

新しい
低コスト
チャネル

コストの
かからない
リソース

薄利
多売収益

破壊的
低コスト構造

低コストパターン

ダウコーニングの
ザイアメター

シリコンのコモディティ化が進みつつあった1990年代後半、ダウコーニングの特殊シリコン事業は脅威にさらされていました。これに対抗するため、ダウコーニングは2002年にザイアメターを生み出しました。余分なものを一切省いたスタンダードシリコン製品です。これを価格重視のメーカーにオンライン販売しました。

1990年代、シリコンはコモディティ化が進み、ダウコーニングはシリコン市場のローエンドをあきらめることもできましたが、シリコンを標準より15％も低い価格で提供するビジネスをデザインするという課題に取り組みました。これが2002年、スタンダードシリコン製品のオンライン限定流通プラットフォームであるザイアメターの立ち上げにつながります。

ダウコーニングは高コストの特殊シリコン事業と低コストのザイアメターのスタンダードシリコン事業を両立させています。2つのビジネスモデルは順調に共存しており、ダウコーニングはシリコンのコモディティ化という脅威を克服できました。

ダウコーニングは2016年にダウ・ケミカルに買収されています。

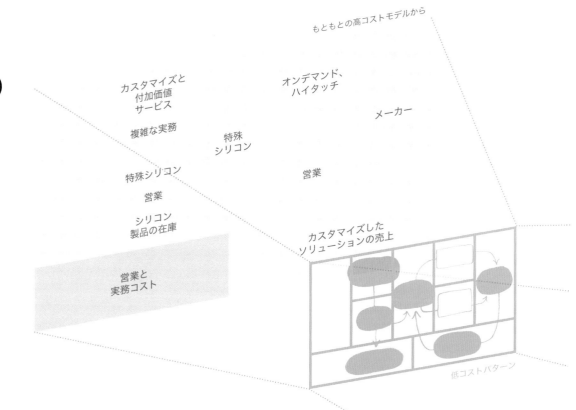

1. 高コスト構造から破壊的な低コスト構造へ

ザイアメターはダウコーニングそのものとはコスト構造を抜本的に変えました。破壊的な低コスト構造は、コストのかからないリソース、簡略化した活動、標準化した販売方法によって実現できました。

2. 高コストから低コストのリソースと活動へ

ザイアメターはダウコーニングの従来のビジネスモデルから、最もコストのかかるリソースを排除しました。特殊シリコンのリソースの排除により在庫を削減し、専任の営業も廃止しました。さらに、シリコン製品のカスタマイズ、付加価値サービス、特別契約条項などの活動の簡略化も進めました。新しいビジネスモデルは標準化した販売とオンラインで完結する実務を目指してデザインされました。

3. 特別な価値提案から 低価格の価値提案へ

より低コストのリソースとより効率的な活動構造により、ザイアメターは低価格の価値提案を提供できるようになりました。スタンダードシリコンをオンラインで、ダウコーニングブランドより低い価格で販売しています。この価値提案が惹きつけた新しい顧客セグメントである価格重視のメーカーにとって、スピードと利便性と価格が魅力なので、専門のハイタッチな営業活動を受けなくても気にしません。

4. 従来型（オフライン）チャネルから 新しい（オンライン）チャネルへ

もともとのダウコーニングのビジネスは、専門の営業に全面的に依存しており、オンライン展開はしていませんでした。ザイアメターはeコマースプラットフォームを創出し、顧客にリーチするため新しいオンラインチャネルを導入しました。

5. 高価格収益から 薄利多売収益へ

ダウコーニングは特殊シリコン製品を高価格で販売します。ザイアメターは標準より15%低い価格を目指します。その代わりに顧客は大量注文して標準化された支払い条件とリードタイムに同意する必要があります。ザイアメターの売上高は10年足らずでダウコーニングの総売上高の0%から30%へと成長しました。

20%
低い価格

ダウコーニングブランドとザイアメターの価格差[30]。

「2つのブランドを掲げる戦略は、お客様が問題を解決して機会をとらえるために役立つ選択肢とソリューションを提供します」

ドナルド・シーツ

ダウコーニング最高財務責任者（CFO）兼
アメリカ地域社長

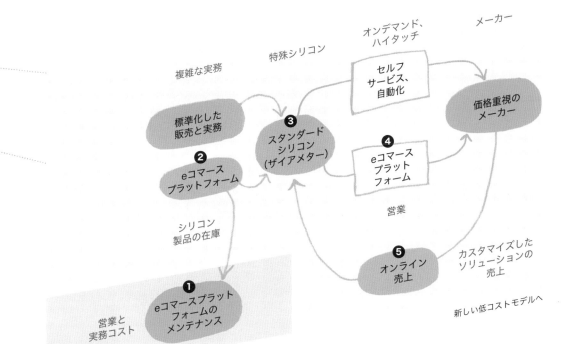

0%から30%へ
10年足らずの
オンライン売上の伸び

2011年のダウコーニングの売上高の30%はオンラインでしたが、2002年のザイアメター開設前は0%でした[31]。

13%
売上高成長率

売上高成長率のピークは2006年ですが、2002年のザイアメター導入以来毎年2桁の成長率を達成しています[32]。

出典：マーク・ジョンソン『ホワイトスペース戦略』
（CCCメディアハウス）

取引型から
リカーリング収益型へ

戦略的考察
顧客にとって繰り返し発生するどのジョブについて、長期的関係とリカーリング収益を伴う反復型の価値提案を創出できるでしょうか？

例
アドビ

継続的な販売コストを伴う販売を繰り返す取引型モデルから、顧客／ユーザーを一度獲得すれば経常的に収益を獲得できる方法に移行します。この移行は、反復型の価値提案で対応可能な、顧客にとって繰り返し発生するジョブを特定する必要があります。リカーリング収益によりLTV（顧客生涯価値）が上昇するため、顧客獲得のために取引型モデルより高い先行コストをかけられるようになります。リカーリング収益には複利成長率の改善と収益の予測可能性の向上というメリットがあります。

270

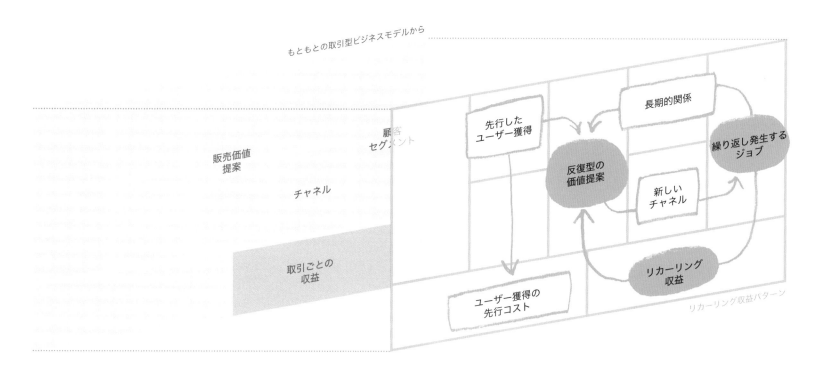

もともとの取引型ビジネスモデルから

リカーリング収益パターン

従来型から
逆行型へ

大幅にコストを削減し、同時に価値も高める移行を指します。逆行型では、たとえ価値提案を制限することになっても、最もコストのかかるリソース、活動、パートナーをビジネスモデルから排除します。その代わりに、価値提案にある特徴のうち明確な顧客セグメントが重視して進んで対価を支払うが提供コストは比較的安価なものに注力します。

戦略的考察
たとえ顧客にとって価値を生み出すものだとしても、私たちが排除または削減できる活動やリソースのうち最も費用のかかるものはどれですか？ その（高額な）価値損失を、顧客が最も関心を持つ低コストの価値創出要素によって価値提案を強化することでどのように埋め合わせができるでしょうか？

例
Apple の iMac

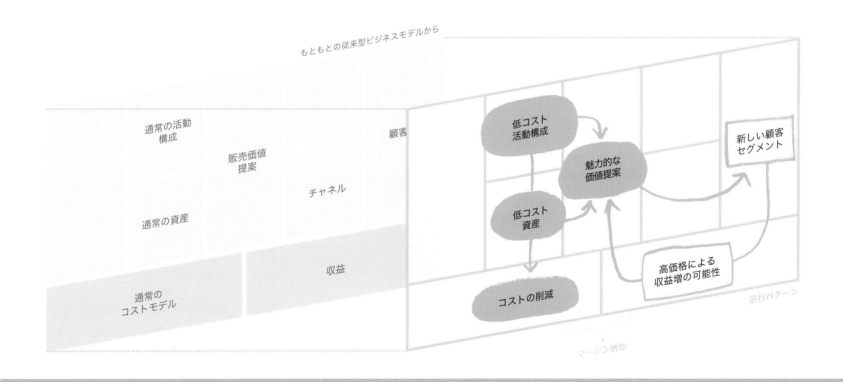

もともとの従来型ビジネスモデルから

通常の活動構成

販売価値提案

チャネル

通常の資産

顧客

収益

通常のコストモデル

低コスト活動構成

魅力的な価値提案

新しい顧客セグメント

低コスト資産

コストの削減

高価格による収益増の可能性

逆行パターン

マージン増加

アドビ

2010年代、インターネット経由のソフトウェア配布が可能になり、ソフトウェア業界ではSaaS（software as a service：サービスとしてのソフトウェア）への移行が始まりました。アドビは早期に機会をとらえ、2012年に取引型のソフトウェア販売からクラウド型サブスクリプションサービスへ移行しました。

アドビはそれまで、ソフトウェアの永続的ライセンスの取引型販売によって収益を得ていました。顧客には数年ごとに新しいバージョンへアップグレードするよう要請する必要がありました。

　2012年、アドビはCreative Cloudを立ち上げ、当時増えつつあったSaaSを提供するソフトウェア会社の仲間入りをしました。顧客はパッケージ化された製品へのアクセス権を取得し、対象製品はクラウド経由で継続的にアップグレードとサポートが行われています。

　2013年、アドビはCreative Suiteをスタンドアロンのソフトウェア製品として販売することを中止しました。アドビの収益は取引型からリカーリング収益型へ移行した当初は低下しましたが、マス市場がCreative Cloudを採用するとリカーリング収益は劇的な成長を始めました。

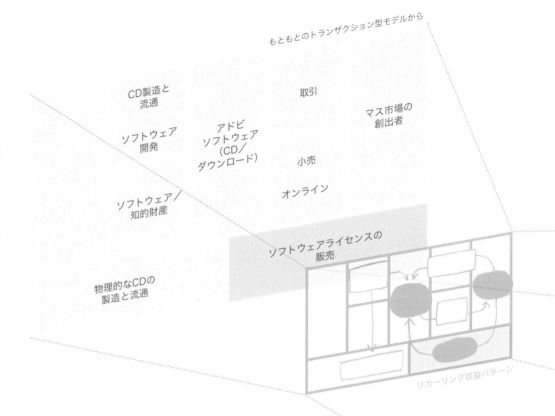

もともとのトランザクション型モデルから

CD製造と流通

取引

マス市場の創出者

ソフトウェア開発

アドビソフトウェア（CD/ダウンロード）

小売

オンライン

ソフトウェア/知的財産

ソフトウェアライセンスの販売

物理的なCDの製造と流通

リカーリング収益パターン

1. 取引型からリカーリング収益型へ

アドビは2012年に永続的なソフトウェアライセンスの提供から月額サブスクリプションサービスへの移行を決断しました。当時アドビのMaster Collectionをすべて揃えると2,500ドルもしましたが、Creative Cloud全体でもサブスクリプション料は月額50ドルです。

2. 販売から反復型価値提案へ

2012年までは、アドビの顧客は永続的なライセンスを購入し、最新ソフトウェアを入手するには定期的なアップグレードが必要でした。当然のことながら顧客は数年に一度ではなく常に最高で最新のソフトウェアと機能にアクセスできることを望んでいます。Creative Cloudへの移行はそのような反復型のニーズを満たし、自動アップデート、技術サポート、オンラインストレージ、編集、ファイル共有などの機能が提供されています。

3. 取引ベースから長期の関係へ

Creative Cloudへの移行は実質的に顧客との取引関係を長期的関係へ移行するものです。アドビはオンラインのユーザーコミュニティを築くことに重点的に投資しています。これにより、新しいサブスクリプションモデルの価値とメリットについて、オープンな場で議論されるようになります。

4. 数年おきの継続的な顧客獲得から重要な初回顧客獲得へ

2012年までは、アドビは新しいソフトウェア発売のたびに、さらにその後のアップグレードのたびに顧客獲得の活動とコストを負担していました。取引型からリカーリング収益型への移行によって、アドビは顧客を一度先行獲得することに投資し、顧客生涯にわたってサブスクリプション収入を回収することを目指します。

アドビの純利益率[33]

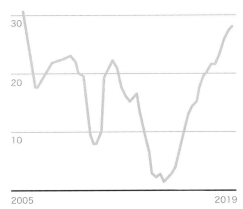

2005 — 2019

アドビのセグメント別売上高[34]
総売上高に占める割合

■ 製品　■ サブスクリプション

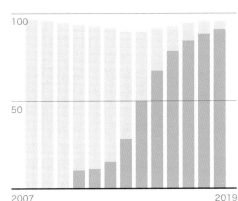

2007 — 2019

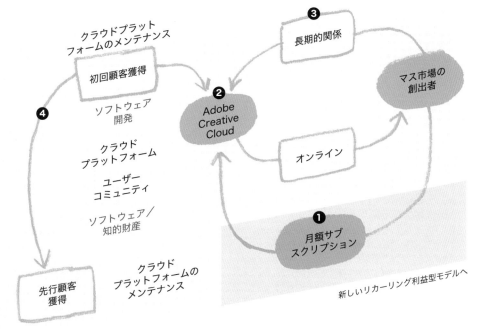

クラウドプラットフォームのメンテナンス

初回顧客獲得

ソフトウェア開発

クラウドプラットフォーム

ユーザーコミュニティ

ソフトウェア／知的財産

クラウドプラットフォームのメンテナンス

③ 長期的関係

② Adobe Creative Cloud

マス市場の創出者

オンライン

④ 先行顧客獲得

① 月額サブスクリプション

新しいリカーリング利益型モデルへ

Apple の iMac

1997年、スティーブ・ジョブズ氏は悲惨な財務状況に陥っているアップルに復帰しました。ジョブズ氏は運営費を大幅に削減する一方で、アップルの新しいデスクトップパソコンの価値提案に目を向け、デザイン重視の消費者がまさに求めていた iMac を登場させました。

1996年後半にアップルはNeXTを買収しました。創業者のスティーブ・ジョブズ氏がアップルを辞めた後で設立した会社です。アップルは破産寸前の状態にあり、ジョブズ氏に会社の立て直しを任せました。ジョブズ氏は製品面でも迅速に対応し、アップルのハードウェアとソフトウェアのポートフォリオのうち70%以上を断念してごく少数のプロジェクトに集中するようにしました。この決定により3,000人以上を一時解雇しましたが、アップルは家庭用コンピュータの刷新に集中できるようになりました。この仕事は、新たにデザイン部長に任命されたジョナサン・アイブ氏に任されました。彼がデザインしたiMacは、スケルトンの筐体とボンダイブルーが印象的なアップルを象徴する製品になりました。1年後にアップルは黒字を回復し、iMacの成功はその後の革命的なアップル製品（iPod、iPhone、iPad）へ続く道を切り開きました。新しいオペレーティングシステムのMac OS Xは2001年に発表されましたが、これもNeXT買収に端を発しています。

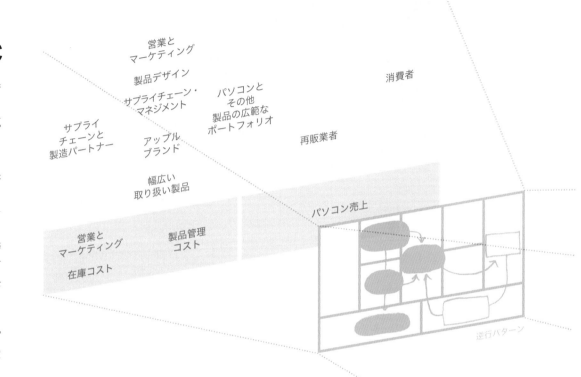

もともとの従来型モデルから

営業と
マーケティング

製品デザイン

消費者

サプライチェーン・
マネジメント

パソコンと
その他
製品の広範な
ポートフォリオ

サプライ
チェーンと
製造パートナー

アップル
ブランド

再販業者

幅広い
取り扱い製品

パソコン売上

営業と
マーケティング

製品管理
コスト

在庫コスト

逆行パターン

**1. 従来の活動とリソースから
低コストの活動構成と資産コスト低減へ**

アップルは不必要に拡張した製品ポートフォリオによって生まれた高コストで多岐にわたる活動とリソースから、無駄を省いた集中的なコスト構造へと移行しました。スティーブ・ジョブズ氏は小売業者ごとの製品のカスタマイズを廃止し、アップルのハードウェアとソフトウェア開発のうち70%を断念することで運営費を削減しました。これと並行してティム・クック氏はアップルのサプライチェーンの変革も進め、在庫コストの大幅削減につながりました。

2. 従来の価値提案から、デザイン重視の顧客セグメントとアップルファンにとって魅力的な新しい価値提案へ

アップルはiMacの発売によって、パソコンといえばベージュやグレーであるという市場の固定観念を打破しました。iMacはそれまでのどのパソコンとも違う際立つ存在でした。処理能力も使いやすさも格段に高く、今やあたりまえとなったインターネットへのアクセスに特に力を入れていました。また、iMacの丸みを帯びたカラフルなデザインはまったく新しい美学も作り上げました。1,299ドルという妥当な価格もあって、デザイン重視の消費者という新しいセグメントに直ちにヒットしました。

3. 不採算から高マージンビジネスへ

アップルは製品ポートフォリオを簡略化してサプライチェーン・マネジメントを改善し、新しいiMacの消費者セグメントに向けてデスクトップパソコンのデザインを重視しました。わずか1年でアップルは黒字回復しました。

3億900万ドル
1998年度の利益

↕

10億4,500万ドル
1997年度の赤字 [35]

80万台
iMac

発売から140日以内の販売台数。
15秒に1台のiMacが売れていた計算 [36]。

営業と
マーケティング

製品デザイン

❶

サプライチェーンの
最適化

❷

iMac
デスクトップ
パソコン

デザイン重視の
消費者

サプライ
チェーンと
製造
パートナー

アップルブランド

再販業者

Apple.com

削減した製品
ポートフォリオ

❸

高マージンの
パソコン販売

製品管理
コストの
削減

新しい逆行モデルへ

31日分から6日分
在庫量

1997年度において、アップルは4億3,700万ドル分の在庫を抱えていました。これは帳簿上丸1カ月分の供給に匹敵します。
　ところが1998年の会計年度末には、在庫量を80％カットし、わずか6日分にまで短縮しました [37]。

オーステッド

2012年、新CEOのヘンリク・ポールセン氏はオーステッドを化石燃料の発電配電会社から環境に優しいグリーンエネルギー100%の発電会社へと移行させました。この移行はガス価格の下落が債務問題の引き金になった後に起こりました。

オーステッドは1970年代にデンマークの国有事業であるドン・エナジー（DONG Energy）として設立され、ヨーロッパ各地に石炭火力発電所と洋上石油ガス採掘装置を建設していました。

2009年にドン・エナジーはグリーンエネルギーへの大胆な移行を決定しました。2040年までに化石燃料の使用率を85%から15%に削減するという目標を掲げています。この移行は、再生可能エネルギー生産に補助金支給を開始したデンマーク政府の支援を受けました。

2012年、ガス価格が下落したことでドン・エナジーは債務問題に陥り、新しいCEOとしてヘンリク・ポールセン氏が迎え入れられました。その指揮の下、ドン・エナジーはグリーンエネルギーへの移行を加速させ、2019年には世界最大の洋上風力発電開発業者となりました。

2016年にドン・エナジーは150億ドルの株式公開を行いました。2017年には石油・ガス事業を売却して正式に化石燃料から脱し、社名をオーステッドへと変更しました[38]。

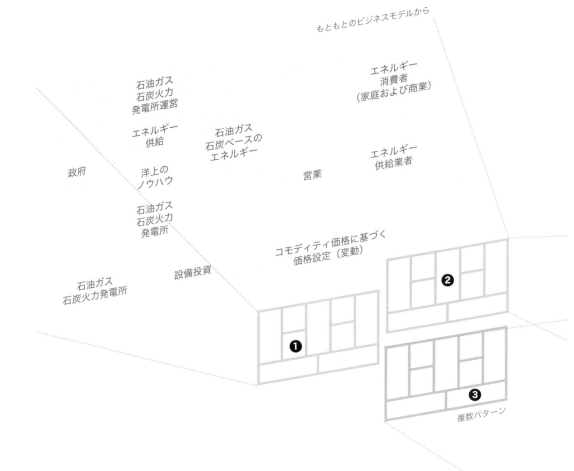

オーステッドの持続可能ビジネスへの移行は複数の移行パターンを組み合わせています。

1. 主なリソースの専用化から多用途化へ

オーステッドが移行を始めた時、長年の北海掘削事業で培った洋上のノウハウを応用して洋上風力発電所を建設しました。これにより、化石燃料エネルギー中心から再生可能エネルギー中心への大胆な移行が促進されました。

2. ローテクからハイテクへ

オーステッドは掘削事業から新しいハイテクのグリーン発電所へと移行するための多額の投資コストを負担しましたが、政府の補助金がこの移行を促進しました。同時期に、北海の石油ガス掘削は油田の成熟化によってコストが比較的高くなっており、オーステッドが風力技術と風力発電所運営に移行する意義も高まりました。

3. 変動する取引型収益から予測可能なリカーリング収益へ

オーステッドの従来の化石燃料による収益は変動が大きく、価格は地政学的要因とコモディティ価格の変動に左右されました。一方、オーステッドの風力中心のエネルギー価格は政府の補助金（および再生可能認証）によって長期固定価格に設定されています。2007年にはオーステッドの生産のわずか13%が固定価格だったのに対し、2018年には81%を占めています。

政府

エネルギー供給

風力発電と運営

❷ 再生可能エネルギー（風力発電所）

価値ベースの関係（持続可能性）

エネルギー消費者（家庭および商業）

風力タービンメーカー

洋上のノウハウ

営業

エネルギー供給業者

❶ 風力発電所

政府補助金によるコスト削減

風力発電所の運営

設備投資

再生可能エネルギーの固定価格

❸ 高価格（グリーンエネルギー・プレミアム）

新しいビジネスモデルへ

75%
再生可能エネルギーが占める割合

発電にグリーンエネルギーが占める割合は64%から2018年には75%へ増加[39]。

81%
二酸化炭素排出量の削減率

二酸化炭素排出量は2006年の1,800万トンから2018年の340万トンへ減少[39]。

87%

再生可能エネルギーへの投資割合。
2007年には使用総資本の16%が再生可能エネルギーに投資されていました。2018年には再生可能エネルギーのシェアは87%にまで増加しています[39]。

ロールスロイス

ロールスロイスがトータルケアを立ち上げたのは1990年代後半のこと。ジェットエンジンメーカーとして初めてエンジン（製品）の販売から製品ライフサイクルの全段階のケア（サービス）の販売へと移行しました。

ロールスロイスの民間航空機事業では1990年代に、新しい製品が売れるにはロールスロイスのエンジンが故障または誤作動しなければならないというビジネスモデルが、航空会社やビジネスジェットの顧客とずれていることを認識しました。

1999年、アメリカン航空がロールスロイスに、大型エンジンの発注だけでなく、修理、保守、運搬、周辺機器に関するすべてのアフターセールスサービスを提供するよう依頼しました。この最初の依頼から生まれたのがトータルケアです。

トータルケアは、ジェットエンジンをその耐用期間全体にわたって管理するリスクを顧客からロールスロイスに移行しました。トータルケアはジェットエンジンの飛行時間を支払単位とするリカーリング収益型モデルであり、これによりロールスロイスと顧客のインセンティブが合致することになりました。

トータルケアによって、ロールスロイスは製品からリカーリングサービス・ビジネスモデルへと移行しました。ジェットエンジンの販売では赤字ですが、ロールスロイスはその赤字をサービス契約によって長期的に回収します。

**1,430万
時間分の請求**

2018年に請求された分の大型エンジンの飛行時間は1,430万時間[40]。

**旅客機の
90%を対象**

2018年にはロールスロイスのワイドボディ機の90%がトータルケアサービス契約の対象でした[40]。

ワシントンポスト

ジェフ・ベゾス氏がワシントンポストを2013年に買収したのは、ニッチな地方紙を全国的なデジタルマスメディア大手へと移行させるためでした。

2013年、ジェフ・ベゾス氏がワシントンポスト（ポスト）を2億5,000万ドルで買収しました。ポストは総力をあげてワシントンの政治動向を報道する紙媒体として生き残りに苦戦していました。ベゾスはインターネットに関する知識を駆使してこの新聞社を世界的なデジタルメディア会社に移行させ、マス市場を重視してインターネットでの記事の無料公開を活用しました。

ポストは論説と調査ジャーナリズムという本道を保ちながら、読者を増やすためのターゲット層の拡大にも努めました。ペイウォール（一部有料コンテンツ）を採用して購読者収入を増やし、プラットフォームをまたいでニュースをまとめるプラットフォームを創設してより多くのジャーナリストと読者にリーチしています。

**170万人
のデジタル版購読者**

2012年には紙版購読者が48万4,000人、デジタル版が2万8,000人でしたが、2019年にはデジタル版購読者が170万人を超えています[41,42]。

**8,700万人
のユニーク訪問者**

2019年3月までの3年間で84%の増加（2010年は2,800万人、2012年は4,100万人）[43]。

ゴアテックス

1989 年、W.L.ゴアはゴアテックス素材を使用した製品に「Guaranteed to Keep You Dry」という防水性に関するプロミス（約束）を掲げる取り組みを始めました。これによりゴアは裏方の B2B 繊維メーカーから信頼の B2C ブランドへと移行できました。

ゴアテックスは W.L.ゴアが 1969 年に世界初の防水・透湿性素材として開発しました。1976 年にゴアテックスの最初の商業利用として受注したのはアウトドア用品会社向けの雨具とテントの開発でした。

　1989 年にゴアテックスは「Guaranteed to Keep You Dry」というプロミスを防水性製品に掲げ、製品の耐用期限内保証を提供することにしました。W.L.ゴアは最終製品のメーカーではありませんが、衣類やアウトドアブランドのメーカーに、ゴアテックス素材を使用した製品にはタグをつけてこの保証を売り文句にするよう説得しました。これにより消費者は高い品質への信頼と安心を得ることができ、ゴアテックスは実績ある衣料品メーカーの名に乗っかりおなじみのブランドになりました。

　ゴアは最終製品の衣類のメーカーではありませんが、サプライヤーとしてこのプロミスを消費者にまで拡大しました。もし消費者が衣類製品に満足していない場合、ゴアが対応します。ゴアはロゴとゴアテックスのラベルを通して、エンド消費者にその衣類のメーカーがどの会社であっても製品は信頼できることを示しています。

> 「企業にとって、自社が製造している製品を保証することと、他社が製造しているものを保証することはまったく別物です。それでもゴアはそれを約束します」
>
> ゴアテックスのプロミス

デルタ航空

1996 年、デルタ航空はマイレージプログラムのスカイマイルに新しい用途を与え、アメリカン・エキスプレスにロイヤルティプログラムとして再販することにしました。

デルタ航空は 1981 年、常連客のためにスカイマイルプログラムを始めました。スカイマイルはデルタの航空ビジネスモデルにおける主なリソースとして、常連の顧客に見返りを提供するためのものでした。

　1996 年、デルタ航空はこの主なリソースを別の価値提案に再利用できることに気付きました。スカイマイルを新しい顧客であるアメリカン・エキスプレス（アメックス）に販売し、アメックスは自社の顧客であるアメックスカード保有者にこのスカイマイルを配布します。

　この提携により、アメックスはクレジットカードの利用でスカイマイルを貯めたいハイエンド旅行者をターゲットにすることができ、デルタ航空はスカイマイルの別の利用法を見出すことができました。

35%

2018 年のデルタの売上高（時価 34 億ドル）のうちアメリカン・エキスプレスへのマイル売却が占める割合[44]。

2 倍

デルタは提携関係からの売上高が倍増して 2023 年には約 70 億ドルに達すると見込んでいます[45]。

リーダー向けの質問

価値提案移行

移行	どうすれば…
移行前 ➡ 移行後	…予想可能なリカーリング収益をもたらすリカーリングサービスを中心とするビジネスモデルへ移行できるか？
製品 ⬌ **サービス**	
移行後 ⬅ 移行前	…サービスに拡張可能な製品を追加して各顧客の財布シェア（全支出に占める割合）とLTV（顧客生涯価値）を高め、全体としての収益を増やすことができるか？
移行前 ➡ 移行後	…技術活動やリソースを活用して、価値提案の転換、コスト構造の抜本的修正、またはリーチの劇的拡大ができるか？
ローテク ⬌ **ハイテク**	
移行後 ⬅ 移行前	…ローテクな活動やリソースを活用して顧客が本当に関心を持っているが提供にあまりコストのかからない価値、またはテクノロジーでは可能にできない価値を提供できるか？
移行前 ➡ 移行後	…製品やサービスをプラットフォームとし、それらを提供するサードパーティーとユーザーをつなぐことができるか？
販売 ⬌ **プラットフォーム**	
移行後 ⬅ 移行前	…自社の拡張可能な製品やサービスをプラットフォームに追加して各顧客の生涯価値を高め、全体として収益を増大できるか？

フロントステージ主導型移行

移行	どうすれば…
移行前 ➡ 移行後	…価値提案の修正、マーケティングとブランディングの適応、リーチの拡大によってニッチ市場からマス市場へ移行できるか？
ニッチ ⬌ **マス** **市場** **市場**	
移行後 ⬅ 移行前	…特定のニーズのある一連のニッチセグメントに対してニッチ価値提案を創出できるか？　それがどのように当社のマーケティングとブランディングおよび流通戦略に影響するか？
移行前 ➡ 移行後	…エンド顧客である消費者にとって意義を高め、認知度を上げることができるか？　直接の顧客（B2B）および消費者（B2C）に対する価値提案を修正してそれを実現するにはどうすればよいか？
B2B ⬌ **B2C**	
移行後 ⬅ 移行前	…B2Cの顧客体験や顧客関係、インフラ、リソース、活動、専門知識を利用してB2Bの顧客および競合他社に対しても価値を創出することができるか？
移行前 ➡ 移行後	…ハイタッチな体験を創出し、価値提案を改善し、価格と収益を高めながら、標準化と規模のメリットも維持することができるか？
ロータッチ ⬌ **ハイタッチ**	
移行後 ⬅ 移行前	…顧客価値を創出または維持しながら、ハイタッチからロータッチの体験に移行できるか？　ハイタッチのどの側面について、顧客は提供する価格ほどの価値を見出していないか？

バックステージ主導型移行

移行	どうすれば…
移行前 ⟷ 移行後	…主なリソースの1つをマネタイズして、まったく新しい顧客セグメントに対して新しい価値提案を創出できるか？　どうすれば当社の主なリソースは競合他社のものより優れた価値提案を提供できるか？
専用リソース ⟷ **多用途リソース**	
移行後 ⟷ 移行前	…複数の価値提案に対応するために使用されるリソースを再集中して1つのみに絞ることでビジネスモデルの無駄を削減できるか？　それが利益方程式の改善にどのように役立つか？
移行前 ⟷ 移行後	…資産の構築と維持から資本とエネルギーを解放し、クライアント関連活動に集中できるか？　その浮いた資金を利益方程式の利用と改善に有効に使うにはどうすればよいか？
アセットヘビー ⟷ **アセットライト**	
移行後 ⟷ 移行前	…IPやブランドなどのライトアセットをヘビーアセットへの投資に活用できるか？　それが競争上の優位性を創出し、模倣を困難にし、あるいは市場参入の障壁となるにはどうすればよいか？
移行前 ⟷ 移行後	…ビジネスモデルの強みを利用して外部の研究開発、IP、およびリソースを利用できる（アウトサイド・イン）か、内部の研究開発、IP、およびリソースを外部パートナーと共有できる（インサイド・アウト）か？　それによって研究開発や投資資本に対する投資効果を高めるにはどうすればよいか？
クローズド ⟷ **オープン**	
移行後 ⟷ 移行前	…研究開発、IP、リソース、活動の内部化により競争上の優位性を創出できるか？　それがコスト、知識、または収益効率をどのように創出するか？　研究開発、IP、リソース、活動を外部パートナーと共有するのを止めるにはどうすればよいか？

利益方程式主導型移行

移行	どうすれば…
移行前 ⟷ 移行後	…価格重視の顧客セグメントに対する価値を創出できるか？　活動とリソースを再構築してコスト構造を破壊し、低価格を可能にするにはどうすればよいか？
高コスト ⟷ **低コスト**	
移行後 ⟷ 移行前	…価格を重視しない顧客セグメントに対する価値を創出できるか？　リソースと活動を活用して高価値・高価格の価値提案を創出するにはどうすればよいか？
移行前 ⟷ 移行後	…顧客にとって繰り返し発生するジョブに注目して、長期的関係とリカーリング収益を伴う反復型の価値提案を創出できるか？
取引収益 ⟷ **リカーリング収益**	
移行後 ⟷ 移行前	…リカーリング収益に取引収益を追加し、財布シェアを改善して全体的な収益を増大できるか？
移行前 ⟷ 移行後	…たとえ顧客にとって価値を創出するものでも、コストのかさむ活動とリソースを排除または削減できるか？　喪失した価値を、顧客にとって最も関心が高くコストのかからない価値創出要素に置き換えることができるか？
従来型 ⟷ **逆行型**	
移行後 ⟷ 移行前	…コストのかさむリソースと活動をビジネスモデルに追加して、価値、価格、高級感を大幅に高めることができるか？　あるいは逆に、ビジネスモデルを簡略化して純粋に低コストモデルに移行できるか？

改善

「Invincible Companies（無敵の会社）」は業界の壁を越える

テンセント：ソーシャルネットワーク、オンラインゲーム、オンライン広告、コンテンツ制作、金融サービス、ソフトウェア、音楽……

アップル：スマートフォン、パソコン、タブレット、ウェアラブル、ソフトウェア、音楽、映画、健康、写真、個人の生産性、クレジットカード、モバイル支払い……

中国平安：銀行、保険、ヘルスケア、自動車サービス、不動産、スマートシティ……

アマゾン：小売、ロジスティクス、電子機器、ストリーミング、ITインフラ、出版、eコマースインフラ、オンライン広告、中小企業向け融資……

あなたの会社は……？

カルチャー

カルチャーのデザイン

インビンシブル・カンパニー（無敵の会社）を築くには、相反する2つのカルチャーをひとつ屋根の下で創出し、管理し、調和させる必要があります。この2つのカルチャーはいずれも重要な役割を果たします。求められるのは、探索と活用を同時に行うということです。

探索

探索カルチャーは、組織にとってなじみのない、まったく新しいアイデアを創出、発見、実証、加速する力を鍛えます。

活用

活用カルチャーは既存ビジネスの経営、体系立った改善、成長を大切にします。

探索と活用の
共存と育成

インビンシブル・カンパニーは強力な探索および活用カルチャーの両方について
デザイン、マネジメント、メンテナンスをします。現状のマネジメント
においては、卓越した運用、計画、そして絶え間ない改善を重視します。一
方で、コストを削減するだけでは将来がないということも認識しています。
今後数年から数十年のためにアイデアを探索する時には、リスク、実験、失
敗、適応を同時に受け入れます。今どれほど成功していようと、その栄光に
あぐらをかいてはいません。すでに明日のために動き出しているのです。

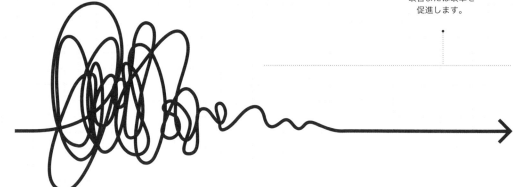

成長
カルチャーは新しいビジネスの
拡大と既存ビジネスの
新たな位置付けのための
改善または改革を
促進します。

探索
高い不確実性

活用
低い不確実性

調査
カルチャーは新たなビジネスの
候補を探索する際に
ビジネスモデルのデザインと
検証を促進します。

探索 ←————————————→ 活用

探索	問い	活用
何も知らないことを認め、初心者の考え方に立ち返ります。解決策を探し、すべてのプロジェクトが成功するわけではないことを受け入れます。	どのような考え方で取り組みますか？	経験に頼り、専門家としての考え方で挑みます。計画して実施し、失敗は選択肢にないと信じます。
リスクと不確実性を受け入れます。実験、学習、適応によってそれに対処します。数多くの小さな賭けをして上手くいくものを見つけます。	リスクと不確実性にどのように対処しますか？	リスクと不確実性は回避します。計画、実行、管理によってそれを最小化します。数を絞り、徹底的に計算して上手くいくものに賭けます。
反復的に作業し、ラフなプロトタイプを作ります。	どのように作業しますか？	非常に忠実に順を追って作業に取り組みます。
失敗は探索の不可避な副産物です。失敗を受け入れ、管理し、教訓を得ることができます。失敗のコストを最小限にするため、数多くの小さな賭けをします。	失敗に対してどのような態度をとりますか？	失敗は許容できません。失敗を避け、罰します。慎重な計画と適切な実行によって回避することができます。
仮説を定義してリスクを明確にし、次に新しいアイデアのリスクをどれだけ軽減できたかを測定します。	進捗と成功をどのように測定しますか？	マイルストーンを定義して進捗段階を明確にし、スケジュールと予算を守っているかを測定します。
新しいアイデアを試し、学習し、リスクを低減する人に報酬を与えます。	どのような行動に報酬を与えますか？	計画し、実行し、スケジュールや予算を守る人に報酬を与えます。
可逆的な決定を迅速に進め、できるだけ迅速かつ低コストで検証して実世界のエビデンスを得ます。	意思決定のスピードに対しどんな態度をとりますか？	時間をかけて慎重に分析し、熟考し、多大なサンクコスト（埋没費用）を伴う不可逆的な決定を計画します。
リスクと不確実性が高い場合は小さな賭けをします。エビデンスの強さに基づいて投資額を増やします。	どのように投資しますか？	プロジェクトの計画に時間をかけ、マイルストーンの達成度を基に資金を拠出します。
あいまいさに対応し、迅速に行動して適応し、アイデアを検証してリスクを軽減する能力を高く評価します。	何を高く評価しますか？	厳密さ、計画と実行の能力、プロセスを設計するスキル、信頼できる成果を出せるかを高く評価します。

どのように組み合わせるか

コーポレート・アイデンティティは、目標とする会社像を定義し、それ以外のすべてについてコンテキストを設定します。これにより、ポートフォリオ全体を形成するガイダンスを指定できます。ポートフォリオは、所有するビジネスで表す現在像（活用）と探索するビジネスで表す理想像（探索）を反映したものです。

こうした二重ポートフォリオを円滑に管理するには、活用と探索の両面で世界に通用するような、いわゆる「両利き」のカルチャーを実践する必要があります。この章ではそれを達成するためにブロッカーを排除し、カルチャーの転換を促進するイネーブラーを導入する方法を解説します。

コーポレート・アイデンティティ

会社のあるべき姿

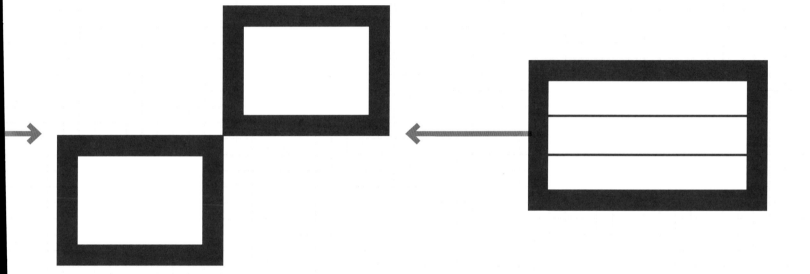

ポートフォリオ・マップ

現在の実践内容

カルチャー・マップ

今後の実践方法

すべての会社に独自のコーポレート・カルチャー（社風）があります。

ただ、あまりに多くの会社がカルチャーの形成を成り行き任せにしています。インビンシブル・カンパニーは積極的にカルチャーを理解し、デザインし、管理します。そこで創出される世界レベルのイノベーション・カルチャーと実行のカルチャーは調和しています。この章ではコーポレート・カルチャーをマッピングする方法と世界レベルのイノベーション・カルチャーを創出するために何が必要かを紹介します。

希望する**成果**はどのようなものか？

希望する成果を達成できるのは
どのような**行動**か？

目標に対する
イネーブラーとブロッカーは何か？

カルチャー・マップ

デイブ・グレイとともにストラテジャイザーは、さらに高い成果をあげる会社をデザインするためのツールとしてカルチャー・マップを開発しました。カルチャー・マップは、組織において実現したいコーポレート・カルチャーを理解、デザイン、検証、管理するための実践的でシンプルな可視化ツールです。本書ではイノベーション・カルチャーのマッピングとデザインにカルチャー・マップを使用します。

デイブ・グレイ
作家・起業家

「カルチャーを理解するには
マッピングが必要です」

成果

人々の行動に起因する具体的なプラスまたはマイナスの結果。

行動

会社内で個人やチームがどのように行動しますか？どのような言動をとりますか？　どのように交流しますか？　どのようなパターンが見られますか？

イネーブラー／ブロッカー

社内でポジティブまたはネガティブな行動につながるスイッチ。公式の方針、プロセス、報酬システムである場合も、非公式の慣習や行動である場合もあり、人々の行動に影響を与え、最終的には企業の成果に影響をおよぼします。

カルチャー・マップ（β版）

変革管理ツール

対象： 作成者： 日付： 反復：

成果

行動

イネーブラー/ブロッカー

⦿Strategyzer
strategyzer.com

リーダーは成長を創出しない

リーダーは成長のための条件を作る

菜園のようにコーポレート・カルチャーを育てる。

コーポレート・カルチャーは、たとえば自動車の設計のように機械的にデザインできるものではありません。組織は自動車と比べはるかに複雑な社会的システムです。だからといって、自分の管理下にある組織の側面を設計できないという意味ではありません。菜園を設計して耕すようにカルチャーをデザインするというデイブ・グレイの例えは言い得て妙です。

カルチャーの成果は果実です。カルチャーによって達成したいこと、つまり菜園で「収穫」したいものを指します。

行動はカルチャーの心臓部です。日常において人々がとるポジティブまたはネガティブな行動により、収穫物の出来不出来が左右されます。

イネーブラーとブロッカーは菜園が豊かに実るかどうかを左右する要素です。十分な水や肥料などはコントロールできる要素です。菜園が豊かな実りを迎えるには土壌、種、新芽を丁寧に世話する必要があります。一方、天気のような要素はコントロールができないため、菜園のダメージを最小限に抑えるよう備えるか、プラスの影響を最大化するしかありません。

カルチャー・マップ

成果

行動

イネーブラー／ブロッカー

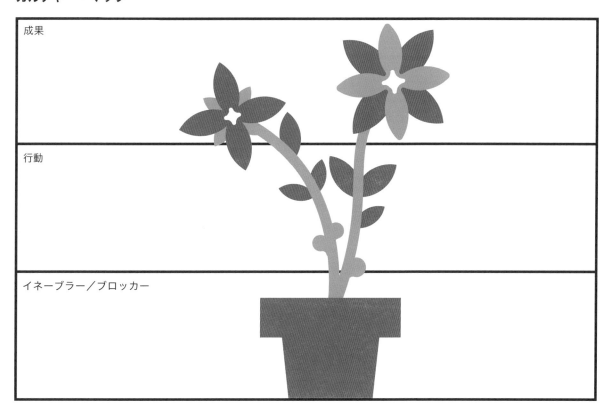

アマゾンの
イノベーション・カルチャー

アマゾンの輝かしい成長と絶え間ない改革は魔法ではなく、会社のカルチャーに根付いたものです。ジェフ・ベゾス氏が株主に向けて書いた手紙を読むと、アマゾンが会社として絶えず新しい分野を開拓するカルチャーをどのように築いたかを理解できます。

「目指しているのは大企業でありながら発明マシンでもあり続けることです[...] 通常は起業家精神にあふれるスタートアップに特有の行動のスピード、敏捷さ、リスク受容のメンタリティを備えた会社でありたいのです」

ジェフ・ベゾス

アマゾン創業者兼CEO

amazon.com

1997年の株主への手紙
（1997年の年次報告書から転載）

株主の皆様

　Amazon.com は1997年、多くのマイルストーンを達成しました。年度末までに150万人のお客様にご利用いただき、売上高は838%伸び1億4,780万ドルに達し、熾烈な競合他社の参入があるにもかかわらず市場での優位性を拡大することができました。

　しかしこれはインターネットにとって、そして経営が順調であればAmazon.comにとって「Day 1」（1日目）にすぎません。現在のオンラインコマースはお客様のお金と貴重な時間を節約しています。将来はパーソナライゼーションを通じてオンラインでお客様に本当の価値を創造し、その上ですでに確立した大規模な市場においても永続的なフランチャイズを構築することを願っています。

　Amazon.comはインターネットを利用してお客様が発見のプロセス自体を加速させるでしょう。多くの大手企業はオンラインに移行して確かな商品やサービスを提供し、多大な労力とリソースを投入して認知度、トラフィック、売上を築き上げています。アマゾンの目標はいち早く現在の地位を固めて豊かな機会があります。この戦略のメダ機会を追求し始めています。ターゲットとする大規模市場には大きな機会があります。この戦略のリスクがないわけではありません。多額の投資と、すでに実績のあるフランチャイズリーダーに対抗するための的確な対応が必要です。

鍵は「長期」

　アマゾンでは、成功の基本的な尺度は長期的に生み出す株主価値であると信じています。この価値は、現在のマーケットリーダーの地位を拡大し強固なものにすることで生まれるものです。マーケットリーダーとしての地位が強固であるほど、アマゾンの経済モデルは力を増します。市場での優位性は、売上高の拡大、収益性の向上、全資産整率に対する投下資本の比率の拡大、それに応じた投下資本に対する利益の向上に直結します。

　アマゾンで下される決定事項には、常にこうした点が考慮されています。まずはマーケットリーダーであることを示す指標について自社を評価します。顧客増加率、売上高成長率、お客様がアマゾンのリピーターとなる比率、ブランドの強さなどです。アマゾンでは揺るぎないフランチャイズの確立を目指すなかで、顧客層、ブランド、インフラを拡張し活用するために、これまでもそしてこれからも積極的に投資を行います。

　長期的展開を重視するアマゾンは一部の企業とは異なる方法で決定を下し、トレードオフを比較検討する場合があります。よって、株主の皆様にはご自分の投資哲学に沿ったものであることをご確認いただくため、アマゾンの基本的な経営および意思決定アプローチをお伝えします。

- お客様中心の行動を貫き通します。
- 投資に関する決定は引き続き、短期的な収益性への配慮や短期的な市場の反応よりも、長期的なマーケットリーダーとなるために何をすべきかという点に基づいて判断します。
- アマゾンの計画と投資の効果を分析的に測定しつづけ、許容可能なリターンをもたらさないものは断念し、最善の成果をもたらすものに対する投資を増やします。アマゾンは成功と失敗の両方から学びます。

- マーケットリーダーとしてのメリットを得る十分な可能性が見られる場合は、投資決定において慎重であることより大胆であることを優先します。こうした投資は利益が出る場合も出ない場合もあるでしょうが、いずれの場合も貴重な教訓を得ることができます。
- GAAP会計の帳簿上の数値を最適化するか、将来のキャッシュフローの現在の価値を最大化するか、という選択を迫られた場合は、キャッシュフローの現在の価値を最大化します。
- （競争圧力により許容される範囲で）大胆な選択を行う場合、戦略的思考プロセスを株主の皆様と共有します。アマゾンが合理的な長期的リーダーシップのための投資を行っているか否かをぜひ皆様がご判断ください。
- 賢明な支出とリーンカルチャーの維持に努めます。特に純損失を被るビジネスにおいては、コスト重視のカルチャーを強化しつづけることの重要性を理解しています。
- 成長重視の行動と長期的な収益性と資本管理を重視する行動のバランスをとります。現段階では成長優先を選択していますが、これは拡張こそアマゾンのビジネスモデルの潜在能力を実現するための中核になると確信しているためです。
- 多彩な才能を持つ人材を採用し、維持することを引き続き重視し、報酬では現金よりもストックオプションの重視を継続します。アマゾンでは、モチベーションの高い従業員を惹きつけ維持する会社としての能力が成功に大きく影響することを知っています。従業員のひとりひとりが事業主のように考え、実際に事業主にならなければなりません。

　上記の投資哲学が「正しい」哲学であると主張するほど厚かましくありませんが、これがアマゾンの投資哲学であり、これまでとってきた、そしてこれからもとりつづけるアプローチを明確に提示できないとすれば、それは当社の怠慢です。

　これを基盤として、ここからはアマゾンの事業の焦点、1997年の進展、今後の見通しについてお伝えします。

お客様へのこだわり

　創業時からアマゾンはお客様に説得力ある価値を提供することを重視しています。今もまだウェブは「World Wide Wait」（世界中を待たせている）であると認識しています。これまでも、そしてため、アマゾンではお客様が他の方法では手に入れられないものを提供することを目指し始めました。実際の1店舗ではとても実現できない数量の品ぞろえを実現し（現在の当社在庫を店舗に揃えるとフットボール場6つ分になります）、使い勝手がよく、検索も閲覧も簡単な形式で提示し、365日24時間営業のストアで提供しています。ショッピング体験の改善を重視する行動を粘り強く続け、1997年にストアを大幅に拡張しました。現在では商品券、1-Click注文、大幅に増加したレビュー、コンテンツ、閲覧のオプション、お勧め機能などを提供しています。口コミは引き続きアマゾンの最も強力な顧客獲得ツールであり、お客様のアマゾンに対する信用には心から感謝しております。リピート購入と口コミの相乗効果により、Amazon.comはオンライン書籍販売のマーケットリーダーになりました。

すべての指標で1997年のAmazon.comは大きく発展しました。

- 売上高は1996年の1,570万ドルから1億4,780万ドルへと838%増加。
- 累積顧客アカウント数は18万件から151万件へと738%増加。
- リピーターのお客様の注文割合は1996年第4四半期の46%超から1997年同期の58%超へと増加。
- オーディエンスリーチでは、メディアメトリックス社の調査によれば、アマゾンのウェブサイトは90位から上位20位内に上昇。
- 多数の重要な戦略的パートナーと長期的関係を確立（America Online, Yahoo!, Excite, Netscape, GeoCities, AltaVista, @Home, Prodigy）。

アマゾン

それぞれのカルチャー・マップは1997年から2018年までのジェフ・ベゾス氏の株主への手紙を分析して作成されています。ベゾス氏が手紙のなかで言及しているイノベーションに関する主な成果、行動、イネーブラー、ブロッカーをまとめ、カルチャー・マップで可視化しました。

2005

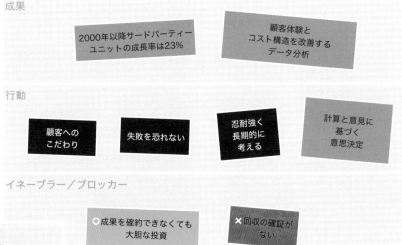

成果

- 2000年以降サードパーティーユニットの成長率は23%
- 顧客体験とコスト構造を改善するデータ分析

行動

- 顧客へのこだわり
- 失敗を恐れない
- 忍耐強く長期的に考える
- 計算と意見に基づく意思決定

イネーブラー／ブロッカー

- ○成果を確約できなくても大胆な投資
- ✕回収の確証がない

1997

成果

- 1億4,780万ドルの売上高
- 成長
- 他の分野でeコマースの機会を追求

行動

- 顧客へのこだわり
- リスクをとる—回収の不確実性
- 失敗を恐れない
- 忍耐強く長期的に考える
- 事業主のように考え行動する従業員

イネーブラー／ブロッカー

- ○成果を確約できなくても大胆な投資
- ○従業員への投資
- ✕短期的な収益性を考慮

アマゾンのコーポレート・カルチャーの基本は、ベゾス氏の1997年の株主への手紙（初の年次報告に添付）において明らかにされています。このカルチャーの柱（顧客へのこだわり、失敗を恐れない、忍耐強く長期的に考える）は基本的に変わっておらず、その後の年次報告には1997年の手紙の文面が毎年添付されています。毎年の株主への手紙を分析してビジュアル化することで、アマゾンのイノベーション・カルチャーの一貫性がよく分かり、結果と成果の発展も見えてきます。

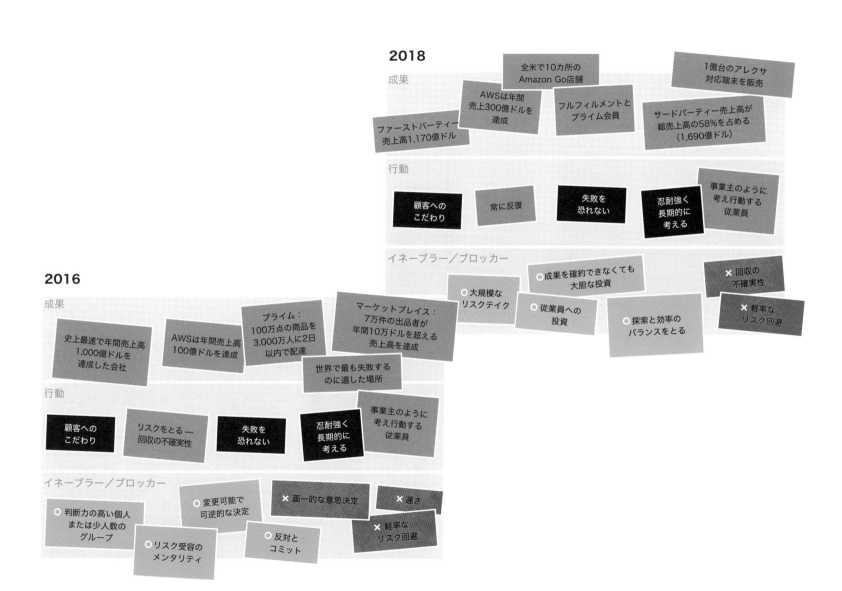

2018

成果

全米で10カ所の
Amazon Go店舗

1億台のアレクサ
対応端末を販売

AWSは年間
売上高300億ドルを
達成

フルフィルメントと
プライム会員

ファーストパーティー
売上高1,170億ドル

サードパーティー売上高が
総売上高の58%を占める
（1,690億ドル）

行動

顧客への
こだわり

常に反復

失敗を
恐れない

忍耐強く
長期的に
考える

事業主のように
考え行動する
従業員

イネーブラー／ブロッカー

成果を確約できなくても
大胆な投資

✕ 回収の
不確実性

大規模な
リスクテイク

従業員への
投資

探索と効率の
バランスをとる

✕ 軽率な
リスク回避

2016

成果

史上最速で年間売上高
1,000億ドルを
達成した会社

AWSは年間売上高
100億ドルを達成

プライム：
100万点の商品を
3,000万人に2日
以内で配達

マーケットプレイス：
7万件の出品者が
年間10万ドルを超える
売上高を達成

世界で最も失敗する
のに適した場所

行動

顧客への
こだわり

リスクをとる――
回収の不確実性

失敗を
恐れない

忍耐強く
長期的に
考える

事業主のように
考え行動する
従業員

イネーブラー／ブロッカー

判断力の高い個人
または少人数の
グループ

変更可能で
可逆的な決定

✕ 画一的な意思決定

✕ 遅さ

リスク受容の
メンタリティ

反対と
コミット

✕ 軽率な
リスク回避

カルチャー・マップの適用

既存のカルチャーから、目標とするカルチャーへ。もちろん、マップの上から順に、成果を記入してから関連する行動、イネーブラー、ブロッカーへと進んでもかまいませんが、実践例によれば行動から始めるほうが簡単です。

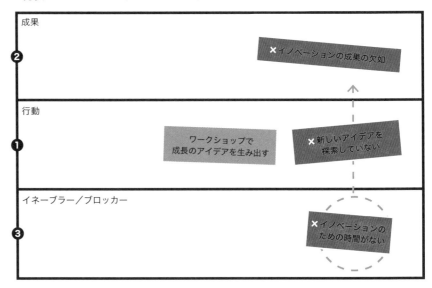

現状のイノベーション・カルチャー

成果

❷　✕ イノベーションの成果の欠如

行動

ワークショップで成長のアイデアを生み出す　✕ 新しいアイデアを探索していない

❶

イネーブラー／ブロッカー

❸　✕ イノベーションのための時間がない

1. 行動のマッピングから始める

行動については「イノベーションをしない」といった抽象的な表現をしがちです。具体例を用いること、そして見解ではなくエビデンスに基づいて行動のマッピングをする習慣をつけましょう。たとえば、「昨年当社では2回のワークショップを開催して新しい成長のアイデアを生み出したが、ワークショップ終了後は誰もそのアイデアを探索する時間を作っていない」などです。プラスの行動も、マイナスの行動も把握するようにします。人類学者になったつもりで、チームや組織で起きていることを中立的に把握しましょう。

2. 成果を把握する

次に、マッピングした行動から生じたプラスの成果とマイナスの成果を把握します。マッピング済みの行動に関連のない新しい成果が生じた場合は、把握できていなかった行動はないか問いかけます。ここでも中立性を保ち、プラスとマイナスの両方を把握するようにします。

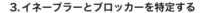

3. イネーブラーとブロッカーを特定する

行動と成果を把握したので、次は何がそれらにつながったのかを考えます。「適切／不適切な行動を可能にしたイネーブラーは何か」、「適切／不適切な行動が出現するのを防いだブロッカーは何か」を考えます。プロセスや報酬制度などの公式なイネーブラーとブロッカー、そして会議のしきたりや知識の欠如などの非公式なものも特定してください。リーダーの行動など、行動そのものもイネーブラーにもブロッカーにもなるので注意が必要です。

4. 理想とするカルチャーをデザインする

既存のカルチャーのカルチャー・マップが完成した
ら、次は理想の状態を思い描きましょう。理想とす
る成果、求められる行動、そのカルチャーを実現さ
せるイネーブラーとブロッカーをデザインします。

理想とするイノベーション・カルチャー

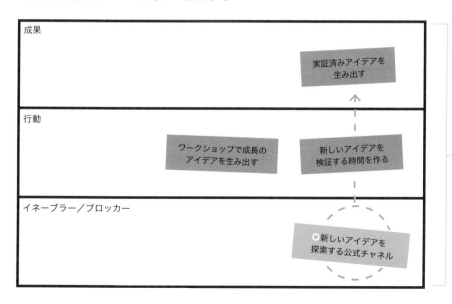

ヒントとコツ

安全な場所を作る

リーダーの賛同を得ずにイノベーション・
カルチャーのデザインを行うと失敗する
可能性があります。リーダーがイノベー
ション・カルチャーを創出することに純
粋に関心を持っているか確認してください。
リーダーに関心を持ってもらうために、
現状のカルチャー・マップを見せましょう。

ブロッカーとイネーブラーのみでも

ブロッカーとイネーブラーのみを対象と
することも検討しましょう。最初に、イノ
ベーションに踏み出せない原因となって
いるブロッカーを特定します。次にブレ
インストーミングでイノベーションを促
進するイネーブラーはどれか、ブロッ
カーはどのように取り除けるかを考えま
す。アイデアを、今すぐ、1カ月以内、四
半期以内、1年以内にできること、あるい
は実践上達成不可能なことに分類します。

理想とするカルチャーを表示

確立したいカルチャーを目立つ場所に表
示します。誰の目にも留まるところに
マップを掲示し、今後のタスクのリマイ
ンダーにします。会議室などに貼り出し
て、カルチャー・マップの内容に沿った決
定ができるようにします。

インビンシブル・カンパニーは探索と活用が共存する強力なカルチャーを築きます。ほとんどの会社にはすでに強力な活用カルチャーがあるため、本書では主に強力な探索カルチャーを構築する方法について説明します。探索カルチャーを創出するには、主に３つのスイッチを設けることになります。

探索カルチャーのデザイン

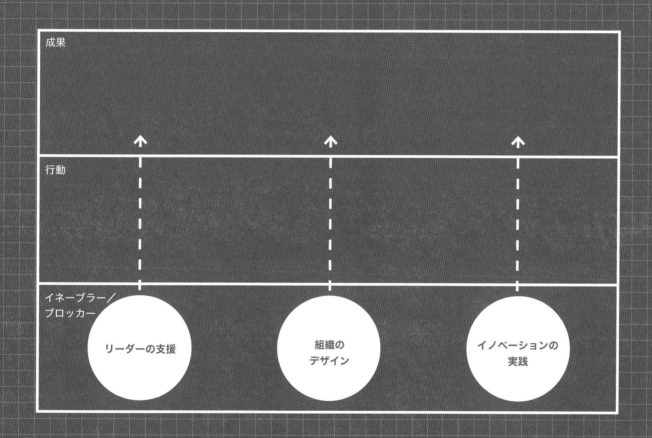

成果

行動

イネーブラー／
ブロッカー

リーダーの支援

組織の
デザイン

イノベーションの
実践

309

イノベーションの
行動と成果

インビンシブル・カンパニーは、リーダーの支援、組織のデザイン、イノベーションの実践という3つの分野それぞれにおいて優れたイネーブラーをデザインし、ブロッカーを排除します。これが以下の目に見えるイノベーションの行動へとつながります。

○ リーダーの行動

リーダーはイノベーションがどのように生まれるかを理解し、相当な時間をイノベーションに費やします。イノベーション・プロジェクトに対して明確な戦略的ガイダンスを提示し、定期的に会社全体の活用および探索ポートフォリオを見直します。リーダーは熱心に新しい成長の機会を探索し、関連リスクを管理する方法も理解しています。

○ 組織の行動

探索カルチャーのある組織では、戦略に沿った新しい成長の機会を試してみたからといって解雇されたりしません。イノベーションが最も重要な会議の議題にあがったり、キャリアパスとしてイノベーションを選択する従業員がいたりします。イノベーターは既存ビジネスのリーダーやマネージャーの制約を理解し、リーダーやマネージャーはイノベーターを支援するため最善を尽くします。探索と実行を緊密に連携させ、現状のビジネスを運営しつつ将来のビジネスを探索します。

○ イノベーションチームの行動

イノベーターは自分や上司の意見ではなく実験から得たエビデンスを基にアイデアを追求します。アイデアのリスクと不確実性は系統的に測定され、プロジェクトは安価で短時間の実験から始まります。実験の時間とコストが増加すると、エビデンスが増加し不確実性は減少します。従業員は何年も実践を重ねることでスキルも蓄積され、どのプロジェクトでも失敗から学び、成長します。

カルチャー・マップ：イノベーション・カルチャーのイネーブラー

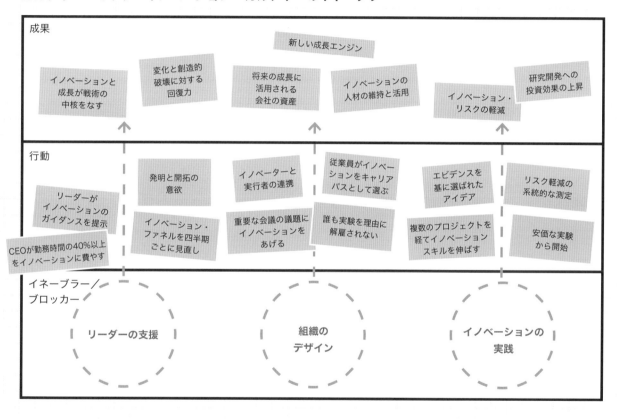

成果

新しい成長エンジン

イノベーションと成長が戦術の中核をなす

変化と創造的破壊に対する回復力

将来の成長に活用される会社の資産

イノベーションの人材の維持と活用

イノベーション・リスクの軽減

研究開発への投資効果の上昇

行動

リーダーがイノベーションのガイダンスを提示

CEOが勤務時間の40%以上をイノベーションに費やす

発明と開拓の意欲

イノベーション・ファネルを四半期ごとに見直し

イノベーターと実行者の連携

重要な会議の議題にイノベーションをあげる

従業員がイノベーションをキャリアパスとして選ぶ

誰も実験を理由に解雇されない

エビデンスを基に選ばれたアイデア

複数のプロジェクトを経てイノベーションスキルを伸ばす

リスク軽減の系統的な測定

安価な実験から開始

イネーブラー／ブロッカー

リーダーの支援

組織のデザイン

イノベーションの実践

イノベーション・
カルチャーのブロッカー

イノベーションが欠けている会社では、イノベーションを阻害する以下の要素の少なくともいくつかが見られます。

× リーダーの支援

リーダーが四半期の結果ばかりを重視し、イノベーションをブラックボックスだと思っています。明確なイノベーション戦略や長期を見据えた包括的なイノベーション・ポートフォリオ・マネジメントもありません。経営陣は現在のビジネスモデルに固執し、新たな方向性を探索することは通常のリーダー間のディスカッションでは議題にあがりません。

× 組織のデザイン

報酬システムは既存のビジネスモデルの管理と改善を対象にしています。失敗などありえないという考え方は世界レベルの経営管理においては必須ですが、新しいアイデアを実験する上では致命的です。イノベーションチームには自主裁量権がほとんどなく、経営プロセスによって動きも鈍くなり、実験のため顧客やリソース（ブランド、プロトタイプのリソース、その他の専門知識など）にアクセスすることが困難です。

× イノベーションの実践

イノベーションとは、財務、マーケティング、経営などと同様の専門職です。一朝一夕で上達するものではなく、時間をかけて経験を積んで熟練するものです。イノベーションを唯一の職務内容とする実働チームがなければ、世界レベルのイノベーションの実践を育成することはできません。財務、営業、経営と同様に、イノベーションにも独自のプロセス、重要評価指標（KPI）、カルチャーが必要です。

カルチャー・マップ：イノベーション・カルチャーのブロッカー

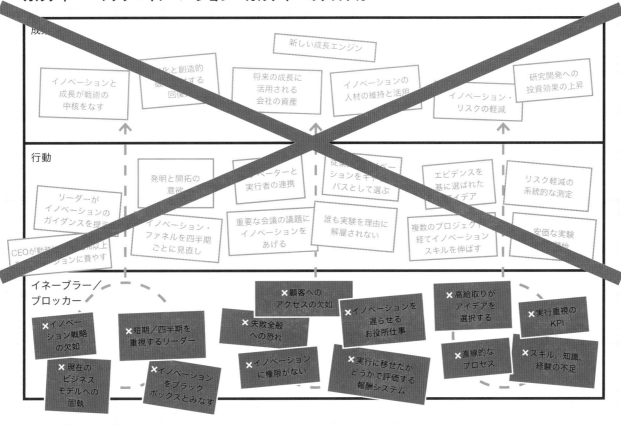

成長

- 新しい成長エンジン
- イノベーションと成長が戦術の中核をなす
- 化と創造的　　　　する　　回復
- 将来の成長に活用される会社の資産
- イノベーションの人材の維持と活用
- イノベーション・リスクの軽減
- 研究開発への投資効果の上昇

行動

- リーダーがイノベーションのガイダンスを提示
- 発明と開拓の意欲
- ーターと実行者の連携
- 従業　　　　　ーションをキャパスとして選ぶ
- エビデンスを基に選ばれたアイデア
- リスク軽減の系統的な測定
- CEOが勤　　　　成上ョンに費やす
- イノベーション・ファネルを四半期ごとに見直し
- 重要な会議の議題にイノベーションをあげる
- 誰も実験を理由に解雇されない
- 複数のプロジェクトを経てイノベーションスキルを伸ばす
- 安価な実験

イネーブラー／ブロッカー

- ✕顧客へのアクセスの欠如
- ✕イノベーションを遅らせるお役所仕事
- ✕高給取りがアイデアを選択する
- ✕実行重視のKPI
- ✕イノベーション戦略の欠如
- ✕短期／四半期を重視するリーダー
- ✕失敗全般への恐れ
- ✕イノベーションに権限がない
- ✕直線的なプロセス
- ✕スキル、知識、経験の不足
- ✕現在のビジネスモデルへの固執
- ✕イノベーションをブラックボックスとみなす
- ✕実行に移せたかどうかで評価する報酬システム

イノベーション・カルチャーの評価

これまでの各章で、インビンシブル・カンパニーはどのように振る舞い、ほとんどの企業はいまだにイノベーションを妨げているかを示しました。ここからは、『イノベーションの攻略書』（翔泳社刊）の共著者テンダイ・ヴィキと共同開発したスコアカードを使って、イノベーション・カルチャーがどれだけ整っているかを評価する方法を解説します。次に適切なイネーブラーを配置することによって、インビンシブル・カンパニーを目指す方法を検討します。

インビンシブル・カンパニーを築くには、それぞれ3つのイネーブラーを利用する3つの主なカテゴリに取り組む必要があります。

リーダーの支援

- **戦略的ガイダンス**：全体的な戦略の重要部分であるイノベーション戦略を分かりやすく明確に伝達しているかどうかです。ガイダンスは取り組む分野、何が認められて何が認められないのかを定義します。
- **リソースの割り当て**：研究開発予算とは別に、イノベーションに利用できるリソースを制度として割り当てているかどうかです。予算、時間、ビジネスアイデアを検証するために必要なその他のすべてのものが含まれます。
- **ポートフォリオ・マネジメント**：効率性イノベーションから持続的イノベーションへ、さらに新しいビジネスモデルを伴う変革的イノベーションまで、イノベーションの対象範囲全体の探索です。これには幅広いイノベーション・ファネルが含まれます。

組織のデザイン

- **正当性と権限**：成長やイノベーションのチームが組織内でどう位置付けられているかです。
- **コアビジネスとの橋渡し**：コアビジネスのリソースやスキルに対し、成長やイノベーションのチームがアクセスできるかどうか、そして既存ビジネスとイノベーションチームが緊密に連携しているかどうかです。
- **報酬とインセンティブ**：管理経営とは異なり、成長とイノベーションのための実験を評価する独自の報酬システムがあるかどうかです。

イノベーションの実践

- **イノベーションツール**：一流企業で実践されている最先端のイノベーションのコンセプトとツールを適用し、習得しているかどうかです。
- **プロセス管理**：アイデアから拡張可能なビジネスを築くまで、リスクと不確実性の軽減を測定する専用のイノベーション・プロセスと指標があるかどうかです。
- **スキル開発**：専門のイノベーションチームから既存の事業部門まで、世界レベルのイノベーションスキルと経験が組織全体に存在するかどうかです。

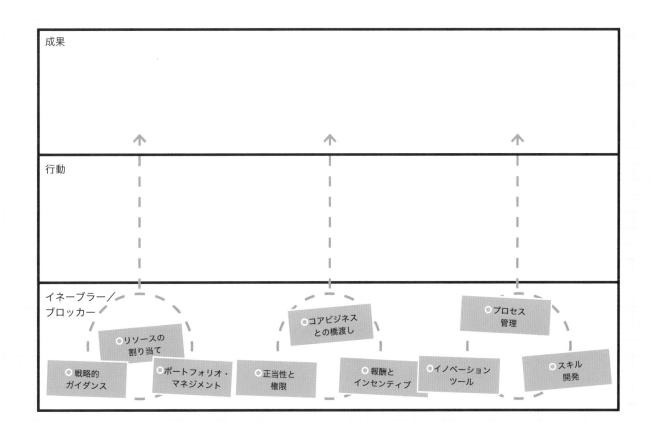

リーダーの
支援

戦略的ガイダンス

明確な戦略的イノベーション・ガイダンスの
ある組織では、リーダーが少なくとも四半期
に1回は重要な会議で戦略を伝えます。イノ
ベーション・ガイダンスは組織の総合的な戦
略と完全に一致し、組織全体で広く理解され
ています。明確なガイダンスの好例がアマゾ
ンと中国平安です。

リソースの割り当て

インビンシブル・カンパニーでは、イノベーションのリ
ソースは制度化され、リーダーは相当な割合の時間を
イノベーションに費やします。リソースには以下が含
まれます。

- リーダーの時間：イノベーションを起こす会社では、CEOまたは
共同CEOが自分の勤務時間の50%〜100%をイノベーションに
費やしています。その好例は、ロジテックCEOのブラッケン・ダ
レル氏、中国平安の共同CEO陳心穎（ジェシカ・タン）氏です。

- イノベーション資金：社内および社外イノベーションチームに投資
される資金。少額の賭けから始まり、エビデンスを基に追加投資を
出します。こうした資金は研究開発投資とは別です。

- イノベーション・コアチーム：組織全体にわたりプロジェクトの
リーダーやプロジェクトチームのコーチを務める専門の経験豊富
なイノベーターのチーム。

- 時間：組織で最も希少なリソースの1つが時間です。系統的にア
イデアの検証とリスク軽減を行うにはプロジェクトチームが相当
な時間を投資する必要があります。

- プロトタイプのためのリソース：イノベーションチームは実験を
行い、物理的またはデジタルのプロトタイプ、グラフィックデザ
イン、ビデオグラファーなどのためにリソースにアクセスする必
要があります。

- 顧客、ブランド、スキルへのアクセス：イノベーションチームは、
コアビジネスによって統括されるリソースにアクセスする必要があ
ります。検証には顧客へのアクセス、会社ブランドの使用、そして
多くの場合コアビジネスのその他のスキルとリソースが必要です。

ポートフォリオ・マネジメント

インビンシブル・カンパニーのリーダーは開拓意
欲に燃えています。リーダーは多数のイノベーショ
ン案件にそれぞれ少額の賭けを行い、賭けのうち
最善の結果を出したものに追加投資します。ポー
トフォリオは効率性イノベーションから変革的イ
ノベーションまであらゆる探索を対象とします。

カルチャー・マップ：イノベーション・カルチャーのイネーブラー

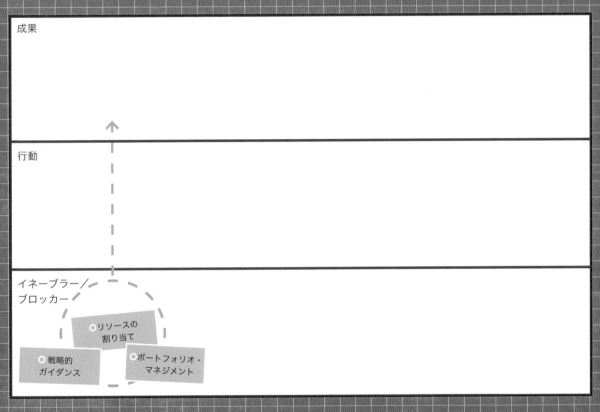

成果

行動

イネーブラー／
ブロッカー

リソースの
割り当て

戦略的
ガイダンス

ポートフォリオ・
マネジメント

□ 自社について、各分野を1〜5点で評価
してください。

□ 今後12〜36カ月で改善したい分野を
定義します。

□ 改善目標を達成するために、ブロッカー
を排除してイネーブラーを採用します。

		初心者 このトピックに関する 経験がほとんどない	ある程度経験がある	中級者 定期的にこの方法で 取り組むが系統的ではない	頻繁にこの方法で 取り組む	世界レベル 実践方法は他社が学習する ためのケーススタディとし て活用されている
リーダーの支援を 評価	戦略的ガイダンス	① リーダーはイノベーション のための明確な戦略的ガイ ダンスを提供しない	②	③ イノベーションの戦略的ガ イダンスは一応あるが、会社 の全員が知っているわけで はない	④	⑤ リーダーは戦略的イノベー ション・ガイダンスを重要な 会議で提示するため、全員が 知っている
	リソースの 割り当て	① イノベーションのリソース は自己調達、あるいは臨時プ ロジェクトベース	②	③ イノベーションのリソース は用意されているが、十分で はなく保護もされていない	④	⑤ イノベーションのリソース は制度化され、リーダーは勤 務時間の40%以上をイノ ベーションに費やしている
	ポートフォリオ・ マネジメント	① リーダーは主にコアビジネ スの改善を重視している	②	③ 将来の新しいビジネスモデ ルを探索するためにある程 度の投資をしているが系統 的ではない	④	⑤ リーダーは開拓に意欲的で、 多数のイノベーション案件 にそれぞれ少額の賭けを行 い、賭けのうち最善の結果を 出したものに追加投資する

カルチャー・マップ：イノベーション・カルチャーのイネーブラー

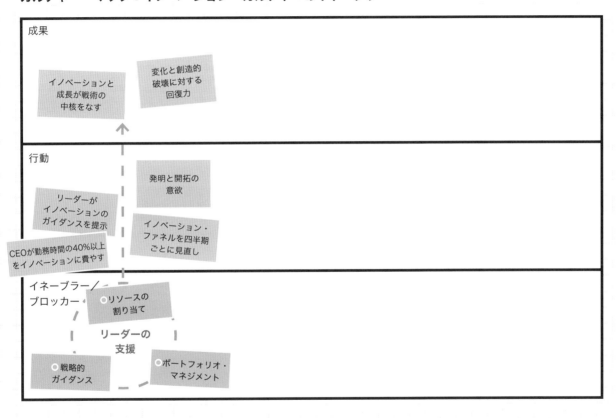

組織のデザイン

正当性と権限

アマゾンや中国平安のようなインビンシブル・カンパニーは、イノベーションに権限と正当性を与えます。インパクトを与えるには、イノベーションを組織図の最上部に配置する必要があります。CEO、共同CEO、または取締役会直属の人物が成長とイノベーションの責任者となり、相当の才能と時間と労力を注ぐ必要があります。上層部で話し合うだけでは十分ではありません。

　残念ながら、イノベーションはほとんどの組織でいまだに正当性と権限が与えられていません。イノベーション責任者が組織図では2〜3レベル下の職位の人物であることも多々あります。あるリーダーの従属部門のリーダーの従属部門……という調子では生み出すインパクトもたかが知れています。

　成長とイノベーションに正当性と権限が与えられていないと、社内に強力なシグナルを送り、長期的インパクトを伴う重大な影響をおよぼすことも多いです。そういった場合、次のようなことが起きます：

1. イノベーションは権威がなく優先事項とみなされていないため、誰もがTo-Doリストの一番下に置いてしまいます。
2. リスクをとってキャリアにダメージを被ることを恐れ、新しいアイデアの探索を避けます。
3. イノベーションは重要事項とみなされていないために、有望なイノベーション・プロジェクトは脆弱なままになり、組織内の抵抗勢力によって断念させられます。短期的な目的が幅を利かせているため、イノベーションが拡張されることはほとんどありません。
4. 最も優秀な人材はイノベーションをキャリアパスとして選ばず、会社を離れて競合他社かスタートアップへ移ってしまいます。

コアビジネスとの橋渡し

インビンシブル・カンパニーでは、探索と活用が対等な関係で調和しています。イノベーションチームとコアビジネスが連携できるように明確な方針があります。イノベーターはコアビジネスの貴重なリソースに簡単にアクセスできます。

　コアビジネスへの明確な橋渡しがないと、イノベーションチームにはコアビジネスの顧客、リソース、スキルへのアクセスが非常に限定されているか、競合しているか、あるいはまったくない状態になります。最悪の場合、イノベーション・プロジェクトはアイデアの探索と検証に必要なものへのアクセスが妨げられています。基本的には鎖につながれたスタートアップのような運営をせざるを得ません。つまり、リソースは限られている一方で、スタートアップ特有の勢いもない状態です。そのため本書では、CEOまたは取締役会に代わって活用と探索の関係を明確に管理するチーフ・インターナルアンバサダーという役職とサポートチームを置くことを推奨しています（322ページ）。

報酬とインセンティブ

筆者が企業のアドバイザーを務めるなかでよく耳にするのが、イノベーションの原動力はイノベーターや起業家に生来備わっているものだということです。想像してください。イノベーターが計画にない新しいものを試そうとするたびに処罰を受けていたとしたら。そのイノベーターは自らのイノベーションの才能を存分に発揮できるでしょうか？あるいは、組織のために新しい数百万ドル相当のビジネスを何度も創出し、そのたびに昇進と昇給を受けていたら。その人は組織に留まるでしょうか？

　報酬とインセンティブの二重戦略が最も効果が高いと思われます。何よりも、イノベーターが組織内でイノベーションを起こすことを妨げる否定的な部分はすべて排除します。それを達成したら、イノベーションのための報酬システムを設定します。

カルチャー・マップ：イノベーション・カルチャーのイネーブラー

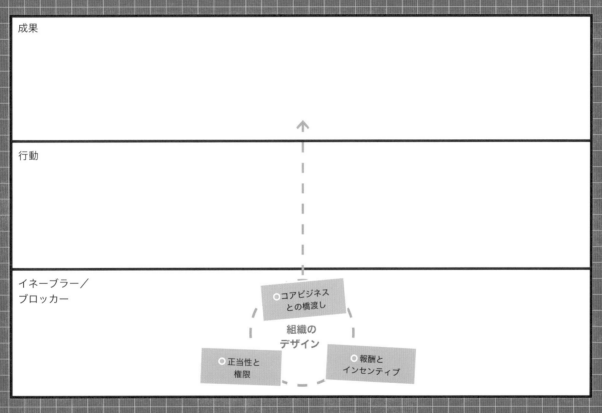

成果

行動

イネーブラー／
ブロッカー

コアビジネス
との橋渡し

組織の
デザイン

正当性と
権限

報酬と
インセンティブ

正当性、権限、コアビジネスとの橋渡し

CEOや従来型のリーダーは概して、既知のビジネスモデルの範囲内で会社を成長させ経営することにかけてはとても優秀です。ところが、将来の成長エンジンのイノベーションというタスクには力がおよばないことが多いものです。新たな成長を創出して管理するには、会社にチーフ・アントレプレナー（最高起業責任者）と専門スタッフが必要です。この新しいチームは会社の将来を創出することを担当し、従来の経営陣は既存ビジネスを扱います。両者が協調する必要があるのは言うまでもありません。

チーフ・アントレプレナー： チーフ・アントレプレナーは、新しいビジネスモデルと価値提案で実験を行う複数のアントレプレナーの管理を担当します。これは新たな成長を創出するために計算されたリスクをとることについて、実績と熱意を持つ人物です。チーフ・アントレプレナーにはCEOと同じくらいの権限が必要です。実際、アマゾンなど一部の企業ではCEOがチーフ・アントレプレナーでもあります。あるいは、中国平安の陳心穎（ジェシカ・タン）氏のように将来のビジネスを担当する共同CEOもいます。

チーフ・ポートフォリオ・マネージャー： チーフ・ポートフォリオ・マネージャーは、会社が将来の成長を生む幅広い機会とビジネスモデルを検討できるようにします。そうした機会にはリスクが高いものも低いものもあります。リターンの可能性があるものも、リターンが保証されているものもあります。会社が将来に向けてポジショニングできるようなポートフォリオを築いて管理することがチーフ・ポートフォリオ・マネージャーの任務です。

チーフ・ベンチャーキャピタリスト： チーフ・ベンチャーキャピタリスト（VC）は社内および社外チームのために予算の割り当てと資金調達の管理を行います。プロジェクトは直ちに満額の資金提供を受けるのではなく、分割で受け取ります。チーフVCは早期の安価な実験に資金提供するため、エンジェル投資を提供します。こうした実験が成功してエビデンスが出た場合、投資を増額します。チーフVCは大手企業のCFOの役割に当たります。CFOは予算を既存事業に割り当てますが、チーフVCは資金を将来のビジネスの発見のために割り当てます。

チーフ・リスクオフィサー： チームが実施する実験のなかにはブランドに弊害をもたらし、法的責任を生じさせるものがあります。法務は会社内で実験を行う際の大きな制約条件です。そのためにチーフ・リスクオフィサー（CRO）がいます。CROは会社をリスクにさらさずに実験を実施する方法をアントレプレナーが理解できるように手助けします。

チーフ・インターナルアンバサダー： チーフ・インターナルアンバサダー（CIA）は会社の表と裏の両面で何が起きているのかを把握し、影響力があり信頼のおける人物です。CIAとそのチームは組織の実行部門に存在するすべてのリソース、活動、特許を知り尽くしており、その管理者である権限のある人々からも信頼されています。CIAは、チーフ・アントレプレナーとそのチームが会社の既存の強みから恩恵を受けられるよう、クライアント、営業部隊、ブランド、サプライチェーン、その他のスキルや知識にアクセスするための交渉をします。CIAは既存ビジネスとイノベーションの間の協力関係を築いて維持します。この人物がキャリアの頂点におり、さらに出世する上でほかに何も証明するものや政治的駆け引きを必要としない場合に最も成功します。

アントレプレナー： アントレプレナーは事業を築き上げた社内および社外の人物で、それぞれが特定のプロジェクトのリーダーとして責任を負っています。この役割は通常の製品またはプロジェクトのマネージャーよりもはるかに権限が強く、明確なインセンティブがありプロジェクトとの利害関係がある真の起業家です。

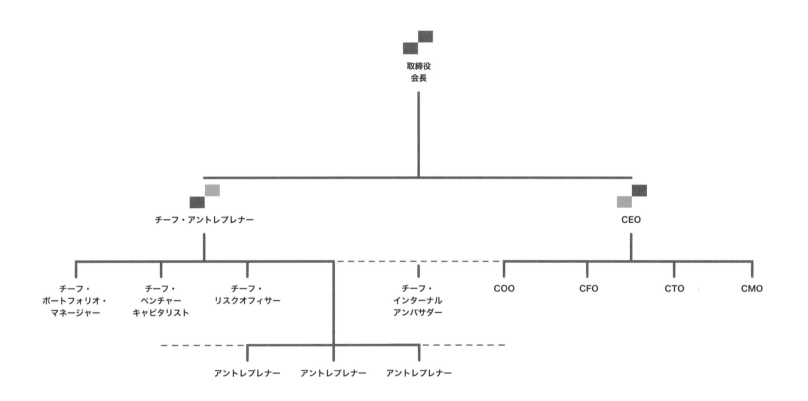

チーフ・アントレプレナーのヘッドハンティング

フォーチュン50に名を連ねるある会社が、未来を築くチーフ・アントレプレナーを求めているとします。チーフ・アントレプレナーは、新しいビジネスモデルと価値提案について実験を行う複数のアントレプレナーの管理を担当します。候補者は、計算されたリスクをとることをいとわない熱意のある人物です。これはCTOの役職ではなく、CEOの直属の部下でもありません。チーフ・アントレプレナーはCEOに匹敵する権限を持つ取締役の一人で、社内の革新的なイノベーションについて明確なリーダーシップを発揮します。

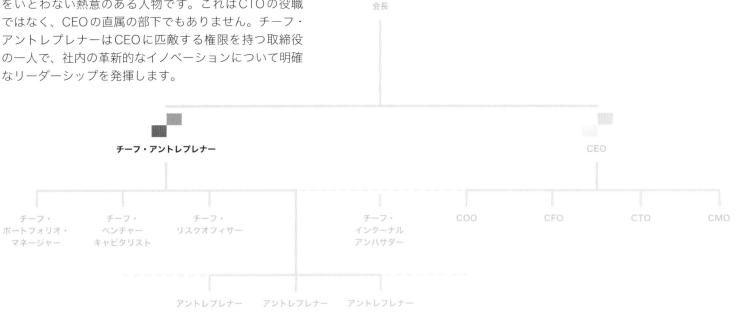

求めている人物像

- **ビジネスを構築することに熱意を持っている。**
  向こう見ずなギャンブルではなく計算された賭けによって成長エンジンを生み出す人。

- **どんなことでも実現できると信じている。**
  最後まであきらめない人。魅力、カリスマ、熱意、勤労意欲、マーケティングマインドを備え、どんなことでも実現できるとチームを励まして動かす人。

- **ゼロから10億ドルを超えるビジネスを構築したことがある。**
  大企業でこの数値を達成した経験があれば尚可。

- **不確実性にも臆さず対応できる。**
  失敗を恐れない人。失敗は学びを得る機会ととらえ、解決に向けて繰り返し挑戦する人。

- **非常にそつがない。**
  アイデアを検証するために必要な資金とリソースを確保するという1点を重視して、対立に真っ向から対処する人。

あなたは適任者ですか？では日常業務を検討しましょう。

チーフ・アントレプレナーの責務

☐ 会社のために未来を築く。これはいくら強調してもしきれません。チーフ・アントレプレナーは会社の将来の成長のために新しいビジネスモデルと価値提案の開発を担当します。

☐ アントレプレナーのチームを率いてサポートする。これまでの経験があり、伝えられる知識もあります。チームは成長機会をもたらすビジネスモデルと価値提案を探して実証することになります。これはトレンドや市場動向を読み解くことのできるアントレプレナーを管理するということです。

☐ 発見のための余地をデザインして維持する。チームが実験して失敗して教訓を得るための環境を整えます。これはアイデアを徹底的に検証するカルチャーを生むということです。この環境で生まれたカルチャー、プロセス、インセンティブ、指標を守らなければなりません。

☐ イノベーションの指標を導入する。新しいビジネスの構築が進捗しているかどうかを測定する新しいプロセスを築く必要があります。実験によってチームはどのように教訓を得て、不確実性とリスクを軽減し、先へ進んでいますか？

☐ CEOとのパートナーシップの構築と醸成。リソースと資産をアイデアの実証または反証に利用できるようにCEOにかけ合う必要があります。進捗について協議し、新しいアイデアを共有するためのパートナーシップの構築を担当します。CEOは今後の実験の資金調達を支援できる立場にあるため、このパートナーシップではコミュニケーションが鍵になります。また、拡張できそうな実証済みビジネスモデルを引き渡すことの重要性も認識します。

☐ 進捗を取締役会長に直接報告する。チーフ・アントレプレナーはCEOの直属の部下ではなく、CTO、CIO、CFOと並列の役職でもありません。これらの役職は既存の事業を良好な状態に保つことが至上命令です。チーフ・アントレプレナーがCEOの直属の部下の場合、CEOはリソースを節約して会社を失敗から守るため、アイデア候補を却下できてしまいます。

イノベーションが
活きる場所とは

リーダーは「誰もがイノベーターにならなければならない」と言うことがあります。これは真実でもあり、同時にくだらない表現でもあります。イノベーションにもさまざまな種類があり、それぞれ必要とされるスキル、プロセス、考え方が異なります。

　ここではハーバード大学のクレイトン・クリステンセン教授の著書を基に、イノベーションを効率性イノベーション、持続的イノベーション、変革的イノベーションの3つのタイプに区別します。変革的イノベーションは創造的破壊に結び付くことも多々あります。

変革的

このタイプのイノベーションは最も革新的であり、会社になじみのない本質的に新しいビジネスモデルを含みます。確立されたビジネスモデルの共食いが起こることもあります（必ずしも起こるとは限りませんが）。変革的イノベーションは長期的成長の可能性が最も大きく、将来に向けた会社のポジショニングを支えます。最も高度な検証を必要とし、不確実性が高いために幅広いプロジェクトのポートフォリオの探索が必要とされます。

財務的インパクト 長期的に見てかなり大きな規模

破壊からの保護 非常に強い

ホーム 生き残りを確保するため確立されたコアビジネスの外

主役 特定のスキルとリソースに対するコアビジネスからのサポートを伴う専門イノベーター

不確実性 最大 — 未知の領域を探索するため

検証内容 魅力性、存続可能性、実現性、適応性

持続的

持続的イノベーションにより、実証済みのビジネスモデルを改善して拡張します。ここでは新しい市場セグメント、新しい価値提案、あるいは新しいチャネルがかかわることがあるため、不確実性は高くなります。その結果、新しい活動やリソースを習得する必要が生じることもあります。こうしたイノベーションにはビジネスモデルのシフトも含まれ、会社のビジネスモデルの寿命にも多大な影響をおよぼす可能性があります。

財務的インパクト かなり大きな規模になる可能性あり — 即時であることはまずない

破壊からの保護 限定的

ホーム 確立されたコアビジネス内、その外である可能性も

主役 コアビジネスからのスタッフ、専門イノベーターからのサポートを伴う

不確実性 中程度 — イノベーションは実証済みビジネスモデルを基盤とするため

検証内容 イノベーションの性質に応じて、魅力性、存続可能性、実現性、適応性

効率性

このタイプのイノベーションは、既存のビジネスモデルの円滑な実行をいかに改善するかということにつきます。実証済みのビジネスモデルの改善に関するもののため、不確実性は比較的低くなります。ただし、効率性イノベーションは高い実現性リスクが伴う非常に高度な技術のイノベーションである場合もあります。効率性イノベーションは魅力性リスクにもかかわる場合があります。社内ステークホルダー（利害関係者）である営業、カスタマーサポート、マーケティング、財務、経営などの部署のためにデジタルツールを作る場合などです。効率性イノベーションは、たとえばマージンの拡大など、財務に大きな即時的影響を与える可能性があります。

財務的インパクト 小さいものから非常に大きいものまで — 多くは即時

破壊からの保護 なし

ホーム 確立されたコアビジネス内

主役 コアビジネスからのスタッフ

不確実性 低

検証内容 主に実現性、ある程度の内部魅力性、コスト削減や収益への影響の可能性も

報酬と
インセンティブ

×

ブロッカーの排除

多くの組織ではイノベーションに手を出すことは
キャリアの自殺行為に等しいとされますが、必ずし
もそうとは限りません。このページでは、組織内で
イノベーションを実行する場合に人々にとってマ
イナス面を取り除く方法について説明します。コン
サルティング会社イノサイトのイノベーション専
門家であるスコット・アンソニー氏との議論を通し
て気付かされたのは、正式な報酬システムを導入す
る前に、次のようなやり方でも大いに効果があると
いうことです。

マイナス面の排除

ブロッカー	避けるべきこと	提供すること
取り掛かるまでの障壁	お役所仕事やその他の障壁の形で、イノベーターが新しいアイデアを試してみることを妨げる。	アイデアの検証を始めたい人は誰にでも容易なアクセスと少しの時間あるいは予算を提供。勢いのあるアイデアには追加資金を提供する。
ビジネスプラン／事例	イノベーターに、スプレッドシート上は優れたアイデアに見えるが、新しいアイデアの本当のリスクが隠されてしまう詳細なビジネスプランを書くよう強要する。	アイデアを検証し、リスクと不確実性の軽減を測定するプロセスのガイドラインを提供。パワーポイントの資料で見栄えのいいアイデアではなく、検証からのエビデンスで判断する。
実行重視KPI	実行できたかどうかに基づいてイノベーターへの報酬を決める。それにより、実験やイノベーション・リスクの軽減を妨げてしまう。	特に新しいアイデアを実験するイノベーターに向けてデザインされたKPIを導入。これはプロジェクトを実行し予定通りに予算内で成果を出さなければならない人々に対するKPIとは異なっていなければならない。
自主裁量権の欠如	イノベーションチームに、アイデアを適応するための実験や決定に逐一承認を求めるよう命令する。これはスピードと適応性の低下につながる。	組織をリスクにさらさない限り、アイデアの検証、エビデンスの発見、アイデアの適応に関して自主裁量権を与える。
アクセスの欠如	イノベーターにとって新しいアイデアを試すために必要なリソース（顧客、ブランド、プロトタイプ、リーダーの支援など）にアクセスすることを困難にする。	イノベーターが迅速に、安価に、不自由なく適切な実験によってアイデアを検証できるよう支援するインフラとサポートを提供。
スキルの欠如	管理スキルとイノベーション／アントレプレナーのスキルを混同する。新しいアイデアの探索と適応はまったく別の話である。	イノベーションと起業家精神の研修を提供。優れたマネージャーが新しいアイデアを検証するための適切なスキルと考え方が身に付かないうちに彼らを新しいアイデアの探索に利用しない。
キャリア・リスク	新しいアイデアの実験に失敗した人のキャリアを制限する。	キャリアを通して新しいアイデアを試してきた人たちに、たとえ実験が失敗したとしても、評価と昇進を与える。

プラス面への報酬

報酬	独創的な方法を見つける	インセンティブ
行動 イノベーションを魅力的に	組織においてイノベーションを、大人数のチームや巨額の予算を管理するのと同じくらい名誉ある職責にするための方法。管理職としての功績だけでなく、たとえ失敗したとしても新しいアイデアを試してみる勇気も評価して昇進させます。イノベーションの成果だけでなくイノベーション自体に報酬を与えます。少数の大きな成功例だけでなく、イノベーション・プロジェクトのポートフォリオ全体に報酬を与えます。	• 昇進 • 名誉あるイノベーション賞（成果だけでなく行動に対して） • 全社的な認知度と評価 • 経営上層部への認知度 • 新しい有望なプロジェクトへの参加 • イノベーション・ファネルのすべての段階で、失敗があった場合にも報酬を
成果 起業家的参加	イノベーターが新しいアイデアを成功させた場合に金銭的な恩恵を得られるようにする方法。社内の仕組みまたは社内ベンチャーキャピタルを通して行います。個人またはチームが組織の外でアイデアを探索できるようにし、そのベンチャーに投資し、買い戻すことも視野に入れます。	• アイデアに対する金銭的な利害関係 • 成功報酬型ボーナス（新製品またはサービスの販売量に応じて、あるいは一定の売上高やマージン、利益に達した場合など） • アイデアを社外で探索するためのスタートアップ資金または投資
インパクト 世界を変える	魅力的な企業理念によって社外のイノベーション人材を惹きつける方法。世界レベルのイノベーターに、自社に参加するとどのような影響を世界に与えることができるか、社会に実際にどのようなインパクトを与えることができるかを示します。スタートアップの設立や競合他社への入社よりも自社への入社が魅力的である項目を強調します。	• 特定の理念を掲げる会社に勤めることができる • 世界を改善することができる（社会的インパクト） • スタートアップや競合他社にはないリソースへのアクセス（インフラ、ブランド、IP、マーケットリーチなど）

イネーブラーの創出

マイナス面の排除を終えたら、プラス面に焦点を当てます。イノベーションへの意欲を促進するような報酬システムを設計します。報奨を与えるのは成功した成果のみに限定しないようにしましょう。多数の失敗した実験によって大きな成功につながる規格外のものを特定できるのです。優れたイノベーションの行動も成果と同じくらい報酬を与えましょう。結果は自然についてきます。最後に、イノベーションの最も優秀な人材を惹きつけて維持するための重要な報酬であるインパクトにも注目します。

□ 自社について、各分野を1〜5点で評価
　してください。

□ 今後12〜36カ月で改善したい分野を
　定義します。

□ 改善目標を達成するために、ブロッカー
　を排除してイネーブラーを採用します。

		初心者 このトピックに関する 経験がほとんどない	ある程度経験がある	中級者 定期的にこの方法で 取り組むが系統的ではない	頻繁にこの方法で 取り組む	世界レベル 実践方法は他社が学習する ためのケーススタディとし て活用されている
組織のデザインを評価	正当性と権限	① イノベーション・プロジェクトは秘密裡に公式チャネルの外で行われている	②	③ イノベーションは組織図上で公式に認められているが権限と影響力はない	④	⑤ イノベーションは組織図の最上部にあり、権限と影響力を持つ
	コアビジネスとの橋渡し	① イノベーションチームはコアビジネスの顧客、リソース、スキルへのアクセスがほとんどない	②	③ コアビジネスとイノベーションチームは連携しているが対立もある	④	⑤ イノベーションチームとコアビジネスが対等なパートナーとして連携できるように明確な方針がある
	報酬とインセンティブ	① イノベーションについては、コアビジネスとは異なる専用のインセンティブシステムがない	②	③ イノベーションを奨励する何らかのインセンティブがあり、実行とは別の方法で報酬を与える	④	⑤ イノベーションについては実験と新しい価値創出に報酬を与える専用のインセンティブシステムがある

カルチャー・マップ：イノベーション・カルチャーのイネーブラー

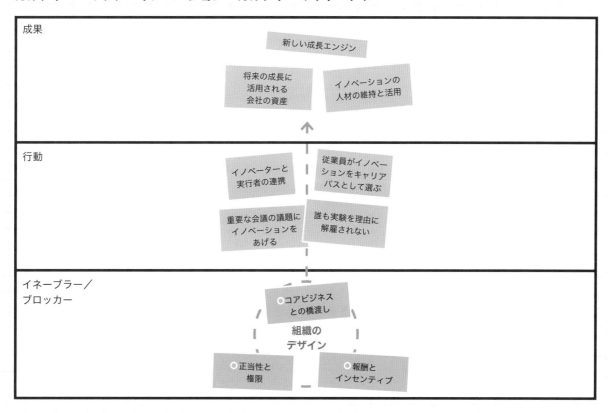

成果

新しい成長エンジン

将来の成長に
活用される
会社の資産

イノベーションの
人材の維持と活用

行動

イノベーターと
実行者の連携

従業員がイノベー
ションをキャリア
パスとして選ぶ

重要な会議の議題に
イノベーションを
あげる

誰も実験を理由に
解雇されない

イネーブラー／
ブロッカー

コアビジネス
との橋渡し

組織の
デザイン

正当性と
権限

報酬と
インセンティブ

イノベーションの実践

イノベーションツール

外科医が手術用具を自在に操るように、イノベーションの専門家は専用ツールを使いこなす必要があります。使用する一連のツールの品質は、成長と変革の作業の質に重大な影響をおよぼします。ツールは中立ではありません。結果の質に大きく影響します。だからこそ、使用するツールは慎重に選択して正しく適用する方法を習得することが極めて重要です。

プロセス管理

インビンシブル・カンパニーには専用のプロセスと意思決定があり、どちらもイノベーションに向けて最適化されています。新しいアイデアのリスクをどれだけ系統的かつ効果的に軽減したかを測定します。一般的な実行重視のKPIのようにスケジュール通りに予算内で成果を出したかどうかではありません。イノベーションのプロセスと指標については、2章「管理」で詳しく紹介しています。

スキル開発

既存のものを管理することと新しいものを発明することは基本的に異なる専門領域です。イノベーターは一般に、新しい市場インサイトの現実に適応するため高い不確実性と極端なピボットに慣れています。インビンシブル・カンパニーは、組織内の各所で豊かなイノベーション経験を持つ世界レベルのイノベーション人材を系統的に育成します。

カルチャー・マップ：イノベーション・カルチャーのイネーブラー

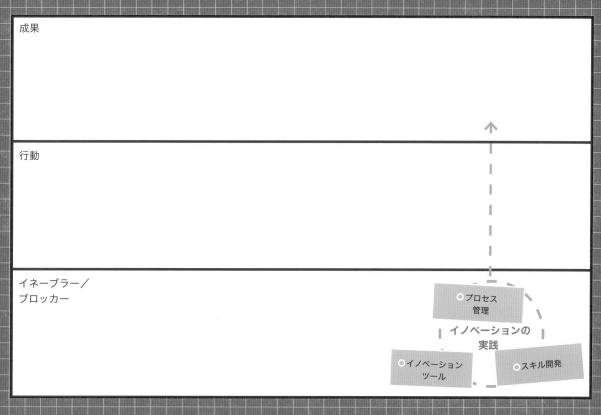

成果

行動

イネーブラー／
ブロッカー

プロセス
管理

イノベーションの
実践

イノベーション
ツール

スキル開発

イノベーション
ツールと
プロセス

イノベーションのツールを習得すると、新しい成長エンジンの探索が飛躍的に促進されます。組織におけるアイデアの形成、検証、成長のために、ここでは総合的なツールボックスを提案します。

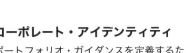

コーポレート・アイデンティティ

ポートフォリオ・ガイダンスを定義するためにコーポレート・アイデンティティを明示する戦略的経営フレームワーク。

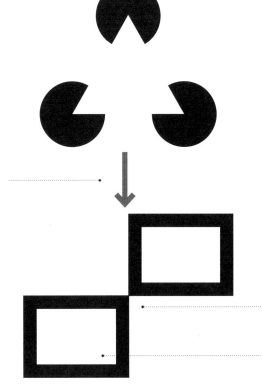

ポートフォリオ・ガイダンス

追求したいイノベーションのタイプを定義するガイドライン。「対象にするもの」と「対象外のもの」を明確にします。

ポートフォリオ・マップ

改善して成長させているビジネスモデルと、調査して検証している将来のビジネスモデルのビジュアル化、分析、管理を同時に行うための分析的戦略ツール。

チーム・アライメント・マップ

チームが（イノベーション）プロジェクトジャーニーの過程を通じて足並みをそろえるためのプロジェクトマネジメントツール。

カルチャー・マップ

会社の（イノベーション）カルチャーを査定、デザイン、実施、変革するための戦略的経営ツール。

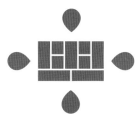

ビジネスデザイン

ビジネス環境マップ

ビジネスを運営する環境を見通し、精査するためのマッピングツール。組織に創造的破壊をもたらすトレンドをとらえたり、成長と変革の新しい機会を表したりします。

ビジネスモデル・キャンバス

価値を創出、提供、獲得する方法を明確にするための戦略的マネジメントツール。既存のビジネスモデルの改善または新規ビジネスモデルの発明に使用します。新しいビジネスアイデアを検証するための仮説を特定する基盤になります。

バリュー・プロポジション（VP）・キャンバス

顧客向けに価値を創出する方法を明確にするための生産管理ツール。既存の価値提案の評価や改善、または新規価値提案の発明に使用します。顧客および製品／サービスの仮説を特定する基盤になります。

検証

ストラテジャイザー・イノベーション・メトリクス

新しいビジネスアイデアのリスクと不確実性の軽減を測定し、アイデアから実証済みビジネスへの進展をビジュアル化し、会社のビジネスポートフォリオの崩壊リスクを評価する指標システム。

アサンプションマップ

最初に検証する必要のある仮説を特定する戦術ツール。

テストカード

ビジネスの仮説を検証する確実な実験をデザインするための戦術ツール。

学習カード

実験からインサイトを得て決定とアクションを定義するための戦術ツール。

スキル開発

起業やイノベーションに必要な多くのスキルのうち、大きなアイデアから実際のビジネスへ向かう過程において重要な、習得可能なスキルが3つあります。

1. ビジネスデザイン（ビジネスの経営とは異なる）：
価値提案とビジネスモデルを形成して継続的に適応させ、最も有望なものを開発する能力。

VPキャンバスの習得：
- 顧客を惹きつける価値提案をデザインする。
- 顧客が進んで対価を支払う価値提案をデザインする。

ビジネスモデル・キャンバスの習得：
- 収益性と拡張性のあるビジネスモデルをデザインする。
- 保護可能なビジネスモデルをデザインする。

2. 検証（と学習）：
成果の出ないアイデアを追求するリスクを軽減するため、大きなアイデアを検証する上で仮説に細分化する能力。

- 最も重要な仮説を特定する。
- 実験を設計して実行し、仮説を裏付けまたは反証する。
- エビデンスのパターンを検出する。

3. 指導と実行：
チームを鼓舞し、最大の障害を克服する能力。

- アイデアから実際のビジネスへチームを導いて調整する。
- チームをアイデアから拡張可能なビジネスへと進展させるために、すべてのチームメンバーが最適なものに常に集中していることを確認する。
- イノベーションの過程で不可避の障害を克服するため、逆境においてチームを指導し鼓舞する。

☐ **アイデアをビジネスに変える過程でのスキルの進化**
プロジェクトを進めるなかで、リーダーとチームが必要とするスキルは大きく変化します。発見の段階から、実行と拡張の段階まで、主な違いを次ページで説明します。

	 発見	 実証	 加速	 実行と拡張
主なエビデンス	• 市場規模 • 機会の規模（金額） • 顧客のジョブ、ペイン、ゲイン • 問題／解決策のフィット • 対価を支払う意思（基本的なエビデンス）	• 価値提案 • 対価を支払う意思と価格設定（強力なエビデンス） • 実現性（基本的なエビデンス）	• 製品／市場のフィット • 実現性（強力なエビデンス） • 獲得と維持 • 収益率	• 収益（またはユーザー）成長率
主な問い	機会はあるか？	この市場で価値を創出できるか？	需要を創出して成長する最善の方法は？	需要を満たすために組織をどのように拡張できるか？
チームの人数	1～3人	3～8人	9人以上	無制限
主なリーダーシップスキル	• ビジョンを描いて士気を高める • 根本的な前提条件を疑う • パターン認識 • ピボット • ビジネスモデル	• ビジョンを描いて士気を高める • パターン認識 • ピボット • ビジネスモデル	• ビジョンを描いて士気を高める • 対象分野の専門家を指揮する • ビジネスモデル	• 士気を高め関与する • 拡張 • 雇用 • 管理
チームスキル	• リソース • 検証 • 傑出した適応性 • 忍耐	• 検証 • プロトタイピング • 忍耐	• 対象分野の専門知識と構築 • マーケティング • 忍耐	• リーダーシップ、実行、拡張 • 対象分野に精通した専門知識 • 雇用 • 職能別専門知識（マーケティング、財務、法務など）

起業家的
リーダーシップと
チーム

インビンシブル・カンパニーで最も成功するプロジェクトチームは、複数のプロジェクトを並行して管理するプロジェクトマネージャーが指揮するチームではありません。自らをアントレプレナー（起業家）と考えるリーダーが率いるチームです。会社から給料をもらう従業員であっても、アントレプレナーのような行動でアイデアを実現するために全力で取り組みます。アントレプレナーのパフォーマンスを研究する機関の調査結果によれば、成功するイノベーターとアントレプレナーおよびそのチームには次のような特徴があります。

チームやベンチャーを率いるイノベーターや
アントレプレナーに多く見られる特徴……

現実歪曲空間を創出できる

- 自らの理念のためにリソースと人材を動員できる、才能にあふれ人を惹きつけるコミュニケーター。
- 人々をどの方向に導きたいかが明確で、ステークホルダーやチームメンバーに困難なことでも実現可能だと信じさせる。
- 発見、実証、加速、拡張の各段階を通してチームを率いるために、抗いがたいほど「引き寄せられる」感覚を生み出す。

粘り強く打たれ強い

- 物事を改善するため現状を覆すことを切望する。
- 行動を重視し、分析にこだわりすぎず、逆境でもあきらめず継続する。困難を克服するため粘り強く取り組み、挫折しても道を踏み誤らない。
- 常識破りの勤労意欲を示し、自分にも他者にも高い達成基準を設定しながら、困難に取り組むために必要な心身の余力は維持する。

好奇心旺盛

- 最善のアイデアは異なる専門分野や市場との異種交流から生まれる。
- 知的に並外れた機敏性（ジェフ・ベゾス氏：書籍からアマゾン ウェブ サービスへ、スティーブ・ジョブズ氏：コンピュータから音楽プレイヤーや携帯電話へ、イーロン・マスク氏：決済ソフトウェアから電気自動車やロケットへ）。

独立心

- 他者からのサポートは最小限とし、自分自身で対応する意思がある、またはそうした傾向がある。
- 一匹狼でいるほうが心地よい。
- 環境をコントロールできることを好み、他の人のために働くことに不満を覚えやすい。

起業家的リーダーを補完するため、立ち上げ時のチームには次のような特徴が求められます。

創意工夫に富む

- アイデアを生み、新しい可能性を探索する。
- 大量の情報から役立つパターンを識別し、緊迫感を持って学習し、経験と実験を通じて適応する。
- 大局的な戦略上の問いや核心的な実験あるいは対象分野の専門知識を容易に操る。

リスクに寛容

- 大きなアイデアを小さな検証可能な仮説に分解し、実験で検証する。
- 不完全あるいは相反する情報によって決定を下すことをいとわず、あいまいさや複雑さにも巧みに対応する。
- 大胆さと臆病さを併せ持ちながらも、不安という自分自身の感情と実際のリスクに関する客観的な測定結果を明確に区別できる。

市場重視

- 特定の機会、テクノロジー、または市場ニーズから、市場として可能性があるか、収益を見込めるかを見極め、具体的な価値提案やビジネスモデルに転換する。
- ビジネスモデルや価値提案を現場からのフィードバックと実験からのエビデンスを基に常に調整する。
- 機会をうかがい、最も興味深い方向へピボットする。

実用主義者で（理想としては）経験豊富

- どのアクションと決定が大きな変化を起こすかを理解している。
- 過去のイノベーションや起業のプロセスで得た価値ある経験を活かして適用する。
- 実務家としての嗅覚を持つ。

キャリア最盛期には世界で最も
裕福な女性の一人に。

エリザベス・アーデン
1910年にエリザベス・アーデン社を創業。

Spotifyは消費者の音楽との
付き合い方を一変させた。

ダニエル・エク
音楽ストリーミングサービスSpotify創業者

大手航空機会社を率いた最初の女性と
して「航空業界のファーストレディー」
の異名を持つ。

オリーブ・アン・ビーチ
ビーチ・エアクラフト・コーポレーション共同創設者

カルチャー

フォーブス誌の選ぶ2019年度
「世界で最も影響力のある人物」の
21位に

ジャック・マー
アリババ・グループ共同創業者

23andMeのDNA検査キットは
タイム誌の2008年度発明大賞を
受賞。

アン・ウォイッキ
23andMe共同創業者

「よい行いで良好な業績」を目指す
ビジネスムーブメントの第一人者

イヴォン・シュイナード
スポーツアパレルブランドのパタゴニア創業者

フォーチュン誌の2017年度
「世界の偉大な指導者」で33位に

ストライブ・マシイワ
メディアテクノロジー企業のエコネット・ワイヤレス創業者

中国のメディアで最も影響力のある女性の
一人であり、フォーブス誌の2013年度
「世界で最も影響力のある女性」の100位に

ヤン・ラン
サン・メディア・グループ共同創業者

「日本のトーマス・エジソン」と呼ばれ、
家業の織機事業を自動車製造業へ転換。

豊田喜一郎
トヨタ自動車創業者

世界の貧困問題に
起業家的アプローチで取り組む。

ジャクリーン・ノヴォグラッツ
アキュメン・ファンド創設者

2019年、ラテンアメリカで最も
裕福な人物としてフォーブス誌の
世界長者番付で8位にランクイン。

カルロス・スリム
コングロマリットのグルポ・カルソ創業者

フォーブス誌の選ぶ2013年度
「世界で最も影響力のある女性」の
46位に。

王雪紅（シェール・ワン）
HTC共同創業者

□ 自社について、各分野を1〜5点で評価
　してください。

□ 今後12〜36カ月で改善したい分野を
　定義します。

□ 改善目標を達成するために、ブロッカー
　を排除してイネーブラーを採用します。

	初心者 このトピックに関する 経験がほとんどない	ある程度経験がある	中級者 定期的にこの方法で 取り組むが系統的ではない	頻繁にこの方法で 取り組む	世界レベル 実践方法は他社が学習する ためのケーススタディとし て活用されている
イノベーションの **実践を評価** イノベーションツール	① ビジネスモデル、リーンス タートアップ、デザイン思考 のツールをイノベーション に使用しない	②	③ ビジネスモデル、リーンス タートアップ、デザイン思考 のツールは組織の一部で使 用されている	④	⑤ ビジネスモデル、リーンス タートアップ、デザイン思考 のツールは広く採用され習 熟している
プロセス管理	① プロセスは直線的であり、財 務予測を含む詳細なビジネ スプランが求められる	②	③ 時に反復型プロセスと系統 的なビジネス実験を使用し てビジネスアイデアを検証 する	④	⑤ プロセスはイノベーション に最適化され、新しいアイデ アのリスク軽減を系統的に 測定する
イノベーションスキル	① イノベーションスキルと 経験で人材を採用せず、 その育成もしない	②	③ イノベーションの経験豊富 な人材の採用やイノベー ションの専門スタッフの研 修を時折行う	④	⑤ 豊かな経験を持つ世界レベ ルのイノベーション人材を 組織の各所で採用し 育成する

カルチャー・マップ：イノベーション・カルチャーのイネーブラー

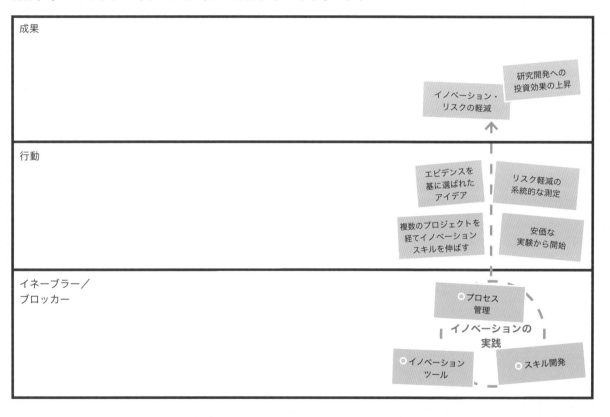

成果

行動

イネーブラー／
ブロッカー

研究開発への
投資効果の上昇

イノベーション・
リスクの軽減

エビデンスを
基に選ばれた
アイデア

リスク軽減の
系統的な測定

複数のプロジェクトを
経てイノベーション
スキルを伸ばす

安価な
実験から開始

プロセス
管理

イノベーションの
実践

イノベーション
ツール

スキル開発

イノベーション・カルチャーの浸透度

インビンシブル・カンパニーになる準備はどの程度できているか？

- ☐ 自社について、各分野を1〜5点で評価してください。
- ☐ 今後12〜36カ月で改善したい分野を定義します。
- ☐ 改善目標を達成するために、ブロッカーを排除してイネーブラーを採用します。

リーダーの支援

- 戦略的ガイダンス
- リソースの割り当て
- ポートフォリオ・マネジメント

組織のデザイン

- 正当性と権限
- コアビジネスとの橋渡し
- 報酬とインセンティブ

イノベーションの実践

- イノベーションツール
- プロセス管理
- イノベーションスキル

初心者 このトピックに関する 経験がほとんどない	ある程度 経験がある	中級者 定期的にこの方法で 取り組むが系統的ではない	頻繁にこの 方法で取り組む	世界レベル 実践方法は他の人が学習するための ケーススタディとして活用されている
①	②	③	④	⑤
リーダーはイノベーションのための 明確な戦略的ガイダンスを提供しない		イノベーションの戦略的ガイダンスは一応あるが、 会社の全員が知っているわけではない		リーダーは戦略的イノベーション・ガイダンスを 重要な会議で提示するため、全員が知っている
①	②	③	④	⑤
イノベーションのリソースは自己調達、 あるいは臨時プロジェクトベース		イノベーションのリソースは用意されているが、 十分ではなく保護もされていない		イノベーションのリソースは制度化され、リーダーは 勤務時間の40％以上をイノベーションに費やしている
①	②	③	④	⑤
リーダーは主にコアビジネスの改善を重視している		将来の新しいビジネスモデルを探索するために ある程度の投資をしているが系統的ではない		リーダーは開拓に意欲的で、 多数のイノベーション案件にそれぞれ少額の賭けを行い、 賭けのうち最善の結果を出したものに追加投資する
①	②	③	④	⑤
イノベーション・プロジェクトは秘密裡に 公式チャネルの外で行われている		イノベーションは組織図上で公式に認められているが 権限と影響力はない		イノベーションは組織図の最上部にあり、 権限と影響力を持つ
①	②	③	④	⑤
イノベーションチームはコアビジネスの顧客、リソース、 スキルへのアクセスがほとんどない		コアビジネスとイノベーションチームは連携しているが 対立もある		イノベーションチームとコアビジネスが対等な パートナーとして連携できるように明確な方針がある
①	②	③	④	⑤
イノベーションについては、コアビジネスとは異なる 専用のインセンティブシステムがない		イノベーションを奨励する何らかのインセンティブがあり、 実行とは別の方法でイノベーションを奨励して報酬を与える		イノベーションについては実験と新しい価値創出に 報酬を与える専用のインセンティブシステムがある
①	②	③	④	⑤
ビジネスモデル、リーンスタートアップ、 デザイン思考のツールをイノベーションに使用しない		ビジネスモデル、リーンスタートアップ、 デザイン思考のツールは組織の一部で使用されている		ビジネスモデル、リーンスタートアップ、 デザイン思考のツールは広く採用され習熟している
①	②	③	④	⑤
プロセスは直線的であり、 財務予測を含む詳細なビジネスプランが求められる		時に反復型プロセスと系統的なビジネス実験を使用して ビジネスアイデアを検証する		プロセスはイノベーションに最適化され、 新しいアイデアのリスク軽減を系統的に測定する
①	②	③	④	⑤
イノベーションスキルと経験で人材を採用せず、 その育成もしない		イノベーションの経験豊富な人材の採用や イノベーションの専門スタッフの研修を時折行う		豊かな経験を持つ世界レベルのイノベーション人材を 組織の各所で採用し育成する

用語集

イノベーションのタイプ
本書では、ハーバード大学教授のクレイトン・クリステンセン氏からヒントを得て効率性、持続的、変革的イノベーションという3つの異なるタイプを使用してイノベーションを区別する。

イノベーション・ファネル
ビジネスアイデアとイノベーション・プロジェクトの絶え間ない流れを探索して検証するメカニズム。ファネルの入口には多くのアイデアがあるが、検証から得たエビデンスを基に徐々に減らし、残ったプロジェクトに計量型ファンディングで投資する。

イノベーション・メトリクス（ストラテジャイザー）
多額の投資と拡張をする前に、新しいビジネスアイデアのリスクと不確実性の軽減を測定するツール。

イノベーション・リスク
（説得力のある）ビジネスアイデアが失敗するリスク。アイデアの成功率を裏付ける客観的根拠（エビデンス）がスライドやスプレッドシート以外にほとんどない場合、リスクは高くなる。ビジネスアイデアの魅力性、実現性、存続可能性、適応性を裏付けるエビデンスの量が多いほどリスクは低くなる。

エビデンス
実験から得た、あるいは現場で収集したデータ。（ビジネスの）仮説、顧客インサイト、あるいは価値提案、ビジネスモデル、戦略、環境に関する考えを実証または反証する。

ガイダンス
ポートフォリオ・マネジメントのコンテキスト。リソースの割り当てやポートフォリオ・アクションの裏付けとなる。重視するものとしないもの、投資するものと売却するもの、探索するものと探索が不要なものを理解するための明確な境界線を示す。

仮説
価値提案、ビジネスモデル、または戦略の基礎となる前提。ビジネスアイデアが上手くいくかどうかを把握するために知っておく必要があること。ビジネスアイデアの魅力性、実現性、存続可能性、適応性に関連させる。

活用ポートフォリオ
このポートフォリオには既存のビジネス、価値提案、製品やサービスが含まれ、すべてリターンおよび撤退や崩壊のリスクの観点でマッピングされる。

カルチャー・マップ
組織において結実させたいコーポレート・カルチャーを理解、デザイン、検証、管理するための戦略的マネジメントツール。

期待されるリターン
そのビジネスアイデアが成功した場合に会社はどのくらい儲かる可能性があるか。

計量型ファンディング
ベンチャーキャピタル業界から生まれた資金調達法。検証からエビデンスが得られたプロジェクトへの投資を段階的に増加し、エビデンスが出ないプロジェクトは棚上げにする。

検証
情報に基づくビジネスデザインと投資決定を行うため、ビジネスアイデアの根底にある最も重要な仮説を特定して検証するプロセス。

実験
価値提案またはビジネスモデルの仮説を実証または反証し、エビデンスを得るための手順。ビジネスアイデアのリスクと不確実性を軽減するために使用する。

実現性リスク
ビジネスが管理できない、拡張できない、あるいは主要リソース（テクノロジー、IP、ブランドなど）、主な活動、またはキーパートナーにアクセスできないリスク。

成長
既存のビジネスモデルを成長軌道に乗せておく活動。新興ビジネスモデルの拡張、衰退するビジネスモデルの刷新、成功するビジネスモデルの保護が含まれる。成長を確保するには、リターンを改善し、破壊リスクを最小限にする。

存続可能性リスク
ビジネスが上手く収入の流れを生み出せない、顧客が（十分な）対価を払いたがらない、持続可能な利益をあげるにはコストが高すぎるというリスク。

探索ポートフォリオ
このポートフォリオにはイノベーション・プロジェクト、新しいビジネスモデル、新しい価値提案、新しい製品やサービスが含まれ、すべてが期待されるリターンとイノベーション・リスクの観点でマッピングされる。

チームマップ
ステファノ・マストロジャコモが創作したビジュアルツール。チームメンバー間の連携を促進し、さらに効果的に会議や会話ができるようにする。

調査
会社の将来を確かなものにするため、新しいアイデア、価値提案、ビジネスモデルを調査すること。期待されるリターンの最大化とイノベーション・リスクの最小化が含まれる。

適応性リスク
競争の激しい環境、テクノロジー、規制、社会または市場のトレンドにビジネスが適応できない、あるいはマクロ環境が不利（インフラの欠如、景気後退など）というリスク。

撤退や崩壊リスク
ビジネスの撤退、もしくは崩壊を余儀なくされるリスク。ビジネスが新しく脆弱性をはらんでいる場合、またはビジネスがテクノロジー、競争の激化、規制の変更、またはトレンドの変化などによる崩壊の脅威にさらされている場合、リスクは高くなる。モート（堀）によりビジネスを保護することでリスクは減少する。

ビジネス研究開発
斬新なビジネス機会のポートフォリオを発見、創出、検証、リスク軽減、投資するために会社が実施する活動。既存のビジネスを改善し、新しいビジネスを探索する。ビジネス研究開発の中心には、価値提案とビジネスモデルを形成し、リスクを検証する技術と技能がある。主に実現性を重視した従来のテクノロジーおよび製品の研究開発を補完する。

ビジネスデザイン
ビジネスアイデアを繰り返し練り、最善のビジネスモデルと価値提案へと変えるプロセス。初期の反復プロセスは直観と出発点（製品アイデア、技術、市場機会など）に基づく。その後の反復プロセスは検証からのエビデンスとインサイトを基にする。

ビジネスモデル

組織がどのように価値を創造し、顧客に届け、獲得するかの根拠となるもの。

ビジネスモデル・キャンバス

組織がどのように価値を創造し、顧客に届け、獲得するかを論理的に記述するための戦略的マネジメントツール。『ビジネスモデル・ジェネレーション』（翔泳社刊）で提唱されたもの。

ビジネスモデルのシフト

衰退しているビジネスモデルからより競争力のあるビジネスモデルへの組織の変革を描く。

ビジネスモデルのパターン

さまざまなビジネスモデルの構築ブロックの再現可能な組み合わせで、組織の全体的なビジネスモデルを強化するために用いることができる。新規ベンチャーが技術、製品、サービス、価格を超えた競争力を開発する際に役立つ。実績のある会社は時代遅れのビジネスモデルからより競争力のあるビジネスモデルへシフトする際に活用できる。1つのビジネスモデルに複数のパターンを取り入れることができる。

ビジネスモデル・ポートフォリオ

創造的破壊を避け長期存続を確保するため、会社が活用する既存のビジネスモデルと探索する新しいビジネスモデルのコレクション。

ピボット

ビジネスモデルや価値提案の1つまたは複数の要素に重大な変更を加えるという決定。

ポートフォリオ・アクション

探索ポートフォリオ（アイデア出し、投資、維持、ピボット、離脱、スピンアウト、移行）および活用ポートフォリオ（買収、提携、投資、改善、合併、売却、解体）で実行するアクション。

ポートフォリオ・マップ

改善して成長させているビジネスモデルと、調査して検証している将来のビジネスモデルのビジュアル化、分析、管理を同時に行うための戦略的マネジメントツール。

魅力性リスク

ビジネスの対象市場が小さすぎる、価値提案を求める顧客が少なすぎる、あるいは対象顧客の接触、獲得、保持ができないリスク。

リターン

その事業領域によって会社はどのくらい儲かるか。

注釈

ツール

1. "The Bosch Group at a Glance," https://www.bosch.com/company/our-figures/.
2. Nestle, "Acquisitions and Disposals," https://www.nestle.com/investors/overview/mergers-and-acquisitions.
3. "Nestlé Closes the Sale of Nestlé Skin Health," October 02, 2019, https://www.nestle.com/media/pressreleases/allpressreleases/nestle-closes-sale-nestle-skin-health.
4. "The Gore Story," https://www.gore.com/about/the-gore-story.

マネジメント

1. Seth Levine, "Venture Outcomes are Even More Skewed Than You Think," August 12, 2014. https://sethlevine.com/archives/2014/08/venture-outcomes-are-even-more-skewed-than-you-think.html.
2. Charles Arthur, "Amazon Writes Off $170M on Unsold Fire Phones," The Guardian, October 24, 2014. https://www.theguardian.com/technology/2014/oct/24/amazon-unsold-fire-phones.
3. "Ping An Tops Global Insurance Brands for the Third Consecutive Year," PR Newswire Asia, May 30, 2018, https://www.asiaone.com/business/ping-ranksthird-among-global-financial-servicescompanies-2018-brandztm-top-100-most.
4. Shu-Ching Jean Chen, "Chinese Giant Ping An Looks Beyond Insurance to a Fintech Future," June 2018, https://www.forbes.com/sites/shuchingjeanchen/2018/06/06/chinese-giant-ping-an-looks-beyondinsurance-to-a-fintech-future/.
5. 中国平安グループ2019年度中間報告。
6. Ericson Chan, "FinTech, If It Doesn't Kill You, Makes You Stronger," April 13, 2018, https://www.youtube.com/watch?v=UixV7NNSgVI.
7. "Ping An to Employ Micro-Expression Technology to Deter Scammers," November 1, 2018, https://www.chinaknowledge.com/News/DetailNews/81721/Ping-An-to-employ-microexpression-technology-to-deter-scammers.
8. Shu-Ching Jean Chen, "Chinese Giant Ping An Looks Beyond."
9. "Ping An Powering Ahead with World-Leading Fintech and Healthtech," PR News Asia, November 07, 2018, https://www.prnewswire.com/news-releases/ping-an-powering-ahead-withworld-leading-fintech-andhealthtech-300745534.html.
10. 中国平安グループ2018年度年次報告書。
11. Laura He, "Ping An Good Doctor Prices US$1.12 Billion IPO at Top End Amid Retail Frenzy," April 27, 2018, https://www.scmp.com/business/companies/article/2143745/ping-good-doctor-prices-us112-billionipo-top-end-amid-retail.
12. Kane Wu, "Ping An-Backed Lufax Raises $1.3 Billion at Lower Valuation: Sources," December 3, 2018, https://www.reuters.com/article/us-lufax-fundraising/ping-anbacked-lufax-raises-13-billion-at-

lowervaluation-sources-idUSKBN1O20HG.

13. "Ping An to Buy Autohome Stake from Telstra for $1.6 Billion," April 15, 2016, https://www.bloomberg.com/news/articles/2016-04-15/ping-an-to-buy-stakein-autohome-from-telstra-for-1-6-billion.

14. Autohome2018年度年次報告書。

15. "Autohome Inc. Announces Transaction between Shareholders and Board Change," February 22, 2017, https://www.globenewswire.com/newsrelease/2017/02/22/926600/0/en/Autohome-Inc-Announces-Transaction-Between-Shareholders-and-Board-Change.html.

16. Michael O'Dwyer, "China In-Depth: Digital Insurance Ecosystems," https://www.the-digital-insurer.com/china-in-depth-ecosystems-in-china/.

17. Tendayi Viki, "Innovation Versus R&D Spending," May 20, 2019, https://www.strategyzer.com/blog/innovation-versus-rd-spending.

18. Barry Jaruzelski, Robert Chwalik, and Brad Goehle, "What the Top Innovators Get Right," October 30, 2018, https://www.strategy-business.com/feature/What-the-Top-Innovators-Get-Right?gko=e7cf9.

19. Chris Wray, "Sony 2018-19 Financial Year Results – Most Profitable Year Ever," April 27, 2019, https://wccftech.com/sony-2018-19-financial-year-results/.

20. Steven J. Vaughan-Nichols, "What Does Microsoft Joining the Open Invention Network Mean for You?," October 11, 2018, https://www.zdnet.com/article/what-does-microsoft-joining-the-openinvention-network-mean-for-you/.

21. Surur, "Microsoft Finally Reveals How Many HoloLens Units Have Been Sold," April 25, 2018, https://mspoweruser.com/microsoft-finally-reveals-howmany-hololens-units-have-been-sold/.

22. Heather Kelly, "Microsoft's New $3,500 HoloLens 2 Headset Means Business," February 25, 2019, https://edition.cnn.com/2019/02/24/tech/microsofthololens-2/index.html.

23. Allison Linn, "Microsoft's Project Oxford Helps Developers Build More Intelligent Apps," May 1, 2015, https://blogs.microsoft.com/ai/microsofts-projectoxford-helps-developers-build-moreintelligent-apps/.

24. "Microsoft to Acquire GitHub for $7.5 Billion," June 4, 2018, https://news.microsoft.com/2018/06/04/microsoft-toacquire-github-for-7-5-billion/.

25. Alex Hern and Jana Kasperkevic, "LinkedIn Bought by Microsoft for $26.2BN in Cash," June 13, 2016, London and New York, https://www.theguardian.com/technology/2016/jun/13/linkedin-bought-by-microsoftfor-262bn-in-cash.

26. "Microsoft Google Amazon Cloud Acquisitions," https://app.cbinsights.com/login?status=session&goto=https%3A%2F%2Fapp.cbinsights.com%2Fresearch%2Fmicrosoft-googleamazon-cloud-acquisitions-expertintelligence%2F.

27. Tom Warren, "Microsoft Wasted at Least $8 Billion on Its Failed Nokia Experiment," May 25, 2016, https://www.theverge.com/2016/5/25/11766540/microsoft-nokia-acquisition-costs.

28. Paul Thurrott, "To Grow, Microsoft Must Deemphasize Windows," February 04, 2014, https://www.itprotoday.com/compute-engines/grow-microsoft-mustdeemphasize-windows.

29. Daniel B. Kline, "What Declining PC Sales Mean for Microsoft," May 9, 2016, https://www.fool.com/investing/general/2016/05/09/what-declining-pcsales-mean-for-microsoft.aspx.

30. Tom Krazit, "Azure Revenue Remains a Mystery, but Cloud Services Continue to Drive Microsoft Forward," April 24, 2019, https://www.geekwire.com/2019/azure-revenue-remainsmystery-cloud-services-continuedrive-microsoft-forward/.

31. Tom Warren, "Microsoft and Amazon Release Preview of Cortana and Alexa Integration," August 15, 2018, https://www.theverge.com/2018/8/15/17691920/microsoft-amazon-alexa-cortanaintegration-preview-features.

32. "Unilever's Purpose-Led Brands Outperform," November 6, 2019, https://

www.unilever.com/news/
pressreleases/2019/unilevers-
purposeled-brands-outperform.html.

33. Milly Vincent, "Marmite, Pot Noodles and
Magnums Face Being Sold by Unilever If
They Can't Prove They Make 'Meaningful'
Impact on the Planet," July 27 2019,
https://www.dailymail.co.uk/news/
article-7291997/Marmite-favouriteslike-
Pot-Noodles-Magnums-face-sold-
Unilever.html.

34. "Unilever Tightens Belt with Slim-Fast
Sale," The Telegraph, January 20, 2020
https://www.telegraph.co.uk/finance/
newsbysector/
retailandconsumer/10960347/Unilever-
tightens-belt-with-Slim-Fast-sale.html.

35. Unilever, "Acquisitions and Disposals,"
https://www.unilever.com/
investorrelations/understanding-
unilever/acquisitions-and-disposals/.

36. Lance Whitney, "Logitech Confesses to
'Gigantic' Mistake with Google TV,
November 11, 2011, https://www.cnet.
com/news/logitech-confesses-
togigantic-mistake-with-google-tv/.

37. ロジテック 2019年度年次報告書。

38. Logitech, "Acquisitions," https://www.
crunchbase.com/organization/logitech/
acquisitions/acquisitions_list#section-
acquisitions.

39. Anton Shilov, "Logitech Formally Exits
OEM Mouse Market," January 22, 2016,
https://www.anandtech.com/
show/9984/logitech-exits-oem-mouse-

market.

40. "Lifesize Splits from Logitech," January
14, 2016, https://www.lifesize.com/en/
company/news/in-the-
news/2016/20160114-comms-
business-lifesize-splits-from-logitech.

41. "Inside the Storm Ep 2: Fujifilm," Channel
News Asia, February 1, 2017, https://
www.channelnewsasia.com/news/
video-on-demand/inside-the-storm-s2/
fujifilm-7824486.

42. 富士フイルム2018年度3月期統合報告書。

43. "Medium Term Management Plan VISION
75 (2008)," April 28, 2008, https://www.
fujifilmholdings.com/en/pdf/investors/
ff_vision75_2008_001.pdf.

発明

1. Jessica Caldwell, "Drive by Numbers
–Tesla Model S Is the Vehicle of Choice in
Many of America's Wealthiest Zip
Codes," October 31, 2013, Edmunds.
com.

2. W・チャン・キム他『ブルー・オーシャン戦略』
ダイヤモンド社刊

3. Fred Lambert, "Tesla Is Accelerating
Supercharger Deployment, 10 More V3
Stations Confirmed," September 25,
2019, https://electrek.co/2019/09/25/
tesla-accelerating-
superchargerdeployment-v3-stations-
confirmed/.

4. Alex Hern, "Tesla Motors Receives $10BN
in Model 3 Pre-Orders in Just Two Days,"
April 4, 2016, The Guardian, https://

www.theguardian.com/
technology/2016/apr/04/tesla-motors-
sells-10bn-model-3-two-days.

5. "Global Top 20 November 2019,"
December 27, 2019, http://ev-sales.
blogspot.com/2019/12/global-top-20-
november-2019.html.

6. Kevin P. Donovan, "Mobile Money, More
Freedom? The Impact of M-PESA's
Network Power on Development as
Freedom," University of Cape Town,
International Journal of Communication 6
(2012): 2647-2669.

7. "The Mobile Money Revolution: M-Pesa,"
Ben & Alex, June 15, 2018, https://
medium.com/@benandalex/the-
mobilemoney-revolution-m-pesa-
f3fc8f86dbc9.

8. Rob Matheson, "Study: Mobile-Money
Services Lift Kenyans Out of Poverty,"
MIT News Office, December 8, 2016,
https://news.mit.edu/2016/
mobilemoney-kenyans-out-
poverty-1208.

9. "M-Pesa Users Outside Kenya Hit 13.4
Million," Business Daily, January 29,
2019, https://www.businessdailyafrica.
com/corporate/companies/
M-Pesausers-outside-Kenya-hit-13-4-
million/4003102-4956208-16s8a9/
index.html.

10. World Bank, "What Kenya's Mobile Money
Success Could Mean for the Arab
World," October 3, 2018, https://www.
worldbank.org/en/news/

feature/2018/10/03/what-kenya-smobile-money-success-could-mean-for-the-arab-world.

11. Leo Van Hove and Antoine Dubus, "M-PESA and Financial Inclusion in Kenya: Of Paying Comes Saving?," MDPI, January 22, 2019.

12. "What Is M-Pesa?," https://www.vodafone.com/what-we-do/services/m-pesa.

13. "Mobile Currency in Kenya: the M-Pesa," CPI, March 21, 2016, https://www.centreforpublicimpact.org/case-study/m-currency-in-kenya/.

14. Sears Archives, http://www.searsarchives.com/history/history1890s.htm.

15. John Murray Brown and Arash Massoudi, "Unilever Buys Dollar Shave Club for $1BN," Financial Times, July 20 2016, https://www.ft.com/content/bd07237e-4e45-11e6-8172-e39ecd3b86fc.

16. Youtube – Dollar Shave Club, https://www.youtube.com/watch?v=ZUG9qYTJMsl.

17. Barbara Booth, "What Happens When a Business Built on Simplicity Gets Complicated? Dollar Shave Club's Founder Michael Dubin Found Out," CNBC, March 24, 2019, https://www.cnbc.com/2019/03/23/dollar-shaves-dubin-admits-a-business-built-on-simplicity-can-get-complicated.html.

18. Kat Eschner, "The Story of Brownie Wise, the Ingenious Marketer behind the Tupperware Party," Smithsonian.com, April 10, 2018, https://www.smithsonianmag.com/smithsonian-institution/story-brownie-wise-ingenious-marketer-behind-tupperware-party-180968658/.

19. Bob Kealing, Life of the Party: The Remarkable Story of How Brownie Wise Built, and Lost …, (New York: Crown/Archetype, 2008).

20. Dory Owens, "Tupperware Takes Its Parties into the Workplace," July 12, 1987, https://www.washingtonpost.com/archive/business/1987/07/12/tupperware-takes-its-parties-into-the-work-place/1cc29d20-49ff-4d63-94b4-32f46cbca15b/.

21. Kat Eschner, "The Story of Brownie Wise," https://www.smithsonianmag.com/smithsonian-institution/story-brownie-wise-ingenious-marketer-behind-tupperware-party-180968658/.

22. Avil Beckford, "Earl Tupper, Business Leader, Invented Tupperware, Air-Tight Plastic Containers," February 15, 2013, https://theinvisiblementor.com/earl-tupper-business-leader-invented-tupperware-air-tight-plastic-containers/.

23. Natura & Co. 2018 report, https://naturaeco.com/report_2018_en.pdf.

24. Microsoft Windows history, updated November 16, 2019 by Computer Hope, https://www.computerhope.com/history/windows.htm.

25. Amy Stevenson, "Windows History: Windows 3.0 Takes Off," January 25, 2018, https://community.windows.com/en-us/stories/story-of-windows3.

26. Emil Protalinski, "OEMs Pay Microsoft about $50 for Each Copy of Windows," September 17, 2009, https://arstechnica.com/information-technology/2009/09/microsoft-oems-pay-about-50-for-each-copy-of-windows/.

27. James Gleick, "Making Microsoft Safe for Capitalism," November 5, 1995, https://www.nytimes.com/1995/11/05/magazine/making-microsoft-safe-for-capitalism.html.

28. "Microsoft Revenue by Year – Fiscal 1990–2019," https://dazeinfo.com/2019/11/11/microsoft-revenue-worldwide-by-year-graphfarm/.

29. Jacob Kastrenakes, "The Halo Franchise Has Made More Than $5 Billion, November 4, 2015, https://www.theverge.com/2015/11/4/9668876/halo-franchise-5-billion-guardians-launch-sales.

30. "Police Urge Google to Turn Off 'stalking' Feature on Mobile App for Drivers," Associated Press, Washington, January 27, 2015, https://www.theguardian.com/technology/2015/jan/26/police-pressure-google-turn-off-waze-app-feature.

31. TechCrunch, "Waze."（2014〜2016年度のデータなし）

32. Aaron Pressman and Adam Lashinsky,

"Why Waze Doesn't Share Traffic Data with Google Maps – Data Sheet," October 11, 2019, https://fortune.com/2019/10/11/waze-google-maps-how-it-works/.

33. Kristen Hall-Geisler, "Waze and Esri Make App-to-Infrastructure Possible," AEDT, October 12, 2016, https://techcrunch.com/2016/10/11/waze-and-ezri-make-app-to-infrastructure-possible/.

34. Zhou Xin, Ed., "DiDi Completes 7.43 Bln Rides in 2017," Xinhua, January 8, 2008, http://www.xinhuanet.com/english/2018-01/08/c_136880236.htm.

35. "Didi Now Serves 550M Users 30M Rides per Day, Growing against Meituan Challenges," June 7, 2018, https://kr-asia.com/didi-now-serves-550m-users-30m-rides-per-day-growing-against-meituanchallenges.

36. Jane Zhang, "Didi by the Numbers: Ride-Hailing Firm Covered More Miles in 2018 Than 5 Earth-to-Neptune Round-Trips," January 23, 2019, https://www.scmp.com/tech/start-ups/article/2181542/didi-numbers-ride-hailing-firm-covered-more-miles-2018-5-earth.

37. Chloe Sorvino, "Inside Billionaire James Dyson's Reinvention Factory: From Vacuums to Hair Dryers and Now Batteries," September 13, 2016, https://www.forbes.com/sites/chloesorvino/2016/08/24/james-dyson-exclusive-top-secret-reinvention-factory/.

38. Michael Pooler and Peggy Hollinger, "Dyson's Perfectionists Invent a Future beyond Vacuum Cleaners, February 8, 2017, https://www.ft.com/content/2041b5b2-ec75-11e6-ba01-119a44939bb6.

39. Sophie Chapman, "Dyson Reaches Record Profits in 2017, Hitting £801MN," March 02, 2018, https://www.manufacturingglobal.com/leadership/dyson-reaches-record-profits-2017-hitting-ps801mn.

40. Brian Dolan, *Wedgwood: The First Tycoon* (New York : Viking, 2004).

41. "Model T," Encyclopaedia Britannica, December 5, 2019, https://www.britannica.com/technology/Model-T.

42. "Henry Ford with Ten-Millionth Ford Model T and 1896 Quadricycle, 1924," https://www.thehenryford.org/collections-and-research/digital-collections/artifact/276378/.

43. "100 Years of the Moving Assembly Line," https://corporate.ford.com/articles/history/100-years-moving-assemblyline.html.

44. "Ford's Assembly Line Starts Rolling," November 13, 2009, https://www.history.com/this-day-in-history/fords-assembly-line-starts-rolling.

45. "Ford's Assembly Line Turns 100: How It Changed Manufacturing and Society," New York Daily News, October 7, 2013, https://www.nydailynews.com/autos/ford-assembly-line-turns-100-changed-society-article-1.1478331.

46. Mary Hanbury, "We Went Inside One of the Sprawling Factories Where Zara Makes Its Clothes. Here's How the World's Biggest Fashion Retailer Gets It Done," October 29, 2018, https://www.businessinsider.com.au/how-zara-makes-its-clothes-2018-10?r=US&IR=T.

47. Seth Stevenson, "Polka Dots Are In? Polka Dots It Is!," June 21, 2012, https://slate.com/culture/2012/06/zaras-fast-fashion-how-the-company-gets-new-styles-to-stores-so-quickly.html.

48. Dell Inc. history, http://www.fundinguniverse.com/company-histories/dell-inc-history/.

49. Liam O'Connell, "Annual Revenue of IKEA worldwide from 2001 to 2019," October 15, 2019, https://www.statista.com/statistics/264433/annual-sales-of-ikea-worldwide/.

50. Liam O'Connell, "Number of Visits to IKEA Stores Worldwide from 2010 to 2019," October 15, 2019, https://www.statista.com/statistics/241828/number-of-visits-to-ikea-stores-worldwide/.

51. "Why Is IKEA So Successful?," July 12, 2018, https://furnitureblog.simplicitysofas.com/blog/why-is-ikea-so-successful/.

52. Jan-Benedict Steenkamp, Global Brand Strategy: World-Wise Marketing in the Age of Branding (New York: Springer 2017).

354

53. "Quantity of Furniture U.S. Homeowners Bought from IKEA in the Last Decade 2016, Statista Research Department, September 3, 2019, https://www.statista.com/statistics/618639/quantity-offurniture-us-homeowners-bought-fromikea-in-the-last-decade/.

54. IBM Newsroom, "IBM Closes Landmark Acquisition of Red Hat for $34 Billion; Defines Open, Hybrid Cloud Future, Armonk, NY and Raleigh, NC, July 9, 2019, https://newsroom.ibm.com/2019-07-09-IBM-Closes-Landmark-Acquisition-of-Red-Hat-for-34-Billion-Defines-Open-Hybrid-Cloud-Future.

55. Gary Sims, "ARM's Rise from a Small Acorn to a World Leader," May 19, 2014, https://www.androidauthority.com/arms-rise-small-acorn-world-leader-376606/.

56. Kristin Bent, "ARM Snags 95 Percent of Smartphone Market, Eyes New Areas for Growth," July 16, 2012, https://www.crn.com/news/componentsperipherals/240003811/arm-snags-95-percent-of-smartphone-market-eyes-new-areas-for-growth.htm.

57. Arash Massoudi, James Fontanella-Khan, and Richard Waters, "SoftBank to Acquire UK's ARM Holdings for £24.3BN," July 192016, https://www.ft.com/content/235b1af4-4c7f-11e6-8172-e39ecd3b86fc.

58. "Dan Swinhoe,"UK Government Gives £36 Million to ARM to Develop Secure Chips," October 24 2019, https://www.csoonline.com/article/3447856/uk-government-gives-36-million-to-arm-to-developsecure-chips.html.

59. ARM2009年度年次報告書。http://www.annualreports.com/HostedData/AnnualReportArchive/a/LSE_ARM_2009.pdf.

60. ARM2018年度年次報告書。

61. Jenna Goudreau, "Disney Princess Tops List of the 20 Best-Selling Entertainment Products," https://www.forbes.com/sites/jennagoudreau/2012/09/17/disney-princess-tops-list-of-the-20-best-sellingentertainment-products/.

62. Victoria Sherrow, *Encyclopedia of Hair: A Cultural History* (Westport, CT: Greenwood Publishing Group, 2006).

63. Martha Matilda Harper, National Women's Hall of Fame, https://www.womenofthehall.org/inductee/martha-matilda-harper/.

64. "Martha Matilda Harper: Servant Girl to Beauty Entrepreneur," https://racingnelliebly.com/strange_times/servant-girl-beauty-entrepreneur/.

65. Jaimie Seaton, "Martha Matilda Harper, The Greatest Business Woman You've Never Heard Of," January 11, 2017, https://www.atlasobscura.com/articles/martha-matilda-harper-the-greatest-businesswoman-youve-never-heard-of.

66. "National Economic Impact of Franchising," International Franchise Association, https://franchiseeconomy.com/.

67. Clive Thompson, "How the Photocopier Changed the Way We Worked — and Played," March 2015, https://www.smithsonianmag.com/history/duplication-nation-3D-printing-rise-180954332/.

68. "Xerox Introduces the First Photocopier," November 28, 2019, https://www.encyclopedia.com/science/encyclopedias-almanacs-transcripts-and-maps/xerox-introduces-first-photocopier.

69. Daniel Gross, "Betting the Company: Joseph Wilson and the Xerox 914 from Forbes Greatest Business Stories of All Time," https://www.stephenhicks.org/wp-content/uploads/2012/01/forbesxerox.pdf.

70. Alex Hutchinson, *Big Ideas: 100 Modern Inventions That Have Transformed Our World* (New York: Sterling Publishing, 2009).

71. "Xerox 914 Plain Paper Copier," National Museum of American History, https://americanhistory.si.edu/collections/search/object/nmah_1085916.

72. "The Story of Xerography," https://www.xerox.com/downloads/usa/en/s/Storyofxerography.pdf.

73. Louis Columbus, "The State of the Subscription Economy, 2018," Forbes, https://www.forbes.com/sites/louiscolumbus/2018/03/04/the-state-of-the-subscription-economy-2018/.

74. "Activating Brave," Intrabrand, https://www.interbrand.com/best-brands/best-global-brands/2018/articles/activating-brave/.

75. James Cowling, "Kodak: From Brownie and Roll Film to Digital Disaster," BBC News, January 20, 2012, https://www.bbc.com/news/business-16627167.

76. John McDonough and Karen Egolf, *The Advertising Age Encyclopedia of Advertising,* (Chicago, IL: Fitzroy Dearborn Publishers, 2002).

77. Jason Farago, "Our 'Kodak Moments' – and Creativity – Are Gone," August 23, 2013, https://www.theguardian.com/commentisfree/2013/aug/23/photography-photography.

78. David Usborne, "The Moment It All Went Wrong for Kodak," January 20, 2012, https://www.independent.co.uk/news/business/analysis-and-features/the-moment-it-all-went-wrong-for-kodak-6292212.html.

79. ヨーン・リーセゲン『Outside Insight』ダイヤモンド社刊

80. Mansoor Iqbal, "Spotify Usage and Revenue Statistics (2019)," May 10, 2019, https://www.businessofapps.com/data/spotify-statistics/.

81. Becky Peterson, "Spotify Has Spent $10 Billion on Music Royalties since Its Creation and It's a Big Part of Why It's Bleeding Money," March 1, 2018, https://www.businessinsider.com.au/spotifyhas-spent-10-billion-on-music-licensing-and-revenue-since-it-started-2018-2?r=US&IR=T.

82. Monica Mercuri, "Spotify Reports First Quarterly Operating Profit, Reaches 96 Million Paid Subscribers," https://www.forbes.com/sites/monicamercuri/2019/02/06/spotifyreports-first-quarterly-operating-profit-reaches-96-million-paidsubscribers/.

83. "Spotify Technology S.A. Announces Financial Results for Second Quarter 2019," July 31, 2019, https://investors.spotify.com/financials/press-release-details/2019/Spotify-Technology-SA-Announces-Financial-Results-for-Second-Quarter-2019/default.aspx.

84. Mark Mulligan, "Spotify Q4 2018: Solid Growth with a Hint of Profitability but Longer Term Questions," February 14, 2019, https://www.midiaresearch.com/blog/spotify-q4-2018-solid-growth-with-a-hint-of-profitability-but-longer-termquestions/.

85. Paul Sawers, "Spotify Grows Users 30% in Q3 2019, Premium Subscribers Reach 113 Million," October 28, 2019, https://venturebeat.com/2019/10/28/spotify-grows-users-30-in-q3-2019-premiumsubscribers-reach-113-million/.

86. Ariel, "Spotify Was Downloaded on 25 Million iPhones in the U.S. in 2018," October 23, 2018, https://blog.appfigures.com/pandora-chasesspotify-but-spotify-charges-ahead/.

87. Keith Caulfield, "2019 U.S. On-Demand Audio Streams Surpass Half-Trillion, Ariana Grande's 'Thank U, Next' First Album to Reach 2 Billion Streams This Year," September 21, 2019, https://www.billboard.com/articles/business/chartbeat/8530681/2019-on-demand-audiostreams-surpass-half-trillion-arianagrande.

88. Kayleigh Vanandelmdy, "Case Study: How Spotify Achieves Astonishing 46% Conversion Rate from Free to Paid," October 08, 2019, https://growthhackers.com/articles/case-study-how-spotify-achieves-astonishing-46-conversionrate-from-free-to-paid.

89. "Fortnite Phenomenon Turns a Game Developer into a Billionaire," July 24, 2018, https://adage.com/article/media/fortnite-phenomenon-turns-game-developer-into-a-billionaire/314357.

90. Catherine New, "How Much Are People Making from the Sharing Economy?," June 13, 2017, https://www.earnest.com/blog/sharing-economy-income-data/.

91. Airbnb Newsroom Fast Facts, https://news.airbnb.com/fast-facts/.（日本語版：https://news.airbnb.com/ja/about-us/）

92. S. Lock, "Share of Leisure and Business Travelers using Airbnb in the United States and Europe from 2015 to 2018," January 16, 2019, https://www.statista.com/statistics/795675/travelers-using-airbnb/.

93. Zack Quaintance, "A First in 2018: American Consumers Spent More on Airbnb Than on Hilton," April 13, 2019, https://tophotel.news/a-first-in-2018-american-consumers-spent-more-on-airbnb-than-on-hilton/.

94. Parmy Olson, "Exclusive: The Rags-To-Riches Tale of How Jan Koum Built WhatsApp into Facebook's New $19 Billion Baby," February 19, 2014, forbes.com/sites/parmyolson/2014/02/19/exclusive-inside-story-how-jan-koum-built-whatsapp-into-facebooks-new-19-billion-baby/.

95. Ryan Bushey, "Texting App WhatsApp Now Has 400 Million People Using It Every Month," December 20, 2013, https://www.businessinsider.com.au/whatsapp-400-million-users-2013-12?r=US&IR=T.

96. Dominic Rushe, "WhatsApp: Facebook Acquires Messaging Service in $19BN Deal," February 20, 2014, https://www.theguardian.com/technology/2014/feb/19/facebook-buyswhatsapp-16bn-deal.

97. Diane Dragan, "10 Outrageous Markups You'd Never Guess You Were Paying," rd.com/advice/savingmoney/10-outrageous-markups-youd-never-guess-you-were-paying/.

98. Mansoor Iqbal, "WhatsApp Revenue and Usage Statistics (2019)," February 19, 2019, https://www.businessofapps.com/data/whatsapp-statistics/.

99. "Mobile messaging volumes in the U.S. from 2004 to 2014," https://www.statista.com/statistics/215776/mobile-messaging-volumes-in-the-us/.

100. Charles Arthur, "App Messaging Damages Mobile Networks' Text Revenues," April 29, 2013, https://www.theguardian.com/technology/2013/apr/29/app-messaging-damages-mobile-text-revenues.

101. Citizen M Hotel Bankside London, https://archello.com/project/citizen-m-hotel-bankside-london.

102. Matylda Krzykowski, "CitizenM by Concrete," November 7, 2008, dezeen.com/2008/11/07/citizenm-by-concrete/.

103. W. Chan Kim and Renee Mauborgne, "How CitizenM Created New Market Space in the Hotel Industry," https://www.blueoceanstrategy.com/blog/citizenm-hotels-a-blue-ocean-chain-in-a-red-ocean-industry/.

104. "Hotels That Arrive Prebuilt: How CitizenM Manufactures Its Buildings," December 15, 2017, https://www.wired.co.uk/article/hotels-that-arriveprebuilt.

105. "CitizenM Celebrates Yet Another Year of Affordable Luxury," https://www.citizenm.com/news/citizenmcelebrates-yet-another-year-of-affordable.

106. "A Million New iPhones Sold in the First Weekend," Reuters, July 15, 2008, https://www.nytimes.com/2008/07/15/technology/15apple.html.

107. Matthew Jones, "iPhone History: Every Generation in Timeline Order," September 14, 2014, https://historycooperative.org/the-history-of-the-iphone/.

108. テックインサイツの部品表（BOM）。アップルの新製品発表会。

109. Chuck Jones, "Apple's iPhone: Why Care about Units When It Captures All the Profits," https://www.forbes.com/sites/chuckjones/2015/11/16/apples-iphone-why-care-about-units-when-it-captures-all-the-profits/.

110. J. Clement, "Number of Apps Available in Leading App Stores 2019," October 9, 2019, https://www.statista.com/statistics/276623/number-of-apps-available-in-leading-app-stores/.

111. Sam Costello, "How Many iPhones Have Been Sold Worldwide?," December 27, 2019, https://www.lifewire.com/how-many-iphones-have-been-sold-1999500.

112. How citizenM Created New Market Space in the Hotel Industry By W. Chan Kim & Renee Mauborgne https://www.blueoceanstrategy.com/blog/citizenm-hotels-a-blue-ocean-chain-in-a-redocean-industry/

113. CitizenM by Concrete Matylda Krzykowski | 7 November 2008 https://www.dezeen.com/2008/11/07/citizenm-by-concrete/ \h https://www.dezeen.com/2008/11/07/citizenm-by-concrete/

114. Innovation Management: Effective

Strategy and Implementation By Keith Goffin, Rick Mitchell 2017 Palgrave

115. OneConnect moves up in the 2019 IDC Financial Insights FinTech Rankings Top 100 list October 11, 2019 https://finance.yahoo.com/news/oneconnect-moves-2019-idc-financial-130700278.html

116. Ping An Fintech Vehicle OneConnect Plans to List in New York by as Soon as September: Domestic Reports China Banking News http://www.chinabankingnews.com/2019/06/18/ping-ans-fintech-vehicle-oneconnect-plans-to-list-in-new-york-by-september-domestic-reports/

117. finleap connect partners with OneConnect to bring superior technology to Europe Aug 26, 2019, https://www.prnewswire.com/newsreleases/finleap-connect-partners-with-oneconnect-to-bring-superior-technology-to-europe-300906797.html

118. Why banks can't delay upgrading core legacy banking platforms https://www.ey.com/en_gl/people/keith-pogson \h Keith Pogson 18 Jun 2019 https://www.ey.com/en_gl/banking-capital-markets/why-banks-can-t-delay-upgrading-core-legacy-banking-platforms

119. Ping An Accelerates Digital Transformation in Indonesia's Finance Industry 21 February 2019 https://www.bloomberg.com/press-releases/2019-02-20/ping-an-
accelerates-digital-transformation-in-indonesia-s-finance-industry

120. An Overview of Pingan's OneConnect Will Huyler, May 20 2019 https://www.kapronasia.com/asia-banking-research-category/an-overview-of-pingan-s-oneconnect.html

改善

1. Ramon Casadesus-Masanell, Oliver Gassmann, and Roman Sauer, "Hilti Fleet Management (A): Turning a Successful Business Model on Its Head," September 2018, https://www.hbs.edu/faculty/Pages/item.aspx?num=52550.

2. ヒルティCEO、クリストフ・ローズ氏の書簡。

3. Michelle Castillo, "Reed Hastings' Story about the Founding of Netflix Has Changed Several Times," May 23, 2017, https://www.cnbc.com/2017/05/23/netflix-ceo-reed-hastings-on-how-the-company-was-born.html.

4. Todd Spangler, "Netflix Spent $12 Billion on Content in 2018. Analysts Expect That to Grow to $15 Billion This Year," January 18, 2019, https://variety.com/2019/digital/news/netflix-content-spending-2019-15-billion-1203112090/.

5. Lauren Feiner, "Netflix Says It Has 10% of All TV Time in the US and Discloses Some Colossal Numbers for Its Shows," January 17, 2019, https://www.cnbc.com/2019/01/17/netflix-how-many-people-watch-bird-box.html.

6. Amy Watson, "Number of Netflix Paid
Streaming Subscribers Worldwide 2011–2019," October 18, 2019, https://www.statista.com/statistics/250934/quarterly-number-of-netflix-streaming-subscribers-worldwide/.

7. Alex Guyot, "A Decade on the App Store: From Day One Through Today," July 11, 2018, https://www.macstories.net/news/a-decade-on-the-app-store-from-day-one-through-today/.

8. Mike Wuerthele, "Apple Has Paid Out $120 Billion to Developers since 2008," January 28, 2019, https://appleinsider.com/articles/19/01/28/apple-has-paid-out-120-billion-to-developers-since-2008.

9. J. Clement, "Number of Available Apps in the Apple App Store 2008–2017," September 12, 2018, https://www.statista.com/statistics/263795/number-of-available-apps-in-the-apple-app-store/.

10. ゲーム専用機販売実績（2019年9月30日）、https://www.nintendo.co.jp/ir/finance/hard_soft/index.html

11. "TED Reaches Its Billionth Video View!," November 13, 2012, https://blog.ted.com/ted-reaches-its-billionth-video-view/.

12. "History of TED," https://www.ted.com/about/our-organization/history-of-ted.

13. "TED," https://www.ted.com/talks.

14. "TED Opens Annual Conference in Vancouver as Media Platform Sees Record Global Audience Growth," April

10, 2018, https://blog.ted.com/ted-opens-annual-conference-in-vancouver-as-media-platform-sees-record-global-audience-growth/.

15. インテル1993年度年次報告書。https://www.intel.com/content/www/us/en/history/history-1993-annual-report.html.

16. "Worldwide Semiconductor Revenue Grew 2.6 Percent in 2016," Stamford, CT, May 15, 2017, https://www.gartner.com/en/newsroom/press-releases/2017-05-15-worldwide-semiconductor-revenue-grew-2-percent-in-2016-according-to-final-results-by-gartner.

17. インテル1991年度年次報告書。https://www.intel.com/content/www/us/en/history/history-1991-annual-report.html.

18. Intel Corporation History, http://www.fundinguniverse.com/company-histories/intel-corporation-history/.

19. Jim Dalrymple, "Apple Stores See 300 Million Visitors in FY 2012, 50,000 Genius Bar Visits a Day," August 20, 2012, https://www.loopinsight.com/2012/08/20/apple-stores-see-300-million-visitors-in-2012-50000-genius-bar-visits-a-day/.

20. 富士フイルム2006年度3月期アニュアルレポート。

21. 富士フイルム2019年度3月期統合報告書。

22. "Inside the Storm Ep 2: Fujifilm," Channel News Asia, February 1, 2017, https://www.channelnewsasia.com/news/video-on-demand/inside-the-storm-s2/fujifilm-7824486.

23. Jake Nielson, "Story of Kodak: How They Could Have Saved the Business," August 22, 2014, https://www.ignitionframework.com/story-of-kodak/.

24. Telecom Regulatory Authority of India, New Delhi, December 30, 2019, https://main.trai.gov.in/sites/default/files/PR_No.128of2019.pdf.

25. Vijay Govindarajan, "Telecom's Competitive Solution: Outsourcing?," May 08, 2012, https://hbr.org/2012/05/telecoms-competitive-solution-outsourcing.

26. Steven J. Vaughan-Nichols, "What Does Microsoft Joining the Open Invention Network Mean for You?," October 11, 2018, https://www.zdnet.com/article/what-does-microsoft-joining-the-open-invention-network-mean-for-you/.

27. "Microsoft to Acquire GitHub for $7.5 Billion," June 4, 2018, https://news.microsoft.com/2018/06/04/microsoft-to-acquire-github-for-7-5-billion/.

28. "Microsoft Is the Largest Single Corporate Contributor to Open Source on Github," https://ballardchalmers.com/2018/05/07/microsoft-largest-single-corporate-contributor-open-source-github/.

29. Brooks Barnes, "Disney Is Spending More on Theme Parks Than It Did on Pixar, Marvel and Lucasfilm Combined," November 16, 2018, https://www.nytimes.com/interactive/2018/11/16/business/media/disney-invests-billions-in-theme-parks.html.

30. Linda Rosencrance, "Dow Corning Launches Business Unit, Xiameter," March 14, 2002, https://www.computerworld.com/article/2587477/dow-corning-launches-business-unit--xiameter.html.

31. Bruce Meyer, "Xiameter Business a Web Success Story," August 23, 2011, https://www.rubbernews.com/article/20110823/NEWS/308239996/xiameter-business-a-web-success-story.

32. "Two-Brand Strategy Spells Success for Dow Corning," Noria Corporation, https://www.reliableplant.com/Read/5144/two-br-strategy-spells-success-for-dow-corning.

33. "Adobe Profit Margin 2006–2019," https://www.macrotrends.net/stocks/charts/ADBE/adobe/profit-margins.

34. Itu Rathore, "Adobe Quarterly Subscription Revenue by Segment," November 7, 2019, https://dazeinfo.com/2019/11/07/adobe-quarterly-subscription-revenue-by-segment-graphfarm/.

35. John Markoff, "Company Reports; Apple's First Annual Profit Since 1995," October 15, 1998, https://www.nytimes.com/1998/10/15/business/company-reports-apple-s-first-annual-profit-since-1995.html.

36. "Apple Announces That 800,000 iMacs Sold/ 45% of Buyers New to Mac,"

January 6, 1999, https://www.macobserver.com/news/99/january/990106/800000imacs.html.

37. Doug Bartholomew, "What's Really Driving Apple's Recovery?," March 16, 1999, https://www.industryweek.com/leadership/companies-executives/article/21960994/whats-really-driving-apples-recovery.

38. "The Transformation 20: The Top Global Companies Leading Strategic Transformations," September 2019, https://www.innosight.com/insight/the-transformation-20/.

39. Orsted ESG Performance Report 2018, https://orsted.com/-/media/Annual_2018/Orsted_ESG_performance_report_2018.ashx?la=en&hash=315A4E 48E0AD794B64B9AC56EE7ED2F1.

40. ロールスロイス2018年度年次報告書。

41. Amy Mitchell, Mark Jurkowitz, and Emily Guskin, "The Washington Post: By the Numbers," August 7, 2013, https://www.journalism.org/2013/08/07/the-washington-post-by-thenumbers/.

42. Joshua Benton, "The L.A. Times' Disappointing Digital Numbers Show the Game's Not Just about Drawing in Subscribers – It's about Keeping Them," July 31, 2019, https://www.niemanlab.org/2019/07/the-l-a-times-disappointing-digital-numbers-show-the-games-not-just-about-drawing-in-subscribers-its-aboutkeeping-them/.

43. "The Washington Post Records 86.6 Million Unique Visitors in March 2019," April 18, 2019, https://www.washingtonpost.com/pr/2019/04/17/washington-post-records-million-unique-visitors-march/.

44. Matthew Kazin, "Delta's American Express Credit Card Helps Boost Airline's Bottom Line," https://www.foxbusiness.com/markets/deltas-american-express-credit-card-helps-boost-airlines-bottom-line.

45. "American Express and Delta Renew Industry-Leading Partnership, Lay Foundation to Continue Innovating Customer Benefits," https://news.delta.com/american-express-and-delta-renew-industry-leading-partnership-lay-foundation-continue-innovating.

画像クレジット

ツール
ボッシュ ― ボッシュ社提供
ゴア ― ゴア社提供

マネジメント
アマゾン ― アマゾン社提供
中国平安 ― 中国平安グループ提供
Sony Startup Accelerator Program ― ソニー社提供
マイクロソフト ― マイクロソフト社提供
ユニリーバ ― ユニリーバ社提供
ロジテック ― ロジテック社提供
富士フイルム ― 富士フイルム社提供

発明
テスラ ― テスラ社提供
テスラ ― "2018 Tesla Model S 75D Taken in A464, Priorslee Road, Shifnal" by Vauxford / CC BY 4.0, https://commons.wikimedia.org/wiki/File:2018_Tesla_Model_S_75D.jpg
トヨタ・プリウス ― "Toyota Prius" by SPanishCoches / CC BY 2.0, https://www.flickr.com/photos/39302751@N06/6790397898
スマート・エレクトリック ― "Smart Electric Drive" by John Karakatsanis / CC BY 2.0, https://www.flickr.com/photos/johnkarakatsanis/14408896673/in/photostream/
Dollar Shave Club ― Dollar Shave Club youtube, https://www.youtube.com/watch?v=ZUG9qYTJMsl

タッパーウェア ― Serious Partying, Tupperware Ad. Courtesy of the Smithsonian, National Museum of American History, https://americanhistory.si.edu/object-project/refrigerators/tupperware
IKEA ― "Shopping at IKEA: backyard patio tiles" by osseous / CC BY 2.0, https://www.flickr.com/photos/10787737@N02/46561611371
ハーパー ― (ca. 1914) Rear view of woman, possibly Martha Matilda Harper, with hair reaching down near her ankles., ca. 1914. [Photograph] Retrieved from the Library of Congress, https://www.loc.gov/item/2002698518/.
ゼロックス ― Xerox 914 Plain Paper Copier. Courtesy of the Smithsonian, National Museum of American History, https://americanhistory.si.edu/collections/search/object/nmah_1085916
コダック・ブローニー ― "the Basic Brownie Camera" by Alan Levine / CC0 1.0, https://en.wikipedia.org/wiki/Brownie_(camera)#/media/File:2014365-233_The_Basic_Brownie_Camera_(14809795240).jpg
コダックフィルム ― "Eastman Kodak Non Curling 116 Film by" by Thistle33 is licensed underCC BY-SA 4.0, https://commons.wikimedia.org/wiki/File:Kodak_NonCurling_1925.jpg#/media/File:Kodak_NonCurling_1925.jpg
Airbnb ― Photo by Matthew T Rader on Unsplash, https://unsplash.com/photos/9ZaqDVDdMwg
citizenM ― (a) citizenM提供 (b) "citizenM" by Jumilla / CC BY 2.0, https://flic.kr/p/aSSQUe (c) Courtesy of citizenM

あとがき

謝辞

本書は家族、ストラテジャイザーのチーム、気付きを与えてくれた思想家、現場の実践で成果をあげている人々、そして意見をいただいたすべての人々の配慮とサポートがなければ完成できなかったことでしょう。

特に本書の執筆とデザインに貢献してくれたコアチームであるローレン・カンター、マット・ウッドワード、エリン・マクフィーに心から感謝します。

本書の制作にあたって参考にさせていただいた思想家や著者の皆様には、本書に関する貴重なご意見もいただきました。特に、デイブ・グレイ、スティーブ・ブランク、リタ・マクグラス、ロジャー・マーティン、ヘンリー・チェスブロウ、ルイス・フェリペ・シスネロス・マルティネス、スコット・アンソニー、ビル・フィッシャー、ソール・カプラン、マーシャル・ゴールドスミスの各氏に厚く御礼申し上げます。

ビジネスやイノベーションのリーダーからは直接に事例をご提供いただきました。エイミー・カルフーン、ブラッケン・ダレル、クリストフ・ローズ、デイブ・リス、フランソワ-アンリ・ベナミアス、ウーヴェ・キルシュナー、小田島伸至の各氏に厚く御礼申し上げます。

ストラテジャイザーのチームは全員が本書の出版に尽力したため、本書が完成するまで多くのプロジェクトを保留するほどでした。ストラテジャイザーのアドバイザリーチームは特に本書の各部分の検証に労力を注ぎました。テンダイ・ヴィキ、シャミラ・ミラー、パリス・トーマス、グレッグ・バーナーダ、クリスチャン・ドール、マイケル・ウルケンズの各氏に感謝します。

ストラテジャイザーのコーチとイノベーション実践者の皆様には本書の内容の検証にご協力いただきました。カロライン・ボームガート、ピート・コーエン、ティム・ダニエル、ジョシー・ギブソン、ジョン・ヒッブル、ニック・ラキスの各氏に特に御礼申し上げます。

多忙ななか本書の内容の検証のために時間を割いてくださった経営陣の皆様、サリー・ベイトマン、ヴィンセント・ベナード、ティエリ・ボネット、ボードウィン・コーマン、キャロル・コルゾ、エグランティン・エティアンブル、ジェイ・ジャヤラマン、アンドリュー・ジェンキン、ケート・コーク、ティム・リーガン、マイケル・デ・ロヴィラ、ヘニング・トリルの各氏に特に御礼申し上げます。

最後になりましたが、ストラテジャイザーシリーズの全書を出版してくださったワイリー社の皆様、特に『ビジネスモデル・ジェネレーション』から担当編集者であるリチャード・ナラモア氏に厚く御礼申し上げます。

著者

アレックス・オスターワルダー

創業者、講演者、ビジネス思想家

アレックスは一流の作家、起業家、講演者として、その作品を通じて既存企業の経営や新規事業の立ち上げのあり方を変えています。Thinkers50の「世界で最も影響力のある経営思想家」の第4位に選ばれているほか、Thinkers50 Strategy Awardも受賞しています。

　イヴ・ピニュールと共同でビジネスモデル・キャンバス、VPキャンバス、ビジネスポートフォリオ・マップを生み出し、実践的なツールとして数百万人の現場のビジネスパーソンに信頼されています。

@AlexOsterwalder
strategyzer.com/blog

共著者

イヴ・ピニュール

教授、ビジネス思想家

イヴは1984年からローザンヌ大学教授を務め、さらにジョージア州立大学、ブリティッシュコロンビア大学、シンガポール国立大学、モントリオール商科大学の客員教授も歴任してきました。

　アレックス・オスターワルダーと共同でビジネスモデル・キャンバスを発明し、二人の共著『ビジネスモデル・ジェネレーション』と『バリュー・プロポジション・デザイン』は世界各国でベストセラーとなりました。イヴとアレックスはThinkers50の「世界で最も影響力のある経営思想家」の第4位に選ばれ、Thinkers50 Strategy Awardを受賞しています。

共著者

フレッド・エティアンブル

エグゼクティブアドバイザー、実践者

フレッドは戦略とイノベーションに関するエグゼクティブアドバイザーです。勇気あるリーダーたちとともにイノベーション・カルチャーの発展、新しい成長エンジンの探索、ビジネスの変革の方法について取り組んでいます。20年以上にわたり大企業に協力し、あるいは勤めた経験から、組織の課題を内側から知り尽くしている人物です。フレッドは戦略とイノベーションのツールと方法論を他のビジネス思想家らと共同制作し、その活用方法に関する研修をヨーロッパとアジアで定期的に指導しています。フレッドは2017年からストラテジャイザーのアソシエイトです。

fredericetiemble.com

共著者
アラン・スミス
創業者、探索者、デザイナー

アランは好奇心と創造力を駆使して疑問を投げかけ、その答えをシンプルなビジュアル化した実践的ツールに変えています。適切なツールは人々に自信を与え、高い目標を目指させ、大きな意義あるものを築き上げると信じています。

アレックス・オスターワルダーと共同設立したストラテジャイザーでは、優れた製品を生み出すためチームと共同で取り組んでいます。ストラテジャイザーの書籍、ツール、サービスは世界の一流企業で活用されています。

strategyzer.com

デザイナー
クリス・ホワイト
デザイナー、アートディレクター

クリスはトロント在住の多才なデザイナーです。多数のビジネスに関する出版物にさまざまな役割で携わっており、最近ではカナダの日刊紙「グローブ・アンド・メール」でアシスタント・アートディレクターを務め、紙面とオンライン記事の両方のプレゼンテーションデザインを担当しています。

本書はストラテジャイザーチームに協力した初の作品です。

デザイナー
トリッシュ・パパダコス
デザイナー、写真家、クリエイター

トリッシュはロンドンのセントラル・セント・マーチンズでデザイン修士号、トロントのヨーク・シェリダン・ジョイント・プログラムでデザイン学士号を取得しています。

母校でデザインを教え、受賞歴を誇るデザイン事務所と仕事してきたほか、複数の事業を立ち上げたトリッシュがストラテジャイザーに協力するのはこれが5冊目です。

@trishpapadakos

コンテンツリード
ルーシー・ルオ
アドバイザー、問題解決者

ルーシーは大小を問わずさまざまな組織のイノベーションアドバイザーとして、突破口となる成長を求めてアイデア出しと新製品の立ち上げを支援します。ヨーロッパおよびアジアの多国籍企業とともに、イノベーション戦略の構築と実践に取り組み、アーリーステージのスタートアップにも協力しています。

ルーシーは社会や持続可能性に関する問題にイノベーション・ツルキットを活用して取り組むことに情熱を注いでおり、多くの非営利団体や国連、アトランティック・カウンシル、世界経済フォーラムGlobal Shapersなど社会事業組織にも協力しています。

ストラテジャイザーは、最高のテクノロジーとコーチングであなたの会社の変革と成長をサポートします。詳しくはStrategyzer.com（英語版）をご覧ください。

変革
変化の創出
ストラテジャイザーのクラウド・アカデミーのコースライブラリーとオンラインコーチングでさらに本格的にスキルを構築できます。

価値提案、ビジネスモデル、ビジネス検証、カルチャー、チームアライメントを習得しましょう。

成長
成長の創出
成長の取り組み、イノベーション・カルチャー、ビジネスポートフォリオを系統立てて拡張できます。

イノベーション・カルチャー浸透度評価、成長戦略、成長ファネルのデザインと実施、イノベーション・マネジメント、コーチング、イノベーション・メトリクスを身につけましょう。

訳者紹介

今津美樹 Miki Imazu

WinDo's代表、組織のためのビジネスモデル協議会代表理事。米国系IT企業におけるマーケティングスペシャリストとしての経験からWinDo'sを設立、代表を務める。技術者の経験を活かし、デザインアプローチによるビジネスモデル構築の分野で多くの実績とそのノウハウを紹介する著書多数。国内外の数多くの企業および大学でのビジネスモデルの研修を手掛け、受講者は延べ2万3000人を超える。日本で唯一、チームモデル、パーソナルモデルにわたるすべてのビジネスモデル体系を一気通貫で教育することができる、ビジネスモデル教育の第一人者。著書に『ビジネスモデル・キャンバス徹底攻略ガイド』『図解ビジネスモデル・ジェネレーション ワークショップ』『図解ビジネスモデル・ジェネレーション ワークブック』、訳書に『ビジネスモデル for Teams』（いずれも翔泳社刊）などがある。

装丁　杉山健太郎
DTP　株式会社 シンクス

インビンシブル・カンパニー
「無敵の会社」を作った39パターンのビジネスモデル

2021年1月18日 初版第1刷発行
2021年3月25日 初版第2刷発行

著者	アレックス・オスターワルダー
	イヴ・ピニュール
	フレッド・エティアンブル
	アラン・スミス
訳者	今津 美樹
発行人	佐々木 幹夫
発行所	株式会社 翔泳社（https://www.shoeisha.co.jp）
印刷・製本	日経印刷株式会社

ISBN978-4-7981-6786-2　　　　　　　　　　　　　　　　　Printed in Japan